公路桥梁工程施工技术

任晓东　黄　敏　毛喜玲　编著

吉林科学技术出版社

图书在版编目（CIP）数据

公路桥梁工程施工技术 / 任晓东，黄敏，毛喜玲
编著. -- 长春：吉林科学技术出版社，2019.6
ISBN 978-7-5578-5341-9

Ⅰ．①公… Ⅱ．①任… ②黄… ③毛… Ⅲ．①道路施工－
高等学校－教材②桥梁施工－高等学校－教材 Ⅳ．①U415②U445

中国版本图书馆 CIP 数据核字（2019）第 102439 号

公路桥梁工程施工技术

GONGLU QIAOLIANG GONGCHENG SHIGONG JISHU

编　著	任晓东　黄　敏　毛喜玲
出 版 人	李　梁
责任编辑	朱　萌
封面设计	长春美印图文设计有限公司
制　版	长春美印图文设计有限公司
幅面尺寸	170mm×240mm　1/16
字　数	300 千字
印　张	13.5
版　次	2019 年 6 月第 1 版
印　次	2019 年 6 月第 1 刷
出　版	吉林科学技术出版社
发　行	吉林科学技术出版社
地　址	长春市净月区福祉大路 5788 号
邮　编	130118
发行部电话 / 传真	0431—81629529　81629530　81629531
	81629532　81629533　81629534
储运部电话	0431—86059116
编辑部电话	0431—81629518
印　刷	北京宝莲鸿图科技有限公司
书　号	ISBN 978-7-5578-5341-9
定　价	55.00 元

编委会

主　编

任晓东　河南锦路路桥建设有限公司

黄　敏　河南锦路路桥建设有限公司

毛喜玲　河南锦路路桥建设有限公司

副主编

郝　伟　河南锦路路桥建设有限公司

前　言

  随着我国道路交通工程建设的步伐加快，公路桥梁工程项目呈现出广增趋势，如何加强公路桥梁工程施工技术的管理，以及进一步完善与创新相关施工技术，已经成为众多公路工程施工单位重点关注的内容之一。

  本书绪论部分先概述我国道路交通发展以及公路与桥梁建设与发展现状与趋势，以做到心中有数。再分为公路工程与桥梁工程两部分，公路工程概述了其相关理论与应用，并分别对公路路基、路面与景观绿化施工技术进行详细阐明；桥梁工程则分析了其结构组成与设计，并对桥梁下部结构与上部结构的各类桥梁施工技术具体问题具体分析，理论结合实际，提出了公路桥梁工程施工技术完善的可行性策略，以期能进一步推动我国公路桥梁工程施工技术的全面进步，为我国广大路桥工作者提供一本切合实用的工具书。

目　录

第一章 绪 论

第一节 我国道路交通发展

道路从词义上讲就是供各种无轨车辆和行人通行的基础设施；按其使用特点分为公路、城市道路、乡村道路、厂矿道路、林业道路、考试道路、竞赛道路、汽车试验道路、车间通道以及学校道路等，古代中国还有驿道。另外还指达到某种目标的途径，事物发展、变化的途径。

交通是指从事旅客和货物运输及语言和图文传递的行业，包括运输和邮电两个方面，在国民经济中属于第三产业。运输有铁路、公路、水路、航空、管道五种方式，邮电包括邮政和电信两方面内容。

一、道与路的区别

道路并称，二字的基本意义都是由一地通往另一地的路径。在使用过程中，除少数情况外，两个字却是不能互换的。例如，老子说"道可道，非常道"，而不说"路可道，非常路"；鲁迅说"世上原本没有路，走的人多了就有了路"，而不说"世上原本没有道，走的人多了就有了道"；李白感叹"大道如青天，我独不得出"，而不说"大路如青天，我独不得出"；说"条条大路通罗马"，而不说"条条大道通罗马"。

从字形来看，"路"字可以理解为"各迈各的脚"，意思是只要迈步顺着走就可以到达目的地的路径；"道"字则应理解为"在脑袋指导下而走"，意思是必须用脑袋思考、探索而走通的路径。进一步，"路"是连通人们经常前往目的地的路径，只需顺着就行；"道"则是通往个人所希望的目的地并且少有人走甚至杳无人迹的路径，必须随时用脑袋分析、思考和探索，才有可能走通。

"道"字仅见于金文，中间是手托着首（脑袋）或直接将脑袋藏在衣服中，意思就是用衣服把头蒙起来，用来表示一种人们必须走通而到达目的地的路径，但走起来就像用衣服蒙着头一样，要摸索着前行。如果不是迫切希望前往的目的地，没有人会像被蒙上头一样走向一条陌生的路径。蒙头确实与行走紧密相关。如果我们被突然蒙上头，第一个感觉就是寸步难行。现代心理学研究证明，人的双眼在保持身体平衡方面具有重要作用，蒙上

1

双眼一般就很难保持行走时的身体平衡。所以，金文中的"道"字，指的应该就是陌生而必须走通才能到达目的地的路径。这可能就是古人单用"道"字表示道理、法则、规律之类抽象概念的原因所在，例如，治国之道、为人之道、养生之道等。

金文中"路"字与楷书的"路"字字形相似。据《中华大字典》解释，古人经常假借"路"字用作暴露的"露"字，而且"路"字又与平陆的"陆"字读音相同。古人有一种解释说，平陆上的路径称作"路"，说明"路"是明显可见的，人们一眼就可以认出的路径。

综上所述，"道"和"路"二字的区别在于，路是指眼睛明显可见的路径；道则是指眼睛看不到或看不清，必须由头脑分析、思考和探索才能迈步而行的路径。

二、我国道路交通的发展

早在公元前约 3500 年，美索不达米亚人发明了"轮子"，人类的道路交通由此发展。根据《史记》记载，早在 4000 多年前，我国已有了车和行车的路。两汉时期，设驿亭 3 万处，道路交通呈现更加繁荣的景象，特别是丝绸之路的开辟，成为贯通中西促进中外经济文化交流的重要纽带。

虽然中国曾创造出领跑世界的道路文化，但由于封建制度对生产力的长期束缚，近代资本主义国家对中国的无情欺凌，我国现代化的道路工程至 20 世纪初，才开始有所发展。

清末，在原有驿道上修建了一些很简陋的公路，这是我国现代道路工程的开端。建国之前，公路有了初步发展，全国共修建了 13 万千米的公路，这些公路大都标准低，路况差，设施简陋。至建国时，全国能通车的公路仅有 8 万千米，全国 1/3 的县不通公路，西藏地区没有一条公路。新中国成立以来，我国进入社会主义建设的大发展时期，伴随着重工业优先发展的历史机遇，石油工业和汽车工业得以建立和发展，为随后道路交通的大规模发展奠定了基础。改革开放以来，经济的飞跃和社会水平的提高使交通工程有了更迅猛的发展，开创了近现代以来公路发展的崭新局面。至 2010 年年底，全国公路网总里程达 395 万千米，高速公路通车总里程达 7.3 万千米，其中，首都放射线 7 条，南北纵向线 9 条，东西横向线 18 条。至此，基本实现了全国高速公路网（7918 工程）的建设目标，全国公路的客运量达 300 亿人次，货运量达 220 亿吨，公路运输渗入到经济建设和社会生活的方方面面，在国民经济中占有不容忽视的地位。

随着 21 世纪的到来，汽车工业占有愈来愈大的市场份额，居民收入迈上更新的台阶，全国汽车保有量不断刷新历史纪录。根据中国汽车工业协会的调查统计，截至 2013 年年底，全国机动车保有量达 2.5 亿辆，我国已成为世界上最大的汽车生产国和消费国。汽车的大量出现在方便人们生活的同时，也给现有交通体系带来了巨大的压力。

汽车数量的增长，造成了道路的严重拥挤。我国大部分的城市建设于 20 世纪 80 年代，道路方面普遍存在着设计宽度不足的情况，在当今汽车大潮的冲击下，城市道路几乎瘫痪。即使近年来各地热衷于旧城改造，进行局部道路翻修或拓宽，但由于整体路网的陈旧落后，依然难以解决城市道路的拥挤。节假日，大量市民驾车携家人出游，美好放松的心情很可能因堵车而消散得无影无踪。由于免费通行，大量私家车涌现高速路，长达数千米的堵车使高速公路俨然沦为一个巨大的停车场。京藏高速某次因交通事故竟堵车长达 90 余千米，真是骇人听闻。这样的道路交通何谈便捷性、舒适性？

虽然交通拥堵存在着规划落后、汽车数量猛增的客观原因，但这不能掩盖公路交通发展中存在的问题。毫无疑问，如果连居民的正常出行都无法保证，这样的道路交通一定是不合格的。

道路交通中日渐严重的另一大隐患是安全问题。我国的汽车从 1901 年由国外输入而来，至 1949 年，全国汽车保有量约 5 万辆，到如今约 2.5 亿辆，使之前因汽车数量少而未曾暴露的安全问题日渐凸显。在 2013 年中国道路交通安全论坛上，与会专家表示我国道路安全形势依然严峻，每年因道路安全事故死亡的人数超过 20 万人。我国道路交通安全现状可概括为以下三个特点：交通事故总量大、死亡率高、恶性事故多发。诚然，我们不能把所有责任推至汽车数量的增长，道路线形设计、服务设施配备、交通信号与标志的设立方面的缺陷往往也存在不可推卸的责任。例如，连通郑州与开封的郑开大道是一条促进郑汴一体化的快速公路，全长 44.2 km。自 2006 年 11 月开通至 2013 年底，已造成 55 人死亡，被公安部列为"中国十大危险路段"。虽然郑开大道车流量大，车速较高，但作为一条双向车道的城市快速公路，中间竟无绿化隔离带，道路交叉口的信号灯系统设施也不完善，道路设计中存在的问题可见一斑。

在国外，高速公路服务区一般设有维修区，加油站，供司乘人员休息的汽车旅馆，休闲娱乐区，甚至还有给司机进行免费颈部按摩的医疗服务，且服务区大都依山傍水，像一个主题公园，风景十分优美。反观我国这方面还有待加强，一方面服务区的环境比较差，另一方面服务区的功能比较单一，除了加油、吃饭，只能提供简易的临时休息场所。

我国的收费站建设也有待规范。目前我国的收费站建设存在服务设施不完善，布局不合理，关卡众多，在某些地方甚至 20 km 左右就出现一个收费站。众多小收费站的存在，不仅降低了道路通行能力，使车辆频繁减速制动。而且大量伴随着收费站设置的匝道，也使高速公路进行频繁的分流合流，严重影响了行车的安全性与舒适性。

道路的拥堵问题，安全问题以及收费站，服务区的设置问题无疑给道路规划设计方与施工方带来了新的挑战。我们必须在反思中创新设计思路，将新理论，新科技融入交通工程建设，使道路交通工程朝着信息化、自动化、智能化发展。提高道路服务水平，减少道路安全事故，改善道路通行能力。

近年来，为刺激国内市场需求，国家启动了大规模基础设施建设，道路交通迎来了发展的黄金期。广大道路交通的工作者一定要抓住发展良机，用科学的理论规划设计，大胆引入新思维、新技术，促进道路交通的健康有序发展。我们应以现实问题为依据，以科学调查为方法，积极探寻解决现代交通问题的新手段，为道路交通的光明前景注入新血液，贡献自己的力量。

第二节　我国的公路建设与发展

改革开放后，随着国民经济持续、稳定、高速的发展，公路建设蓬勃向上，正处在一个前所未有的建设高潮中。纵观我国公路建设的发展，不难看出在新的历史时期，我国公路建设所面临的严峻挑战。在国民经济持续高速增长及城市化进程不断加快的过程中，各类城市均面临着重建、改造、扩展和再规划，而公路基础设施建设则是当前和未来城市发展的关键。了解公路发展的历史及现状，对于我们如何依据国民经济可持续发展的战略目标，制定和规划新时期公路建设的可持续发展战略是十分重要的。

一、现代公路发展的历史及目前公路建设存在的问题

1. 现代公路发展的历史

中国现代公路的发展大体经历了如下两个阶段：

（1）改革开放前公路基础设施的建设

旧中国的公路交通极为落后，1949 年全国公路通车里程仅 8.07 万千米，公路密度仅 0.8km/百平方千米。建国初期，公路交通经历一段时期的恢复后开始获得长足发展，1952年公路里程达到 12.67 万千米。50 年代中后期，为适应经济发展和开发边疆的需要，我国开始大规模建设通往边疆和山区的公路，相继修建了川藏公路、青藏公路，并在东南沿海、东北和西南地区修建国防公路，公路里程迅速增长，1959 年达到 50 多万千米。

20 世纪 60 年代，我国在继续大力兴建公路的同时，加强了公路技术改造，有路面道路里程及其高级、次高级路面比重显著提高。70 年代中期我国开始对青藏公路进行技术改造，80 年代全面完成，建成了世界上海拔最高的沥青路面公路。在 1949 ~ 1978 年的30 年间，尽管国民经济发展道路曲折，但全国公路里程仍基本保持持续增长，到 1978 年底达到 89 万千米，平均每年增加约 3 万千米，公路密度达到 9.3km/百平方千米。

（2）改革开放后公路基础设施的建设及成就

改革开放后，国民经济持续高速发展，公路运输需求强劲增长，公路基础设施建设开始发生了历史性转变，其主要表现在：公路建设得到中央和地方各级政府的重视，"要想富、先修路"，公路建设的重要性逐步为全社会所认识。在统一规划的基础上，开始了有计划的全国公路基础设施建设，80 年代初和 80 年代末国家干线公路网和国道主干线系统规划先后制定并实施，使公路建设有了明确的总体目标和阶段目标。公路建设在继续扩大总体规模的同时，重点加强了质量水平的提高，高速公路及其他高等级公路的迅速发展。改变了我国公路事业的落后面貌。从统计数字看，到 1999 年，全国公路里程达到 135 万千米，公路密度达到 14.1km/平方千米，为 1978 年的 1.5 倍。二级以上公路占全国公路总里程的比重由 1979 年的 1.3% 提高到 1999 年的 12.5%，主要城市之间的公路交通条件显著改善，

公路交通紧张状况初步缓解。同时，县、乡公路里程快速增长，质量也有很大提高，全国实现了100%的县、98%的乡和89%的行政村通公路。总体而言，一个干支衔接、布局合理、四通八达的全国公路网已初步形成。特别值得一提的是我国高速公路的建设。高速公路建设是改革开放后我国公路事业取得的突出成就。1988年，我国第一条高速公路沪嘉高速公路（18.5km）建成通车。此后，又相继建成全长375km的沈大高速公路和143km的京津塘高速公路。进入90年代，在国道主干线总体规划指导下，我国高速公路建设步伐加快，每年建成的高速公路由几十km上升到一千km以上。到1999年底，全国高速公路通车里程已达1.16万千米。短短10年间，我国高速公路就走过了发达国家高速公路一般需要40年完成的发展历程。高速公路及其他高等级公路的建设，改善了我国公路的技术等级结构，改变了我国公路事业的落后面貌，同时也大大缩短了我国同发达国家之间的差距。

　2．公路建设存在的问题

从历史的角度看，我国公路建设经历着"基本适应国民经济发展→不适应国民经济发展→制约国民经济发展→对国民经济的制约状况明显改善"的过程。"发展经济，交通先行"，其正确性已为全社会的实践所证实。因此，彻底改变我国交通运输的落后面貌和被动局面，是逐步实现我国交通运输现代化的奋斗目标。公路建设的滞后是影响国民经济发展的一个制约因素，公路建设的滞后与国民经济的发展需求之间的矛盾是公路建设存在的根本问题。"西部大开发"发展战略的实施，西部交通运输出现全面紧张，集中精力搞好西部公路建设是目前面临的紧迫任务。

二、可持续发展与公路建设

　1．可持续发展的含义

可持续发展是20世纪80年代末提出的一个新的发展观。它的提出是应时代的变迁、社会经济发展的需要而产生的。

可持续发展，系指满足当前需要而又不削弱子孙后代满足其需要之能力的发展。可持续发展还意味着维护、合理使用并且提高自然资源基础，这种基础支撑着生态抗压力及经济的增长。可持续的发展还意味着在发展计划和政策中纳入对环境的关注与考虑，而不代表在援助或发展资助方面的一种新形式的附加条件。可持续发展的核心思想是，健康的经济发展应建立在生态可持续能力、社会公正和人民积极参与自身发展决策的基础上。它所追求的目标是：既要使人类的各种需要得到满足，个人得到充分发展；又要保护资源和生态环境，不对后代的生存和发展构成威胁。它特别关注的是各种经济活动的生态合理性，强调对资源、环境有利的经济活动应给予鼓励，反之则应予摒弃。

　2．制定公路建设可持续发展的理论基础

可持续发展不是一个空洞的政治经济术语，它已作为一个概念为全社会所共识。在公路建设当中，公路不是为了自己而存在，应是满足社会的需求，其发展的战略不应仅考虑其本身，而应以社会的总体目标为目标。公路建设应从社会需求和经济发展的可持续性来考虑。"西部大开发"是我党在新的历史时期，促进我国国民经济持续、稳定、快速发展的可持续发展战略。是进行经济结构战略性调整，促进地区经济协调发展的重大部署，是增进民族团结，保持社会稳定和边防巩固的根本保证，是逐步缩小地区差距，最终实现共同富裕的必然要求，是实现现代化建设第三步战略部署的重要组成部分，不仅具有重大的经济意义，而且具有深远的政治意义。西部地区经济发展滞后，公路基础设施建设落后，"西部大开发"战略思想的提出，为制定和规划今后 20 年公路建设的可持续发展目标奠定了坚实的理论基础。

目前，西部有 12 省区市，面积 687 万平方千米，人口 3.6 亿，有 50 个少数民族。经过改革开放 20 余年的建设，东部地区已进入自我发展，自我积累的良性循环阶段。而西部地区还相差很远，东西部的差距在进一步拉大。目前，年人均国民生产总值（GDP）东部地区 9483 元，西部地区仅 4052 元。"西部大开发"，加快公路建设，正是邓小平同志"两个大局"和江泽民同志"三个代表"思想的具体体现。2001 年，党中央、国务院做出"西部大开发必须加强基础设施建设，近期要以公路建设为重点"的指示，这为进一步规划和制定公路建设的可持续发展战略指明了方向。

3．公路建设的原则

在公路建设中应用可持续发展的战略思想，制定和完成可持续发展的公路基础设施建设，应考虑以下原则：

（1）公路建设的发展与经济、社会、资源与环境联系起来

依据可持续发展的战略思想，公路建设应与经济发展联系起来，不能一味地满足经济的发展要求，过度建设，造成国家资源以及财力、物力的极大浪费。也不能建设缓慢，成为经济发展的制约因素。而是应将其与社会、经济、资源与环境四者之间联系起来，不能以牺牲资源、环境为代价来满足经济、社会的发展需求。从短期目标来看，牺牲资源与环境似乎可以促进经济增长，但从长期目标来看。由于资源、环境受破坏必定会约束经济的增长。所以，公路建设的可持续性取决于与经济、社会、资源与环境之间协调度的高低。协调度愈高，公路建设的持续性就越具有可行性。反之，可行性就愈小。

（2）西部公路建设应与东部公路建设联系起来

世界是多样的、是统一的、是相互联系的。公路建设区域之间也存在着必然的联系。我国东部公路建设和西部公路建设是相互促进、互相影响的统一体。西部公路局域网的建设和完善，必将影响东部地区乃至全国的公路建设。反过来，东部公路建设为西部公路建设提供了科学的建设经验和技术支持。

（3）公路建设应与铁路、航空、水运的建设联系起来

公路运输是整个国家交通运输系统的一个重要的组成部分。公路建设的发展不仅对其他运输的发展有重大影响，也为整个交通运输系统的完善和建设发挥交通运输的整体优势有着至关重要的作用。在处理局部与整体的关系中，一定要头脑冷静。只重视公路建设而忽略其他运输形式的建设是十分片面的。整体的观念有助于我们将系统各部分有机地结合

起来，互相促进、共同发展，满足国民经济的需求，增强交通运输的综合实力。

4. 公路建设发展规划及展望

（1）公路建设发展规划

公路主骨架是全国公路网的主动脉，也是全国综合运输大通道的重要组成部分。大力加快"五纵七横"国家道路主干线系统建设，可使公路交通基本适应国民经济和社会发展对城市间、快速旅客和货物运输的需求，满足全国统一开放社会主义市场体系发展和对外开放的要求，并加快我国工业化和城市化的进程。

当前，国道主干线的建设重点是基本贯通同江至三亚、北京至珠海、上海至成都、连云港至霍尔果斯，以及北京至沈阳、北京至上海、重庆至北海，即"两纵两横三个重要路段"；按照"五纵七横"国道主干线建设布局规划，逐步加大车流量大的国道主干线和省内重点经济干线路段的建设。加强国家定点扶贫县的公路建设，使每一个国家定点扶贫县的商品产地（或集散地），有一条经济路通往干线公路，在实现县乡通公路的基础上，使全国行政村的如90%通公路；建设长江、黄河上的江阴、南京、重庆、济南及厦门海沧等跨江跨海大桥；起步建设公路主枢纽。

（2）展望

截止2020年，全国国道主干线形成沟通西中东部，贯穿西南、西北，通江达海，连通周边国家的公路网，形成完善的大通道，西部地区公路发展取得明显成效。届时，国道、省际的通道将构成2.8万千米骨架路网，除乌鲁木齐和拉萨市之间外，其他相邻省会、自治区首府及直辖市，西部与中东部相邻省会城市之间，均由高等级公路相连接。山岭重丘区行车时速超过60km，平原微丘区行车时速将超过80km。公路两侧将建成绿色植物高低错落的绿化带，形成赏心悦目的绿色长廊。西部各省会、首府及直辖市到所在本省地州市及区域对外通道干线公路达二级以上标准，车流较大的路段建成一级或高速公路。地州到县公路基本为三级标准的高级次高级路面，偏远地区达四级公路标准。县至乡镇为四级路以上标准，实现路面硬化。乡镇到行政村通机动车，有条件的通等级公路。

第三节 我国的桥梁建设与发展

中国被称为"桥梁之乡"，在过去的几百年中，中国桥梁建设更是处于世界领先水平。改革开放之后，中国的桥梁建设者们更是与世界接轨，吸取外国桥梁建设的经验，融合中华民族的传统文化，中国桥梁数量由少变多，形式变化多样，为社会经济的发展提供了安全、稳健的通道，也越来越符合现代人的审美情趣。

一、我国桥梁建设的现状

现今，随着国家经济建设的发展，物质生活水平的大幅度提高，人们的审美意识和审美标准都更加成熟。对于桥梁，人们更是已经不满足于作为运输路线局部的要求，而是将其视为一种空间艺术品融入人们的社会文化之中。

1. 全球大跨度桥梁，我国占比超50%"最长、最高、最大"不断被刷新

2017年7月初，随着世界最长的海底隧道——港珠澳大桥海底隧道贯通，这座中国建设史上里程最长、投资最多、施工难度最大的跨海桥梁主体工程终于全线贯通。预计到2017年年底，它将建成通车，届时将成为世界上最长的跨海大桥。

集桥、岛、隧道于一体，全长55 km——作为连接香港、珠海、澳门的超大型跨海通道，港珠澳大桥被誉为交通工程的"珠穆朗玛峰"，被外媒称为"新世界七大奇迹"之一。

如果说港珠澳大桥是一座令世人赞叹的"高峰"，那么，我国跨海大桥则早已整体站上了"高原"。东海大桥、杭州湾跨海大桥、深圳湾跨海大桥、舟山西堠门大桥、金塘大桥、青岛海湾大桥、嘉绍大桥……一座座雄伟的大桥跨越蔚蓝的海洋，宣告着桥梁建设的中国实力。

视线转向内陆，成就同样显著。北盘江大桥，桥面距谷底达到了565m，相当于200层楼高，是世界第一高桥；四川干海子特大桥，世界第一座全钢管混凝土桁架梁桥，最高钢管格构桥墩达117m；鹦鹉洲长江大桥，世界跨度最大的三塔四跨悬索桥；湘西矮寨特大悬索桥，创4项世界第一……近5年来，全球超过一半的大跨度桥梁都出现在中国，"最长、最高、最大、最快"这样的纪录，不断被写进世界桥梁史，让"中国桥"成为展示中国形象的新品牌。

交通运输部向记者提供了一组令人自豪的数字：目前，世界上已建成的跨度超400m的斜拉桥、悬索桥分别有114座、109座，我国就分别拥有59座、34座；全球在建及拟建的主跨400m以上的斜拉桥、悬索桥分别为49座、37座，我国就分别占据了39座、29座。

放眼未来，世界跨度最大的公路铁路两用大桥——沪通长江大桥，世界上跨径最大的钢箱梁悬索桥——虎门二桥等也于2019年通车。

2. 世界最高十座大桥，我国拥有8座不断突破世界性技术难题

"纵观世界桥梁建设史，20世纪70年代以前要看欧美，90年代看日本，而到了21世纪，则要看中国。"在世界桥梁建筑领域，这已是大家公认的观点。

结出累累硕果的背后，是我国在桥梁建设技术上不断取得重大突破。十八大以来，我国广大桥梁建设者与科研人员在工程实践的基础上，紧跟国际桥梁建设前沿技术，不断在桥梁结构体系设计、核心材料研发、关键施工工艺、施工装备创新上刻苦攻关，使我国桥梁建设水平显著提升。

2013年7月，嘉绍大桥正式建成通车。这座大桥一举攻克了多塔斜拉桥结构体系、刚性铰新型装置、钢箱梁检查设备关键技术难题，项目成果获得了2016年国际桥梁大会

古斯塔夫·林德撒尔奖、2016年国际道路联合会全球道路设计成就奖，在世界范围内得到了广泛认可。5年来，这样突破世界性技术难题的中国桥梁还有很多。

2013年建成的泰州长江公路大桥，在世界上首次实现了多塔连跨悬索桥的千米级突破，为建设跨越宽阔江海水域的桥梁提供了新的方案。

2016年，马鞍山长江大桥获得第三十三届国际桥梁大会最高奖——乔治·理查德森奖，此前，武汉天兴洲长江大桥、南京大胜关长江大桥等多座桥梁先后斩获大奖。

国际桥梁与结构工程协会副主席、同济大学教授葛耀君表示，我国正从桥梁建设大国走向桥梁建设强国，未来5到10年中，我国桥梁技术和桥梁建造水平还将有更新更大的突破。

3. 公路桥梁，我国共有80.5万座为区域发展打通瓶颈

2016年12月29日上午，随着一辆辆汽车驶上桥面，北盘江大桥正式通车，这也使得杭瑞高速贵州段实现了全面贯通。至此，云贵两省又增加一条高速通道，云南宣威到贵州六盘水的车程由过去4小时缩短至1小时，黔川滇三省交界区域也得以快速融入全国高速公路网，从而步入发展快车道。

跨越江河湖海，联通深沟峡谷。5年来，一座座桥梁的建成，使一个个交通节点的连接更加紧密，也为不少地区的经济社会发展打通了瓶颈、铺平了坦途。

在江苏，泰州大桥三塔两跨悬索桥建成后，不仅缓解了省内过江公路交通的巨大压力，平衡了全省过江流量格局，还在缩小苏南、苏北区域经济社会发展差距，推动长三角主功能区的形成与发展等方面发挥了重要作用。

在浙江，自2010年建成通车以来，杭州湾跨海大桥的日均车流量超过5万辆。它缩短了宁波至上海间的陆路距离100多千米，对长江三角洲经济一体化和产业结构的调整、升级起到极大促进作用。

随着自身实力的增强，中国桥梁建设企业也在近年来更加积极地走出去，到世界舞台一展身手。2014年年底，由中国交建承建的泽蒙—博尔察大桥建成通车，结束了近70年来贝尔格莱德市多瑙河上仅有一座大桥的历史。这座中国在欧洲修建的第一座大桥，被当地官员形容为"塞尔维亚近几十年来最好的基础设施项目"，更被当地百姓亲切地称作"中国桥"。马来西亚槟城二桥、巴拿马运河三桥、新奥克兰海湾桥……放眼五洲四海，近年来中国建设者主持或参加建设了一个个国际知名桥梁工程，赢得了全球同行的广泛赞誉。

一桥飞架南北，天堑变通途。党的十八大以来，一座座技术先进、姿态各异的桥梁建成通车，跨越江河湖海，联通深沟峡谷，使交通节点的连接更加紧密，极大地方便了周边居民的出行生活，为区域经济社会发展铺通了坦途，彰显了我国综合国力和科技进步。

4. 云南普立大桥"串起一条黄金旅游线"

耸立于高山峻岭之巅，穿行于云雾峡谷之间，位于G56杭瑞高速上云南宣威市普立乡境内的普立大桥，是国内山区高速公路首座钢箱梁悬索特大桥。

大桥桥面离峡谷 485m，于 2015 年 8 月 25 日正式通车。

普宣高速公路全线建成通车后，从云南宣威至贵州边界 4 小时的车程缩短为 1 小时内，不仅给交通带来便利，还成为杭瑞高速公路上的重要景观，同时将遵义、六盘水、曲靖、昆明、大理、瑞丽等旅游景区串联起来，形成一条黄金旅游线路。

据不完全统计，通车后，仅是前来参观普立特大桥的市内外游客就达 15 万人次左右。"我们在这里生活了几十年，过去想要到山对面，需要四五个小时，大桥通车之后，一个小时就能到了，再也不用翻山绕远路了。"普立乡普立村村民缪祥寿说。

5. 福建泉州湾跨海大桥"加快区域经济圈形成"

湛蓝的泉州湾上，一座全长 26.7 km 的大桥如长虹般飞架南北。这座 2015 年 5 月 12 日通车的泉州湾跨海大桥，已满 7 周岁。

眺望泉州湾跨海大桥，挺拔雄姿中蕴含浓浓的"泉州味道"，桥塔造型简洁朴素又肃穆大方。"大桥分左右双幅，路基宽度达到 41m。其中主桥为主跨 400m 的双塔分幅组合梁斜拉桥，可保证 5000 吨级杂货船双向通行、10000 吨级杂货船单向通行。"泉州湾跨海大桥副总工程师陈江握介绍，为了缩短复杂海域作业时间、降低施工风险，大桥的主桥主梁采用节段干拼的钢砼组合梁结构，工艺为国内首创。

"大桥贯通后，连接了晋江、石狮、惠安、台商投资区等泉州经济最活跃、发展最快的环湾区域。"陈江握表示，泉州湾南北两岸通途坦荡，环城高速公路闭合成环，将直接加快环泉州湾 980km² 经济圈的闭合和形成，助力泉州"21 世纪海上丝绸之路"先行区的建设。

6. 贵州清水河大桥"回家再也不用兜大圈"

2015 年 12 月 31 日，贵州省清水河大桥正式通车，标志着贵州成为西部地区第一个县县通高速公路的省份。大桥全长 2171.4m、主跨 1130m，横跨清水河大峡谷，桥面至谷底深达 406m，是世界第二高桥。

受困于复杂的喀斯特地质构造，大桥在建造之初，工程师们发现根本找不到让大型起吊设备进入施工现场的通道。"最终只能像搭积木一样，将所有材料化整为零。"清水河大桥总设计师郭俊礼介绍，清水河大桥在悬索桥建筑史上首次采用了板桁结合技术。

"现在过桥只需要 3 分钟，以前回老家必须得绕道贵定、福泉等地，相当于兜了个大圈子。"在贵阳工作的瓮安人侯显军说，大桥贯通后，贵阳到瓮安车程从以前的 4 个半小时缩短至 1 小时。

二、中国桥梁建设现状与意义

1. 永远的赵州桥

"真的，天堑变了通途"

"在建的这座桥，上下两层 10 条机动车道、2 条非机动车道和 2 条人行道，是长江上第一座双层公路大桥，也是全世界通行能力最大的过江大桥。"中国工程勘察设计大师、中铁大桥勘测设计院副总工程师徐恭义说。

徐恭义说的这座桥，是武汉第 10 座长江大桥—杨泗港长江大桥。主持设计了 50 多座特大桥的徐恭义，是这座大桥的总设计师。"一步跨越长江"的杨泗港大桥主跨达 1700m，是中国跨径最大的悬索桥，也是世界上跨度最大的双层悬索桥。

在杨泗港大桥下游 5.5 km 处，是武汉长江大桥。五十多年前，中国举全国之力建成了这座"万里长江第一桥"。

"现在长江上从上游宜宾到下游上海，已经是百桥飞架南北，天堑变通途。当年举全国之力建一座长江大桥，现在我们一家公司就同时参与建设几座长江大桥。"领衔建造了 17 座长江大桥的中交二航局副总经理杨志德说。

在距离武汉约 700 km 外的沪通长江大桥工地上，中铁大桥局和中交二航局的施工人员正在紧张地忙碌着。

沪通长江大桥与武汉长江大桥样，是公铁两用桥，是中国沿海重要的铁路、公路过江通道。主跨 1092m 的户通大桥建成后，将是世界上最大跨度的公铁两用斜拉桥。

桥是空中的路。长江上 100 多座大桥的建造，是当代中国桥梁发展的缩影。

随着公路不断建设，桥梁不断延伸。据交通运输部统计，2015 年末，全国公路桥梁 77.9 万座，比上年末增加 2.2 万座。目前，全国公路桥梁总数接近 80 万座。

铁路桥梁随着铁路的延伸而快速增加，目前已超过 20 万座。尤其是近年来快速发展的高速铁路桥梁，可谓高速铁路上的"皇冠"。

"高铁发展对桥梁提出了更高要求，高铁桥梁的突破则促进了高铁速度、质量、舒适度的提升，促进了高铁的发展。"中铁第四勘察设计院集团董事长、院长蒋再秋说，一座座桥梁，挺起了高铁干线，托起了中国速度。

在目前我国运营的 2 万千米高速铁路中，铁四院参与设计了全世界一次建成线路最长、标准最高的高速铁路 - 京沪高速铁路，更参与设计了我国一半以上的高速铁路桥梁。

"京沪高铁全长 1318 km，全线 244 座桥梁，是科学和技术的结晶，桥梁长度之和占全线总长的 80.4%。其中，丹阳至昆山段特大桥，全长 164.7 km，是当之无愧的世界第一长桥。"京沪高速铁路股份有限公司前董事长蔡庆华说。

顺应高速公路、高速铁路、山区铁路、海岛开发的建设需要，新世纪以来我国桥梁建设不断向大跨、重载、轻型、新材方向发展，高铁桥梁、大跨公路桥梁、跨海大桥，不断刷新世界纪录。

"通过 20 世纪 80 年代的'学习和追赶'阶段，90 年代的'提高和创新'阶段，我国桥梁建设迎来了 21 世纪的'超越'阶段。"中铁大桥局集团有限公司总经理胡汉舟说。

"从一座桥的修建上，就可以看出当地工商业的荣枯和工艺水平。从全国各地的修桥历史，更可看出一国政治、经济、科学、技术等各方面的情况。"主持修建中国人自己设计并建造的第一座现代化大型桥梁——钱塘江大桥的著名桥梁专家茅以升道出了桥梁发展的要义。中国桥梁快速发展，正是与国民经济发展相伴，与改革开放同行。

2. "理性看待第一、'之最'"桥梁的"中国跨度"是怎样炼成的？

交通运输部原总工程师凤懋润回忆，上海南浦大桥成为打破中国人没有能力自行建设特大跨径现代桥梁质疑、进行自主创新的实践载体。1991年，跨径423m的南浦大桥建设成功。两年多后，路径602m的上海杨浦大桥犹如一道彩虹，横跨浦江两岸。

"这两座大桥的建成，极大鼓舞了中国的桥梁建设者，掀起了全国建设跨越大江大河大跨径桥梁的热潮。"凤懋润说。

桥梁的主跨长度，是衡量桥梁技术水平和建设能力的重要标志。此后，桥梁一个比一个跨度大，技术标准不断提高。

大江上——悬索桥：1997年，跨径888m的虎门珠江大桥建成；1999年，1385m一跨过江的江阴长江大桥通车；2005年，跨径1490m的润扬长江大桥连接起镇江和扬州两地，钢拱桥：2003年，上海卢浦大桥以550m的跨越，成为当时世界跨度最大钢拱桥；2009年，主跨552m的重庆朝天门长江大桥通车，创下新的世界纪录，斜拉桥：苏通长江大桥跨径达1088m，正在建设中的"世界公铁第一桥"沪通长江大桥主跨1092m……

大山里——2009年，主跨900m的湖北四渡河大桥（桥面至谷底560m，相当于约200层楼高）和主跨1088m的贵州坝陵河大桥（桥面至谷底370m）建成通车；2012年，主跨1176m的湖南矮寨大桥（桥面至谷底330m）建成通车；2015年年底，主跨1130m的清水河大桥（桥面距谷底406m）建成通车；今年9月10日，主跨720m的世界第一高桥贵州北盘江大桥（桥面至江面565m）合龙……

大海上——2005年，全长32km的东海大桥建成通车；2008年，全长36km的杭州湾跨海大桥建成通车；2011年，全长36.48km的青岛胶州湾跨海大桥建成通车，是目前已建成的世界最长跨海大桥；2016年全长55km的港珠澳大桥，成为世界最长跨海大桥；全长16km的平潭海峡公铁两用大桥，则是世界首座真正意义上的公铁两用跨海大桥……

"大跨径桥梁技术20世纪在美国、欧洲，之后在日本得到了发展，而进入21世纪后，中国在质与量两方面都引领了世界。"著名桥梁专家、国际桥梁与结构工程协会前主席伊藤学说。

桥梁建设大发展，得益于我国综合国力提升和科技水平的发展，得益于国家发展对桥梁建设不断提出的新需求，得益于博采发达国家桥梁建设技术成果带来的实践，更凝聚了我国桥梁建设者不断超越自我的勇气和智慧。

随着科技发展和财力投入，我国有了建设大跨径桥梁的实力。然而，不容忽视的是，一些地方政府领导和桥梁设计建设者过度追求大跨度桥梁，在一些地方桥梁建设中出现了认识误区，把各种"之最""第一"作为建设目标，过度追求大跨度方案。

中国工程院院士、桥梁及结构工程专家项海帆认为，新世纪的15年间，我国掀起了一股建造千米级大跨度桥梁的狂潮，一些超千米的大跨度桥梁并不经济合理。

"从近年来建成通车的桥梁看，桥梁的造价越来越高，这里面有人工、材料上涨的因素，也有桥型选择追求'长、大、高、特'等因素。但我国桥梁的使用寿命，除少数重点关注的世界级特大型桥梁建设外，绝大多数桥梁质量没有与工程造价的增长成正比，有些桥梁建成没多久就出现大修、有些通车几年就重新进行桥面铺装。"交通运输部有关负责人说。

业内人士指出，必须警惕桥梁建设中容易发作的一些"病症"：贪大求最病——追求"之最""第一"，忽视桥梁工程质量和耐久性问题，不顾质量安全隐患；追新求异病——追求桥梁结构新颖、造型独特，忽视桥梁安全、经济和后期养护运营；追富求贵病——桥梁质量不能与工程造价的增长成正比。

"跨度过大，不仅推高建设成本，而且也不必要地增加了设计和施工难度、桥梁结构体系运营期风险。"中铁大桥局集团副总工程师李军堂说。

专家认为，在建设规模达到一定标准、施工工艺相对成熟完善后，个别指标特别是跨度的提升，并不代表技术水平的实质性进步。我国大桥建设，不能只强调桥长、跨径等表面上的第一，应更注重科技含量、技术创新等内涵上的第一。

"建桥不是为了破纪录，也不是为了建'地标'，永远是为交通功能服务。"中铁大桥院董事长、中铁大桥局科技委主任秦顺全说。

中国桥梁：跨越四海，通向未来。若不是亲眼所见，难以置信桥梁已经成为中国的又一张靓丽名片和彰显综合国力的重要标志。无论数量规模还是科技含量，无论国内施工还是海外建设，中国桥梁正以其磅礴的势和无穷的活力原现在世人面前，跨越四海，通向未来。

在世界桥梁界有着这样一句话：世界桥梁建设 20 世纪 70 年代以前看欧美，90 年代看日本，21 世纪看中国。

目前，世界建成跨度千米以上的悬索桥 28 座，中国占 11 座；世界在建的主跨 1000m 以上悬索桥 13 座，中国占 9 座；世界建成和在建跨度 600m 以上的斜拉桥 21 座，中国占 17 座。

中国桥梁承载着经济民生和科技进步。修桥筑路促进地方经济发展、便利百姓出行，是实实在在的民生之举。生活在深山的百姓可以通过桥走出封闭的世界，穿江跨海的桥可以让邻近城市实现便捷通达。桥梁建设更是一个国家科技水平和施工能力的综合展现。从图纸设计，到建筑施工，桥梁集中了当代最先进的理念和技术，展示的是综合国力。

中国桥梁连接着历史和现实的非凡跨越。几千年文明进程留下了大量堪称经典的桥梁艺术品，如赵州桥、卢沟桥等。到近代，由于国力衰弱，桥梁建设也逐渐落后。新中国成立后，中国桥梁重新焕发生机，武汉长江大桥、南京长江大桥、九江长江大桥，一座座大桥飞架南北。改革开放后，特别是近 10 年来，中国桥梁更是厚积薄发实现跨越，不断摘取世界桥梁行业的桂冠。

中国桥梁正在成为中国与世界的纽带。越来越多"走出去"的中国桥梁，成为海外的"中国地标"为"中国制造"和"中国装备"走出去提供了有效载体：美国旧金山新海湾大桥、马来西亚槟城二十桥、孟加拉国帕德玛大桥等，这些已经建成或在建的桥梁，连接中国与世界的纽带，成为"中国制造"矗立在海外的"名片"。

中国桥梁，其意义早已不仅于自身，更是发展之桥、友谊之桥、合作之桥和通向未来之桥。

第二章 公路工程

第一节 公路与公路工程

一、公路及其分类

1. 概念定义

公路的字面含义是公用之路、公众交通之路，汽车、单车、人力车、马等众多交通工具及行人都可以走。早期的公路没有限制，大多是简易公路，后来不同公路有不同限制；由于交通日益发达，限制性使用的公路越来越多，特别是一些公路专供汽车使用了（有的城市公路从禁止单车到禁止摩托车），而且发展出高速公路这种类型，专供汽车全程封闭式使用。

民间也称作马路，如"马路天使"里的用法，不限于马匹专用。公路大概是区别于铁路的，铁路是专供火车行驶，公用区别于专用。有一般公路与汽车专用公路之别，后者越来越多，二级公路因此就有两种规格。

2. 多种分类

（1）技术等级

一般按照公路所适应的年平均昼夜交通量及其使用任务和性质，将公路分为若干技术等级。中国人民交通出版社于 2004 年出版的《公路工程技术标准》，对公路分为五个技术等级。

①高速公路

高速公路，能适应年平均昼夜汽车交通量 25000 辆以上。具有特别重要的政治、经济意义，专供汽车分道高速、连续行驶，全部设置立体交叉和控制出入，并以长途运输为主的公路。

②一级公路

一级公路能够适应年平均昼夜汽车交通量 5000 ~ 25000 辆，连接重要政治、经济中心，通往重要工矿区、可供汽车分道快速行驶、部分控制出入和部分设置立体交叉的公路。

③二级公路

二级公路能适应按各种车辆折算成中型载重汽车的年平均昼夜交通量2000～5000辆，连接政治、经济中心或大型工矿区以及运输繁重的城郊公路。要双向四车道。

④三级公路

三级公路能适应按各种车辆折算成中型载重汽车的年平均昼夜交通量2000辆以下，沟通县与县或县与城市的一般干线公路。双车道，一般地方路宽8.5m，丘陵地区7.5m。

⑤四级公路

四级公路能适应按各种车辆折算成中型载重汽车的年平均昼夜交通量200辆以下，沟通县与乡、镇之间的支线公路。如滇藏新通道里的旧路丙察察公路路宽3m～4.5m，砂土为基，简易公路。

（2）路面等级

①高等级公路

高级公路包括高速公路、一级公路和高标准二级公路。

②中等级公路

中等级公路包括中低标准二级公路和高标准三级公路。

③低等级公路

低等级公路包括中低标准三级公路和所有的四级公路。

（3）速度等级

台湾有行政法规《高速公路及快速公路管理规则》将公路分为高速公路、快速公路和普速公路三个等级。

在中国大陆，公路专业权威文件没有采用速度三档法划分公路级别，因为速度分类法仅参考速度了，缺乏充分严谨的标准。不过国内还是有很多公路爱好者和相关专业人士将公路分为高速、快速和低速三个等级。

①高速公路：限速100km/h～140km/h。

②快速公路：限速60km/h～100km/h。

③低速公路：限速20km/h～60km/h。大多数非高速路网的路段限速60以内，被人们俗称"走低速"。

另外，在城市道路等级中，城市快速路的速度标准是60km/h～100km/h，且城市快速路的结构设计和技术标准基本介于普通公路和高速公路之间，所以快速公路的限速和其他属性多半源于城市快速路相关的设计规定。

城市快速路、简称快速路，是城市道路等级中的一个级别，中国交通部门没有再额外提出快速公路的规定。

（4）行政等级

根据不同性质或水平的政治功能地位，公路可分为国道、省道、县道、乡道和村道。

①国道

国道是指具有全国性政治、经济意义的主要干线公路，包括重要的国际公路，国防公路，连接首都与各省、自治区、直辖市首府的公路，连接各大经济中心、港站枢纽、商品生产基地和战略要地的公路。国道中跨省的高速公路由交通部批准的专门机构负责修建、养护和管理。

②省道

省道又称省级干线公路。在省公路网中，具有全省性的政治、经济、国防意义，并经省、市、自治区统一规划确定为省级干线公路。省道由全省（自治区、直辖市）公路主管部门负责修建、养护和管理。

③县道

县道是指具有全县（县级市）政治、经济意义，连接县城和县内主要乡（镇）等主要地方。

④乡道

乡道，即意思为乡镇道路，一般宽度大约在5M之间，是乡镇通往各地点的保障，建筑材料为黑色沥青，加热后平铺于地面，再用压力机平整压过去，厚度大约为8cm乡道大多是建于每个村庄的连接。

⑤村道

村道的其中的一种定义是道路的一种类别，依相关法律法规规定，其属于乡村公路，是一级、二级、三级、四级公路之外的一种公路，因其与乡道、县道大多建于乡村，故称"乡村公路"。

二、公路工程

公路工程指公路构造物的勘察、测量、设计、施工、养护、管理等工作。公路工程构造物包括：路基、路面、桥梁、涵洞、隧道、排水系统、安全防护设施、绿化和交通监控设施，以及施工、养护和监控使用的房屋、车间和其他服务性设施。

1. 概述

公路的新建或改建任务是根据公路网规划确定的。一个国家的公路建设，应该结合铁路、水路、航空等运输综合考虑它在联运中的作用和地位，按其政治、军事、经济、人民生活等需要，结合地理环境条件，制定全国按等级划分的公路网规划。从行政方面划分，一般分为国道、省道、县道、乡道等四个等级。此外，重大厂矿企业和林业部门内部，必要时也有各自的道路规划。每个国家公路等级的划分界限和方法及其相应标准，不尽相同，中国的国道规划由国家掌握，省以下的公路规划由各级地方政府掌握。

2. 规划

公路网规划的制定是一项繁重复杂的工作。由于各地情况的变化，例如政治、军事等战略的改变，矿藏资源的开发，海岸、商埠经济的发展，城乡人民生活的改善，旅游事业的兴起，其他运输方式的改变，资金的增加等，都可能使规划随之变化。因此，在制定规划时，事先应充分掌握各方面的信息，进行有充分预见性的可行性研究，避免规划的盲目性带来不良后果，然后有计划按步骤地分期付诸实现。

3. 勘察设计

拟建路线的第一步，应根据线路所经控制点，进行勘察和测量，选出距离最短、工作量最小、工程举办容易、造价低廉、后遗病害最少、养护费用最低、使用效益最大的线路。如果线路有几种选线方案，则应进行比选，以便从中选定最优方案。

各项新建或改建工程的设计，应本着就地取材、因材施用、利废增益的原则，重视长远的经济损益分析来进行设计。公路等级一旦确定，则线形几何标准也随之确定。尤其是丘陵区和山岭区的纵坡度是很难改变的。又如路基路面工程往往占造价比重最大，但可以从低级过渡到高级，分期修建。这些项目的设计，都必须充分考虑前期工程能为后期利用，而不致废弃，造成浪费。此外，路面等级愈低，造价愈低，但公路养护和更新费用则愈高，行车消耗费用愈大。因此，决定路面等级不能孤立地考虑造价，而是要根据较长时间，从造价、养护更新费用，特别是行车消耗费用这三者进行经济损益分析，选择经济合理方案。

现代的勘察设计工作已利用卫星地图或航测地图，并用电子计算机分析和绘图，用地震法探测地层地质，用 γ 射线量测密度含水量，用激光测距等新技术和其他新设备，使勘察设计工作缩短了作业时间，提高了作业效率和精度，降低了成本。

4. 施工

优质工程不仅要有良好的设计，而且在更大程度上取决于施工质量的好坏。在施工中，材料、机具、操作是保证产品质量的主要环节。一切施工都必须严格遵守每项施工规范。一是材料的准备，包括检查材料品种、规格、数量、堆放场所、供应和保管工作等；二是施工机具，包括品种、型号、数量的配备及修理工作；三是操作，应精心进行，每道工序完毕须经检查合格后方可进行下一道工序。全部工序完毕，经检查验收后方可交付使用。

公路工程的一些项目在使用中，会随着时间的延续产生不可避免的损耗，如路面在行车荷载下产生轻微变形、车辙、磨损，就必须及时养护、整修，才能维持正常使用效能，延长使用寿命。公路工程对各个工程项目都制定有相应的养护规范。忽视养护，损坏严重才进行补救，造成的损失往往更大。

5. 养护

早期的施工、养护工作，一般是用简单的工具和人力或畜力操作。随着机械工业的发展，蒸汽机和内燃机等动力机械广泛应用于施工中，并出现各种单用机械和联合操作机械。在筑路机械中，繁重、量大的工程所使用的机械，例如土石方的挖掘、运输、压实等使用的机械，正向着多用途、大功率的方向发展；路面铺装机械向着自动就地加工，提高废旧料利用率，简化工序，一次完成的大功率大型机械的方向发展。养路机械则向着一机多用和小型化的方向发展。桥梁工程用的机械趋向适用于轻型、装配化和预制构件所需机械发展；吊装设备则向大型机械发展。各种施工机械的发展，使以往难以进行的工序得到解决。

施工机械的进步反过来又促进材料和结构物的革新。这种互相促进作用有益于提高工程质量、降低生产成本。

6. 管理

公路工程管理系统和公路运输管理系统是两个不相统属的系统，但又是彼此有密切关系的系统。比如，汽车运输要开辟或加强改善某些路线的客货运输，必须预先调查研究沿线的客货来源、种类、运量、地点、季节等等，为此向工程部门提出工程的要求和指标。工程部门则研究满足这些要求的方法和措施，为运输服务。那么，究竟是先有公路然后考虑组织运输，还是先考虑运输需要来修建公路呢？一般讲，按后者安排为好。但有时也应根据具体情况，全面分析，决定对策。这个问题在国际公路论坛中是经常遇到的。有些国家已把运输工程和工程经济列为专业课程，在大学讲授。这是关系到公路发展的宏观经济、影响全局的问题，在公路管理中值得重视。

公路工程方案在实施过程中，工程管理部门应根据需要完成项目的先后顺序，编制分项工程进度表，然后根据各项进度排出总的进度表，并注意各分项工程之间不得互相干扰。如遇情况变化，应及时作相应修改。进度表是执行计划的指导纲领。某一环节不按计划进行就有可能打乱局部，甚至是全局的安排。执行计划包括内容繁多，主要方面有：施工前需补充的测量放样、材料供应和试验、机具配备和维修、运输工具的配备和维修、劳动力组织和调配、技工培训和考核、水电供应、工地安全设施、工地应急设施、医疗卫生、职工生活、工程定额和进度的统计分析、财务管理等等。工地既要有分项管理人员，又要有全面管理的人员。

7. 其他相关

（1）管理办法

为规范公路工程施工分包活动，引导公路工程施工分包市场健康、有序地发展，交通运输部日前发布了《公路工程施工分包管理办法》（以下简称《办法》）。

《办法》出台的背景

加强市场监管，规范分包活动，是工程建设领域专项治理的重点工作。《办法》的出台是市场经济体制下行业健康发展的需要，是规范公路建设市场分包行为的需要，是完善公路建设市场法律法规体系的需要。

工程分包的产生是计划经济向市场经济过渡的产物，是社会分工专业化的必然结果，在国外工程管理中也普遍存在。规范引导施工单位进行合理、合法的分包、既有利于施工企业的发展壮大和结构调整，也有利于规范建设市场，提高工程质量，降低建设成本。我国《招标投标法》《建设工程质量管理条例》《公路建设市场管理办法》《公路建设监督管理办法》等法律、法规和部门规章相继对工程分包进行了相应规定，但由于种种原因，公路工程中的违法分包现象仍然屡禁不止。

（2）沉降预防

工后沉降就是指从施工完毕直到沉降稳定这段时间内的沉降量。利用高频液压振动锤施工筒桩、振动取土灌注桩，作为公路路基的承载桩，使路基在筒桩的施工过程中产生预沉降，汽车在以后的运行过程中地基不会产生沉降。利用这种新工法可以有效预防公路工程工后沉降。

（3）计划实施

工程计划的实施要根据设计方案编制工程预算，经主管部门批准后作为投资依据，拨款举办。承办工程有部门自办制、招标发包制或部分自办、部分发包制等几种。自办制由主管部门委派负责人成立机构，负责完成计划内全部工程任务。如遇原设计不符实际情况时，有变更设计权，但须向主管部门说明变更原因，经批准后执行。如因特殊原因，必须立即执行时，可以事后报告备案。工程负责人在预算范围内，根据法定财务制度有支付全部工程费用的权力。发包制由主办机构公开招标。凡领取开业执照的企业单位或承包商经审查合格者均可取得投标资格。一般由最低价格者得标，但仍须审查所投价格是否合理，经主办机构认可后方可取得承包权。对于工程所需材料供应、机具设备、劳动力的雇用，一般均由承包者自理。但在某种情况下，也可通过协商共同解决。

第二节　公路网规划

公路网规划是公路交通规划的组成部分；是公路建设中一项重要的前期工作，它属于长远发展布局规划，是制订公路建设中长期规划、选择建设项目的主要依据；是确保公路建设合理布局，有秩序地协调发展，防止建设决策、建设布局随意性、盲目性的重要手段。

一、主要任务

公路网规划的主要任务是：通过深入的调查、必要的勘测和科学的定量分析，在剖析、评价现有公路状况，揭示其内在矛盾的基础上，根据客货流分布特点、发展态势及交通量、运输量的生成变化特征，提出规划期公路发展的总目标和大布局；划分不同路线的性质、功能及技术等级，拟定主要路线的走向和主要控制点，列出分期实施的建设序列，提出确保实施规划目标的政策与措施，科学地预测发展需求，细致地研究合理布局。

二、特性

1. 集合性

区域公路网由点（运输点）和线（路线）按一定方式和要求组合而成。根据运输点自身特点（规模及重要性）及点与点之间的联系强度等因素，公路路线的连接方式及级别也有所不同，构成不同组合形式及级别的公路网系统。国道网和省道网分别构成全国和各省的公路网主骨架，县乡道路作为上一级道路网的补充和加密，与广大交通集散点直接连接，三者共同组成一个有机整体。

2. 关联性

组成公路网的所有运输点和路线，构成一个相互协调、相互制约和具有一定规律性的整体。公路网的布局和结构与所在地区的自然条件、经济、政治及军事等诸多因素相关，满足必需的交通需求，具有良好的整体功能和效益。路网中任何一个运输点或路线的变动都会对其他相关点、线的作用和效益等产生影响，同时又受到公路网内其他相关点、线的影响和制约。即公路网是一个有机整体，应以全局的、整体的观念处理路网中的每一个运输点及它们之间的联系。

3. 目的性

按照一定目的规划的公路网才具有特定的功能。公路网的主要功能包括满足区域内外的交通需求，承担城市之间的运输联系；维持区域内交通的通畅及保证交通运输的快速和高效；确保交通安全和提供优质运输服务；维护生态平衡，防止水土流失，注意环境保护，方便人民生活；满足国防建设和防灾、抗灾需要。

4. 适应性

公路网规划必须服从于同一区域的交通规划，在区域交通中充分发挥自身的特点和优势、与其他交通形式形成互补，共同承担区域交通需求。同时公路网规划必须与区域国土开发利用和经济发展规划相适应，作为国土开发利用和经济发展的有力支撑。

三、主要内容

1.公路网的现状及其综合评价：全面分析公路发展与社会经济发展的关系；通过多种方法科学预测客货运输量、交通量的发展水平；分析发展特点，提出发展目标；

2.论证公路网发展的总体布局方案：要研究不同路线、路段的技术等级、性质与功能，干线的覆盖程度、吸引范围及其相应配套设施，优选出建设重点，推荐最佳建设序列；

3.针对公路网规划总目标，提出实施规划存在的问题和需要采取的对策和措施；

4.附有反映规划内容的图纸和表格。

公路网规划要以全国综合运输网、全国公路网规划和交通发展战略为依据，在认真做好社会经济调查、交通量调查、公路网现状调查的基础上，采用科学的规划、计算、分析方法，做好发展预测和方案论证工作；要建立健全数据库，充分利用历史资料，重视数据采集、整理、运用的科学性，做到定性分析与定量计算相结合，做好多方案比选以验证工作成果。

公路网规划分别按国家、省（自治区、直辖市）、地（市）、县行政区划，由各级交通主管部门负责组织编制。

四、方法

公路网规划中要进行哪些资料调查和数据采集工作？

资料、数据的采集与整理是编制公路网规划的基础。一般情况下，采集范围应扩大到与规划区域有较密切的经济关系的区域，条件困难时，也应与规划区域相同。采集内容包括：政策方针调查，社会经济调查，资源环境调查，交通运输调查，基础设施调查，建设资金调查等。

政策方针调查主要有：国家经济建设、国防建设的方针政策和规划区域的社会经济发展规划；国土开发规划、综合运输网规划及有关行业发展规划等；有关的人口政策、用地政策、资源政策、环保政策及交通运输政策等；国防建设需要，要求路线方案的走向；现行公路工程技术标准、规范、定额、指标及基本建设法规等；当地政府及交通部门对公路的需求及改造方案的建议。

社会经济调查主要有：规划区域和各分区域的总人口、各产业人口、总面积、耕地面积、社会总产值、主要产品产值、国民收入及人均收入；规划区域的经济结构、产业结构、产业政策、城镇建制、布设格局及其发展方向；重大经济布局的调整和安排，新建、扩建、改建的大型工矿、汽车工业及电站等项目；主要产品的产量，如：煤炭、石油、金属矿石、钢铁、矿产材料、水泥、木材、非金属矿石、化肥及农药、盐、粮食、日用工业品及其他。

资源环境调查主要有：矿藏分布、蕴藏量、质量特征（如：煤炭品种、发热大卡、石油的含硫含蜡量、金属矿石的品种等）；主要工矿布局，产品产量、品种，当地销量、外销量，库存量和所需原料、材料、燃料的数量；公路建设所需的人力、物力现状及主要材料单价；现有公路建设人才的概况；环境保护、森林保护、水土保护、野生动植物保护及文物保护的等级和范围。

交通运输调查主要有：铁路、公路、水运、航空及管道等运输方式历年完成的客货运输量及所占的比重；公路交通运输部门完成的历年公路客货运量及周转量；非交通运输部门完成的历年公路客货运量及周转量；国家、省级公路的历年交通量和县、乡级公路的基年交通量；铁路、公路、水运、航空、管道等运输方式的基年运输"OD"表；铁路、公路、水运、航空及管道等运输成本、平均速度、实载率（使用率）以及汽车平均工作率、平均车日行程、平均运距等运营指标；汽车保有量。

基础设施调查主要有：公路网各线路起讫点、主要经过点、里程、等级、路面、地形条件、大中桥、隧道、渡口、主要客货站场规模和布局及适应状况等；公路网内交通事故情况（次数、伤亡人数、经济损失及事故多发路段）；铁路网各线路起讫点、主要经过点、里程、等级、通过能力、主要站场规模及适应状况；航道网各航道起讫点、主要经过点、里程、等级、通过能力、主要港口规模、吞吐能力及适应状况；航空线起讫点、里程、机场位置、通过能力及适应状况；管道起讫点、里程、通过能力；邮电设施密度及适应状况；铁路、航道、航空、管道及邮电设施的发展规划。

公路建设资金调查主要有：国家投资、省（直辖市、自治区）自筹资金、民办公助、民工建勤、以工代赈筹资、贷款或合资、其他筹资方式，养路费收入情况，新建、改建公路造价指标情况。

五、公路网规划中的"发展预测"

发展预测是对规划期内的公路运输发展做出的科学估计。公路运输发展预测，应以社会经济发展规划和综合交通运输发展规划为基本依据。

发展预测的基本工作程序是：建立预测目标→建立预测模型→预测→预测检验。

发展预测的主要内容有：

社会经济发展预测——预测指标主要有：总人口、农业及非农业人口、城镇及非城镇人口、社会劳动者人数及构成；土地面积（其中：耕地面积）；社会总产值、工、农业总产值、国民收入、国民生产总值、社会商品零售总额等；人均国民收入、人均国民生产总值、职工人均收入、农民人均纯收入、居民消费水平；财政支出与收入；固定资产投资额（其中：基建投资额）；工、农业主要产品产量；矿产资源储量。

综合交通运输发展预测——预测主要指标主要有：全社会客、货运量和周转量、各运输方式的构成比重、运输强度；各运输方式客、货运输的平均运距；大宗运输物资的流量、流向及其货类构成；各运输方式的运输成本及经济运距。

公路运输发展预测——预测主要指标有：公路运输量；公路交通量；全社会运输汽车技术经济指标（平均座吨位、工作率、完好率、实载率、平均车日行程、车吨年产、油耗率、单位运输成本）；全社会各类运输工具保有量；各等级公路汽车平均车速和单位运输成本。

公路建设资金预测——预测主要指标有：国家投资；省（直辖市、自治区）自筹；民工建勤、民办公助、贷款集资、发行公路债券、其他。

第三节　公路工程地质勘查

地质条件是客观存在的，山区高速公路在自然地质环境中穿行，并对地质环境进行改造，应该认识地质规律，尊重地质规律，在设计中充分考虑地质因素，遵循地质原则，从源头上尽量减少山区高速公路对自然环境的破坏，并且为施工和运营提供良好的条件。

由于国民经济的发展和路网完善的需求，高速公路逐步进入山区。高速公路由于其线形指标高，工程艰巨，投资巨大，对自然环境的破坏也非常严重。随着环境保护理念的日益深入人心，对于山区高速公路的勘察设计、施工运营等方面的环保要求也越来越高。山区公路环境载体主要是自然环境，也是地质环境。山区一般地形地质条件复杂，地质环境脆弱，地质灾害多发，高速公路的建设不可避免地要切坡、填沟、打洞（隧道），对地质环境造成严重破坏，处理不好还会诱发和加剧各种地质灾害，增加公路建设投资，影响工期，甚至给运营阶段带来严重的安全隐患。因此山区高速公路的环保主要是地质环境的保护和地质灾害的防治。

要建设一条兼顾交通、环保、生态等方面要求的高标准的山区高速公路，应该重视和加强地质工作。地质工作应贯穿于设计、施工和运营的全过程。对地质现象和规律的认识（岩土工程勘察工作）是由面到线、由线到点、由表及里、由粗到细、由宏观到微观，逐步深入的，根据不同阶段应采取不同的方法和手段。

一、三个阶段

1. 攻克阶段

山区公路地质选线主要受到地形和不良地质现象的制约，主要的不良地质现象有滑坡、泥石流、岩崩、岩溶、岩堆（坡积层）、软弱土、膨胀土、湿陷性黄土、冻土、水害、采空区以及强震区（高地应力）等。本阶段应尽可能详细地收集区域构造地质、岩石地层、水文地质、工程地质、地震地质、环境地质等方面的资料，利用遥感资料（卫片和航片），编制中比例尺（1：5万或1：10万）工程地质图和地质灾害（不良地质现象）分布图，图上标注大的地质构造（主要是断层）、重大的地质病害体，分析区域性的地质灾害发生条件，进行初步的地质灾害评估，配合路线方案设计，进行必要的现场踏勘和重点路段的调查，反复对比，优选出工程地质条件最好、地质灾害最少、工程建设对地质环境的不利影响最小的路线走廊带，真正贯彻地质选线的原则。对于滑坡、崩塌、岩堆、泥石流、岩溶、软土、泥沼等严重不良地质地段和沙漠、多年冻土等特殊地区，一般情况下路线应设法绕避。初设阶段——突出重大地质病害对路线方案的制约确定路线方案前应对沿线地质构造带、断层、岩石的层理情况、地质病害的分布及范围等，通过对遥感地质判断资料以及不同勘测阶段的勘探、调查资料的分析，研究路线通过方案并不断优化。对地质较为复杂地段还应注意在设线后诱发并加剧地质病害的可能性，谨慎的确定路线的线位和采取的工程措施。地质技术人员应配合路线设计师做好地质咨询工作，可以沿初步拟定的路线线位，进行全线踏勘，对重点工程进行地质调查，得出初拟线位沿线的基本工程地质情况，评估路线方案的可行性，发现重大不良地质地段或预测工后会出现难以治理的地质病害的路段要及时反馈信息，以便尽快调整路线线位。基本确定路线方案后，及时委托有资质的单位进行建设用地地质灾害危险性评估工作，并进行大比例尺（1：1万）的地质遥感解译及地质灾害调查和工程地质调绘工作，编制1：1万工程地质图和路线区域地质病害现状图。图件的重点是地质灾害和重要工点的工程地质条件，要有针对性，要突出重点，不可以拿1：5万地质图放大。现在委托地质部门做的图件，有些不能称为工程地质图，只能称为基本地质图（工程地质分区太笼统、工程地质条件的论述太简略）。地质灾害评估工作不能够代替1：1万工程地质图的编制，但二者可结合进行，以节约时间和经费。有重大的地质病害存在或有潜在的重大地质病害时，必须及时调整线位。很多地质灾害（滑坡、泥石流等）由于植被覆盖、后期人工改造以及观察角度和范围有限等原因，在现场难以判断。通过遥感资料（如航片）可以从宏观上观察全貌，合理的解译，有利于对此类不良地质体的正确认识。

避险措施：

当工作中发现仍有重大的地质病害存在或有潜在的重大地质病害时，必须及时调整线位。对于重大的地质病害应尽量绕避，实在无法绕避的要考虑工程措施的可能性与可靠性，尽量在路线的平纵面优化上下功夫（采用分离式路基、用桥隧构造物通过、从滑坡体上部通过、半路半桥等），避免高填深挖，以减少对地质环境的破坏，提高工程措施的可靠性和安全度。对地质病害应以防为主，以治为辅，能避当避，即使增加工程造价也是值得的。

以安徽省徽杭高速公路为例，该路全长约 80km，有四分之三路段位于山区，由于勘测时间较早，对山区高速公路特点认识不足，以投资为主要控制因素，其中有一半左右的路段基本沿区域性的三阳断裂带布设。受构造影响，岩体风化破碎严重，并且沿线分布有雄村滑坡、朱村滑坡等规模较大的不良地质体。施工开挖后，出现大量的不稳定边坡，甚至诱发了部分滑坡。对于部分地质病害路段及时调整线位，进行了避让，而更多的病害段只能采取治理措施，结果造价大幅攀升，严重影响了工期，并且治理效果也难以预测。

必要时应增加技术设计阶段，对重大地质病害路段进行深入勘察，确定路线可行性。

2.施工图设计阶段

通过初步设计阶段的各种地质工作，已经基本查明路沿线的地质条件，但是工作深度和广度还不够。本阶段应详查工点地质（桥位、隧道、深路堑、高填路堤、陡坡路堤、支挡构造物），进行重要工点 1：2000 地质测绘。采用调查、测绘、槽探、坑探、钻探、物探等综合勘察手段。查明场地岩土体组成、性质、分布以及风化层、不良地质、特殊性岩土等工程地质条件在路线纵横方向的变化。以前对于桥位和隧道等构造物工点地质勘查较为重视，但是对于深路堑和陡路堤、斜坡路堤、支挡构造物等路基方面的工点也必须加强勘察，特别是高边坡和不良地质体的勘察和预测。另外对于筑路材料场和弃土场的勘察一定要重视，以前山区公路曾出现过取土、弃土场所不合理，乱挖乱弃，破坏环境，导致水土流失的事例。

贯彻综合设计原则：

除了详细的地质勘查工作之外，还要贯彻综合设计原则，在路线设计的各个阶段，对工程地质条件要有充分的了解，保证路线方案的科学性。对地质资料要充分利用，桥位、隧道、路线各有一套地质资料，但彼此经常脱节。比如当桥隧相连时，隧道勘察发现有不良地质现象，桥梁设计人员却不知道，还把桥台置于其上。因此加强各专业之间的交流沟通，互相学习。从事路线、隧道、桥梁设计的人员要尽量多地掌握一些基本的地质知识，以有利于对地质资料的合理使用。施工阶段——遵循信息化施工、补充勘察、动态设计原则由于地质条件的复杂性和勘察周期的制约，有些复杂场地（岩溶、破碎带、岩性纵横向差异大的地区）或地形困难场地（陡坡、鱼塘等）在设计阶段难以布置充分的勘察工作量，无法查清场地详细工程地质条件。在施工期间，可以进行补充勘察，如对岩溶发育区或岩性差异大的场地逐桩钻探，对原进场困难场地通过施工便道进场钻探。施工中发现新的地质问题也要补充勘察。应该把施工期间的勘察工作视作设计期间勘察工作的重要补充。

另外本阶段应遵循信息化施工（施工中监测）、动态设计的原则。隧道的超前预报、边坡的动态监测都是施工阶段必须要进行的工作。施工单位一定要配备过硬的地质技术人员，及时发现问题，不要等到地质病害已经发生才去治理，要有前瞻性、预见性，发现边坡、隧道等有失稳的趋势之后要立即反馈业主和设计单位，并及时采取合适的加固措施，避免边坡、隧洞大面积失稳。应该认识到，设计阶段的勘察工作对地质现象和地质规律的认识往往是不全面的，甚至是错误的，据此进行的设计只能称为预设计。在边坡或隧道断面开挖以后，很多问题才会发现，此时应有岩土工程技术人员在现场，对照原有的勘察设计方案，发现新的问题之后通过合理工序及时调整设计方案。等到问题已经发生才去采取措施，既多花了钱，又耽误了工期。

目前施工单位的岩土工程技术人员也是极为缺乏的，有时由于不合理的施工方法导致或加剧了地质病害的发生和发展（如在破碎岩体上放大炮、自下而上开挖边坡等）

施工期间的岩土工程监理工作目前还较为薄弱的，有丰富理论知识和实践经验的岩土监理工程师极为缺乏，使施工期间的地质病害预防工作远远达不到要求。

3. 运营阶段

山区高速公路运营期间也要高度重视地质工作。因为有些地质灾害的发生是一个长期的过程，应力释放或边坡的蠕变有些需要长达几年乃至十几年的时间，一次性治理有时并不能保证长治久安。因此对于一些在施工中出现病害的路段或重要工点要建立数据库，进行变形、位移和地下水的动态监测，定期巡查，建立防灾和预警系统，在雨季或洪水季节要加强对敏感点的监测。通过长期观测记录，还可以更深入的认识地质规律，分析地质病害的发生发展机理，预测发展趋势，发现有不利的趋势要及时采取措施。

二、存在的问题

1. 前期阶段

工可阶段对地质工作不够重视，地质遥感工作不做或精度不够，不能够贯彻地质选线的原则，导致选定的路线走廊带中地质病害多，处理难度大，给后期工作带来极大难度。

初步设计阶段，由于路线方案调整较大，而工期紧张，因此很多勘察工作量作废，路线地质精度不够，部分工点缺少地质资料，给设计工作带来隐患，也使得施工图设计阶段路线方案有时发生较大调整。

施工图设计阶段不做或漏做重要工点的 1：2000 地质测绘，或虽做了但精度不够；对一些地质病害研究不深，导致对一些重要工点的勘察深度不够；对于路线地质调查深度不够，导致一些地质敏感点遗漏，在施工中出现地质病害。构造物勘察相对较细，而路基方面的勘察则往往较粗略。

（1）有待改进的地方

目前的山区公路工程勘察还存在许多有待改进的地方。由于现在很多项目的勘察设计工期都非常紧张，如何在很短的时间内达到尽可能高的勘察精度，的确是一个难题。为抢时间，现在地质勘查工作很大一部分外委出去，全线人员设备上了很多，但在施工中仍会暴露出很多地质问题。

（2）有针对性地进行勘察

这一方面是由于地质现象的隐蔽性和地质科学的复杂性，难以全面深入地认识地质现象，另一方面也是由于从事岩土工程的技术人员本身能力有限所致。岩土工程在一定程度上属于经验学科，技术人员的经验非常重要。外委的勘察单位一定要过硬，对于其提供的地质资料要进行审核，去伪存真，对于不能够满足规范和设计要求的坚决返工。在其外业和内业阶段要进行监督，多沟通。外行业的地勘队伍往往对公路工程的特点及公路勘察规范了解不够，不能够有针对性地进行勘察，资料经常不能满足设计要求。另外由于工期紧，技术准备不足，勘察手段不合理，经常导致勘察深度不足，如隧道勘探未采用双管单动钻进，无法判断 RQD，钻探工艺和技术不过硬，岩石取心率低，钻孔水文地质试验数据不足，对边坡勘察无法判断滑动面，无法取得可信的各种力学参数，物探手段与其他勘探手段的互相校核精度不够等，甚至有个别单位编造资料应付设计。所以不仅要看投入了多少人力物力，还要看投入人员技术水平、职业技能和职业道德素质如何，拟定的勘察方案是否合理，对地质现象的认识是否科学。在实践中，由于技术人员水平参差不齐，经常会出现错判、漏判地质病害的现象。因此加强公路岩土工程从业人员的技术水平是非常紧迫的事情。

2．施工阶段

地质技术力量薄弱，岩土工程监测和监理不力，施工工序和方法不对，导致地质病害的加剧，甚至诱发地质病害。对工程地质特点认识不足，不能够及时预测和反馈地质病害，只能被动地等待地质病害的发生。

3．运营阶段

地质工作目前还基本上是空白，无法保证山区高速公路的安全顺畅。

三、重要性

由于岩土体的组成物质差异，更重要的是在岩土体内部分布有大量的不连续界面，把完整的岩土体分割成许多块体，总体为非均质体，在应力的传递上非常复杂，因此岩土工程属于非线性科学。现有的岩石力学、土力学、岩体力学等均难以准确的描述岩土体实际的力学本构关系。地质灾害的发生除了其本身的因素外，还受到许多外界的因素影响，十分复杂。因此，对于岩土工程的分析计算只能是半定量的，在很大程度上受分析者经验的制约。对于已经存在的滑坡、崩塌、泥石流等地质病害，其周界相对清楚，各种勘察设计技术规范较完备，认识起来相对容易。最难的是对于现状稳定的高边坡，预测其人工开挖后的稳定性。对于其地质构造的分析，地质—力学模型的建立，稳定计算分析都十分困难。

勘察深度难以保证，稳定性计算方法不够科学，边坡设计时也有其不合理之处，如一般都只给出最终的边坡坡率和边界，各种边坡加固设计也是针对最终边坡的，各种分析计算也是以最终边坡为约束条件的。这样即使地质条件清楚，分析计算合理，设计稳妥，施工严格遵循规范和设计要求，也往往会出现难以预料的地质病害。其中一个重要原因是未对开挖过程中的各种边坡条件进行分析计算，虽然按最终边坡条件计算是稳定的，但不能够保证任意开挖条件下边坡都是稳定的。因此对于从事边坡设计的岩土工程师而言，应该对于边坡开挖过程中的多种控制性断面稳定性进行计算，提供合理的开挖步骤和各种稳定的开挖断面，并对不稳定的中间边坡提出临时性的工程加固措施，以保证边坡的稳定开挖。

四、展望与防止关键

1. 展望

技术进步是山区高速公路成功修筑的重要保证。现在采用三维数模，可以很快地得出路线平纵面模型，任意切割纵横断面，发现问题之后可以很快地调整线位并重新进行分析，大大提高了工作效率。相信随着3S技术的发展，今后三维数模会和三维地学模型、岩土工程专家分析系统结合起来，对于重要工点通过现场地质工作，建立地质—力学模型，通过专家分析系统，可以任意模拟边坡开挖后的形状及物理力学状态的变化，迅速分析其稳定性，进行针对性的设计。甚至还可以对边坡等地质病害通过互联网进行远程会诊，聚集各方面力量以解决问题。

2. 结语

地质环境保护和地质灾害防治是山区高速公路建设成败的关键，为此必须重视地质工作。

（1）业主要认识到，前期的地质工作一定要认真细致，勘察设计阶段多花些钱和时间，尽量详细地查明地质条件，避免地质隐患，对于施工来说会节约大量的投资和工期。

（2）设计阶段的地质勘查工作必须加强，要达到必要的深度。

（3）施工单位要加强地质技术力量，业主单位也要增加地质技术人员，岩土工程监理工作要加强。

（4）运营阶段的岩土工程监测工作必须重视。

（5）单纯依靠前期地质工作对地质客观规律和地质环境的认识是不够的，在设计施工运营的全过程中要不断地加强地质工作。

（6）由于地质条件的复杂性，虽然进行了前期地质勘查工作，在施工和运营中出现地质病害也是正常的。

（7）设计阶段深入细致的地质工作可以确保施工时不出现大的地质病害，施工阶段的细致的地质工作可以确保运营期间不出现大的地质病害。

（8）公路勘察设计、施工、建设及运营管理单位一般岩土工程技术力量相对薄弱，应加强人才培养，适应山区高等级公路建设的需要。

山区高速公路的修建对勘察、设计、施工、监理、管理等各个环节和部门都提出了更高的要求，大家要加强学习，真正重视问题的严重性。可以说，山区高速公路的修建，岩土工程是关键，地质病害是控制性因素。

第四节　公路工程设计

一、公路勘测设计

公路勘测设计是指具体完成一条公路所进行的外业勘测和内业设计的全部工作。由于涉及面广、影响因素多，必须经历一个调查研究范围由大到小、工作深度由粗到细的过程。按照公路的使用性质、技术等级和建设规模，通常分成：一阶段、二阶段、三阶段三种设计方式进行。

1. 公路勘测设计基本信息

公路勘测设计是指具体完成一条公路所进行的外业勘测和内业设计的全部工作。由于涉及面广、影响因素多，必须经历一个调查研究范围由大到小、工作深度由粗到细的过程。按照公路的使用性质、技术等级和建设规模，通常分成：一阶段、二阶段、三阶段三种设计方式进行。

（1）一阶段设计：适用于技术简单、方案明确的小型建设项目，也称为一阶段施工图设计。一阶段施工图设计应相应采用一次定测，即不经过初测和初步设计，按照工程可行性研究报告或计划任务书所确定的修建原则和路线走向方案，在现场进行方案比选与优化，及时完成纵断面设计、横断面设计以及桥涵、防护工程等的布置，以便及时综合检查和修改。对地形十分复杂、现场定线很困难的地段，也可先测导线、测绘地形图进行纸上定线后再实地放线。

（2）两阶段设计：公路设计一般都采用两阶段，包括：初测——初步设计——设计概算；定测—施工图设计——施工图预算。初步设计根据批复的可行性研究报告、测设合同和初测资料编制；施工图设计根据批复的初步设计、定测合同和定测资料编制。

（3）三阶段设计：对于技术上复杂、基础资料缺乏和不足的建设项目或建设项目中的特大桥、互通式立体交叉、隧道、高速公路和一级公路的交通工程及沿线设计中的机电设备等，必要时采用三阶段设计，即：初测——初步设计——设计概算；定测——技术设计——修正概算；补充定测——施工图设计——施工图预算。技术设计应根据批复的初步设计、测设合同和定测、详勘资料编制；施工图设计应根据批复的技术设计、测设合同和补充定测、补充详勘资料编制。

2. 初步设计

初步设计阶段的主要目的是确定设计方案，必须根据批复的可行性研究报告、测设合同的要求，拟定修建原则，选定设计方案，计算工程数量及主要材料数量，提出施工方案的意见，编制设计概算，提供文字说明及图表资料。初步设计文件经审查批复后，则为订购主要材料、机具、设备，安排重大科研试验项目，联系征用土地、拆迁，进行施工准备，编制施工图设计文件和控制建设项目投资等的依据。采用三阶段设计时，经审查批复的初步设计亦为编制技术设计文件的依据。

初步设计在选定方案时，应对路线的走向、控制点和方案进行现场核查，征求沿线地方政府和建设单位意见，基本落实路线布置方案，一般应进行纸上定线，赴实地核对，落实并放出必要的控制线位桩。对复杂困难地段的路线、互通式立体交叉、隧道、特大桥、大桥的位置等，一般应选择两个或两个以上的方案进行同深度、同精度的测设工作和方案比选，提出推荐方案。

（1）初步设计应完成的任务如下：

①选定路线设计方案，基本确定路线位置。

②基本查明沿线地质、水文、气候、地震等情况；基本查明沿线筑路材料的质量、储量、供应量及运输，并进行原材料、混合料的试验。

③基本确定排水系统与防护工程的位置、路线长度、结构形式和尺寸。

④基本确定路基标准横断面和特殊路基横断面的设计方案及沿线路基取土、弃土方案，计算路基土石方数量并进行调配。

⑤基本确定路面设计方案、路面结构类型及主要尺寸。

⑥基本确定特大、大、中桥桥位，设计方案，结构类型及主要尺寸。

⑦基本确定小桥、涵洞、漫水桥及过水路面等的位置、结构类型及主要尺寸。

⑧基本确定隧道位置、设计方案、结构类型及主要尺寸。

⑨基本确定路线交叉的位置、形式、结构类型及主要尺寸。

⑩基本确定通道及人行天桥的位置、形式、结构类型及主要尺寸。

⑪基本确定交通工程及沿线设施各项工程的位置、类型及主要尺寸。

⑫基本确定环境保护的内容、措施及方案。

⑬基本确定渡口码头的位置、结构形式及主要尺寸。

⑭基本确定占用土地、拆迁建筑物及电力、电讯等设施的数量。

⑮提出需要试验、研究的项目。

⑯初步拟定施工方案。

⑰计算各项工程数量。

⑱计算人工及主要材料、机具、设备的数量。

⑲编制设计概算。

⑳经论证确定分期修建的工程实施方案（含交通工程及沿线设施）。

（2）技术设计

技术设计是在技术上复杂、基础资料缺乏和不足的建设项目或建设项目中的特大桥、互通式立体交叉、隧道、高速公路和一级公路的交通工程及沿线设施中的机电设备设计中所增加的一个阶段的工作。目的是根据初步设计批复意见、测设合同的要求，对重大、复杂的技术问题通过科学试验、专题研究，加深勘探调查及分析比较，解决初步设计中未解决的问题，落实技术方案，计算工程数量，提出修正的施工方案，修正设计概算。具体要求是：

①对初步设计所定方案详加研究，进一步补充和修改。

②补充必要的地质、水文、气象、地震和地质钻探资料，以及土工、材料结构或模型试验成果。

③提出科学试验成果、专题报告。

④提出修正的施工方案。

⑤编制修正概算。

技术设计批准后即成为编制施工图设计的依据。

（3）施工图设计

两阶段（或三阶段）施工图设计是在两阶段初步设计（或三阶段技术设计）的基础上，根据批复意见和测设合同要求，进一步对所审定的修建原则、设计方案、技术决定加以具体和深化，最终确定各项工程数量，提出文字说明和适应施工需要的图表资料以及施工组织计划，并编制施工预算。一阶段施工图设计则是根据可行性研究报告批复意见和测设合同，拟定修建原则，确定设计方案和工程数量，提出文字说明和图表资料以及施工组织计划，编制施工图预算，满足审批要求和适应施工的需要。

施工图设计应完成的任务有：

①确定路线具体位置。

②确定路基标准横断面和特殊路基横断面，绘制路基超高、加宽设计图；计算土石方数量并进行调配；确定路基取土、弃土的位置，绘制取土坑纵、横断面图。

③确定路基路面排水系统和防护工程的结构类型和尺寸，绘制相应布置图和结构设计图。

④确定特殊路基设计的结构类型及尺寸，绘制特殊路基设计图。

⑤确定各路段的路面结构类型及尺寸，绘制路面结构图。

⑥确定特大、大、中桥的位置、孔数及孔径、结构类型及各部尺寸，绘制结构设计图。

⑦确定小桥、涵洞、漫水桥、过水路面等位置、孔数及孔径、结构类型及各部尺寸，绘制布置图。特殊设计的，应绘制特殊设计详图。

⑧确定隧道及其附属设施的形式及尺寸，绘制布置图和设计详图。

⑨确定路线交叉形式、结构类型及各部尺寸，绘制布置图及设计详图。

⑩确定交通工程及沿线设施的各项工程的位置、类型及各部尺寸，绘制布置图和设计详图。

⑪确定环境保护设施的位置、类型及数量，绘制布置图及设计详图。

⑫确定渡口码头及其他工程的位置、结构形式及尺寸，绘制相应的位置图和设计详图。

⑬落实沿线筑路材料的质量、储藏量、供应量及运距，绘制筑路材料运输示意图。

⑭确定征用土地、拆迁建筑物以及电力、电讯等的数量。

⑮计算各项工程数量。

⑯提出施工组织计划。

⑰提出人工数量及主要材料、机具、设备的规格及数量。

⑱编制施工图预算。

二、公路工程设计技术新理念

1. 公路设计的灵活性

在保护甚至是加强建设环境、自然风景、人文历史及社会资源的同时为公众提供安全、高效的交通运输服务是他们面临的一个巨大的挑战，提出了公路设计灵活性的新理念。

公路设计灵活性的新理念并不是试图去创建一个新的标准。实际上，这种设计新理念是建立在灵活应用现有的规范、标准、规章制度和法律规定基础之上，在不降低安全性的前提下，通过灵活设计寻求达到更符合公路沿线可持续发展的需要和经济利益的目标。

由于我国要以通过立法为公路建设提供了稳定的建设资金，并有效利用这些资金的杠杆作用，在保证公路建设顺利完成的同时，确保有价值的自然风景和人文历史遗迹的留存。具体体现是要求设计人员能够具有创新的设计思维，充分考虑公路交通系统的安全性与满足出行需要的同时，还必须全面地考虑地区性经济发展和效益，公路交通系统沿线的自然保护，绿化长廊自然景观、历史遗迹、美学与其他文化价值。

公路设计中一个重要的概念便是每一个公路建设项目都具有特殊性，包括项目所在区域的地理位置、地形地质条件、沿线社会环境特点等因素、公路使用者的需求以及所面临的挑战与机遇。设计者所面临的任务是寻求一种在安全和周围自然以及人类环境之间的协调与结合，为了做到这一点，设计师需要采取灵活性主要是以下：

（1）允许各个州标准的取值范围具有灵活性。

（2）当受环境条件严格约束时，可以有特殊设计。

（3）对规划阶段的决策进行再评估。

（4）需要时允许降低设计车速。

（5）维持现有道路的平、纵、横断面，仅仅重新罩面、修复和更换标志。

（6）认真考虑可选择的指标，特别是对于景观道路。

（7）检查设计参数和指标在安全和运行中的效果。

所有这些方法其目的是让设计者在设计公路时创造性地灵活运用他们的专业知识与判断能力。这种灵活性在有效发挥公路功能与运营安全的同时，还可使公路适合自然与人文环境。

2．路线布设新理念

（1）景观选线

①选线时合理组合线形要素，做到连续、均匀、协调、舒畅，使其具有良好的视觉诱导和优美的流畅线形，与自然环境协调一致，给人一种和谐的美感。

②"势"的理念，线形走向与山川、河流、大地的势相吻合。

③"动"的理念，车辆在路上行驶，人的视线随沿途景观连续运动。选择、利用和保护沿途现有景观，创造再生人文景观，并通过形态、质地、色彩的渐进来达到景观的连续运动。

（2）环保选线

充分利用地形条件，灵活运用指标，避免高填深挖，路线设计顺势而为，接近自然，融入自然，尽可能减少人为的影响，最大限度保护沿线自然生态环境。

（3）地质选线

地质条件往往是控制路线方案的关键，不仅影响工程造价，而且影响公路建设安全，特别是不良地质对路线方案起决定作用。

①对断层破碎带，在路线方案选择时尽可能避让；不能避让时，在布设路线时尽可能采用大角度与其相交。

②对崩塌、崩坡积区，在路线方案选择时，首先应考虑避让，特别是对大型的崩塌、崩坡积区应坚决避开，否则不仅增加工程投资，还存在安全隐患。

③对岩溶区、采空区，在路线方案选择时，首先应考虑避让；对不能避让的岩溶区、采空区，应通过多方案比较选择影响最小的路线方案。

④对其他不良地质区，如软土地层、煤层等，在路线方案选择时，尽可能考虑避让；对不能避让的应探明地质情况，设计时采取相应的工程措施。

（4）安全选线

在高填深挖路段、陡坡路段、长上坡下坡路段等，受地形条件限制，可能存在一定安全隐患，应从安全角度，选择有利于行车安全的路线方案。

①根据地形条件，应在地势相对平坦、视野开阔的走廊带内选择路线方案，尽可能避免长陡纵坡路段、深挖路段、高填路段，确保行车安全。

②根据地质条件，应在地质条件好、山坡稳定、无重大地质灾害的地区选择路线方案，以确保高速公路本身的安全。

③隧道进出口路段应选择在地形变化小、地质良好的地段，避免设置小半径平曲线和较大的纵坡，以保证行车安全。

④重要结构物和主要设施设置路段应选择在地形开阔、视线良好的地段。

3．路基防护设计

（1）在自然环境中，高大混凝土或浆砌工程结构尤显突出，应尽量避免在岩土结构稳定，满足安全要求的前提下，以选择刚性结构与柔性结构相结合，多层防护与生态植被防护相结合的方法进行边坡治理为优。上边坡切忌采用高档墙、护面墙进行大段落防护。路基防护应以边坡稳定，有利于生态植被绿化，都应尽量绿化防护。在防护方案选择时，需要考虑到边坡岩土性质、环境气候、排水条件等多种因素的影响，选择合适的防护措施。

（2）可采用工程结构和植被对路基进行防护，在实际工程中，往往是两者结合使用无论是工程防护，还是植被防护，都有多种防护措施可以选择。在满足功能要求的情况下，应从环境保护、视觉质量上考虑防护措施的选择。

（3）路基防护应贯彻协调、自然的原则

应充分考虑公路与沿线景观的协调、防护措施与公路景观的协调、防护措施自身的协调、力求避免采用连续的大面积保护墙，使公路与沿线景观达到有机的结合。

4. 设计控制要素

为了灵活运用平纵面线形和横断面在内的公路设计要素，设计人员必须掌握基本控制要素与标准之间的关系。基本控制要素中最重要的就是公路的功能分类，其他控制要素包括，但并不仅局限于设计车速、设计拥挤度（如设计年高峰小时服务水平）、设计车型的物理特性、设计车型的性能（尤其在山岭重丘区要考虑重型卡车，对于旅游地区考虑巴士和休闲娱乐车）、驾驶员适应沿线设施的能力（如习惯于高速公路的旅行者利用附近的城市居民街道低速行驶的能力）、公路设施交通需求现状及设计年平均日交通需求（如平均日交通量及高峰小时交通量，公路上客车及货车的比例）几方面。

第五节　公路工程施工

一、公路工程施工特点

1. 公路的组成与特点

公路的基本组成部分包括：路基、路面、桥梁、涵洞、隧道、防护与加固工程、排水设施、山区特殊构造物等。以及为保证汽车行驶的安全、畅通和舒适，还需要有各种附属工程，如公路标志、路用房屋、加油站及绿化栽植等。此外，为防止路基填土或山坡土体坍塌而修筑的承受土体侧压力的墙式构造物称为挡土墙。它是路基加固工程的一种结构形式。为保持路基稳定和强度而修建的地表和地下排水措施称为路基排水设施，包括边沟、截水沟、排水沟、急流槽、跌水、蒸发池、渗沟、渗水井等。

2. 城市公路施工的特点

（1）充分做好准备工作，包括施工管理和组织计划工作；施工中实行流水作业，严格施工管理，健全岗位责任制、加强质量保证体系工作，每道工序都要严格把关，前一道工序未经验收不得进行下道工序。

（2）公路施工耗费筑路材料多，每千米达数千吨，单方造价中材料款一般占50%以上。

我国幅员辽阔，各地可供修筑公路的材料很多。所以要认真做好调查研究，充分利用当地材料和工业废渣，以求修建经济而适用的公路。

（3）城市公路施工从直观上看无论是新建、改造或扩建都会不同程度地存在着三多一少的特点。

（4）城市交通拥挤、车辆及行人多，所以尽可能不断路施工，多采用半幅通车、半幅施工的方案。必要时封锁交通断路施工，务必做好交通疏导工作，协商安排车辆绕道行驶的路线和落实交通管理措施。为了减少扰民和保证车辆正常行驶，也可在夜间组织连续作业，快速施工。

（5）施工障碍多，无论是沿线房屋拆迁，还是地上立体交叉的各种架空线杆或是地下纵横交错的各种管网和设施或古墓文物，这些影响施工的障碍物的解决都具有很大的工作量，也极其繁杂，必须引起高度重视，务必进行妥善规划、细致实施。

（6）施工涉及面广。公路施工除了面对众多的沿线居民外，还涉及：规划、公安、公交、供电、通信、供水、供热、燃气、消防、环保、环卫、路灯、绿化和街道及有关企、事业等单位，所以必须加强协作、配合工作，以取得各单位各部门的支持和谅解，使施工得以顺利进行，避免出现大量耗费人力、物力和时间的"扯皮"现象。

（7）施工用地少。城市土地极其珍贵，施工平面布置必须"窄打窄用"，乃至"见缝插针"，有条件要在郊外建造搅拌站等基地或采用商品混凝土方案。

二、公路工程施工图

公路工程是一种带状构筑物，它具有高差大、曲线多且占地狭长的特点，因此公路工程施工图的表现方法与其他工程图有所不同。公路工程施工图是由公路平面图、公路纵断面图、横断面图及构造详图组成。公路平面图是在测绘的地形图的基础上绘制形成的平面图；公路纵断面图是沿路线中心线展开绘制的立面图；横断面图是沿路线中心线垂直方向绘制的剖面图；而构造详图则是表现路面结构构成及其他构件、细部构造的图样。用这些图样来表现公路的平面位置、线型状况、沿线地形和地物情况、高程变化、附属构筑物位置及类型，地质情况、纵横坡度、路面结构和各细部构造、各部分的尺寸及高程等。

1. 公路施工平面图

公路平面图是应用正投影的方法，先根据标高投影（等高线）或地形地物图例绘制出地形图，然后将公路设计平面的结果绘制在地形图上。公路施工平面图是用来表现公路的方向、平面线型、两侧地形地物情况、路线的横向布置、路线定位等内容的主要施工图。

（1）地形部分的图示内容

①图样比例的选择

根据地形地物情况的不同，地形图可采用不同的比例。一般常用比例为 1 ： 500，也可采用 1 ： 1000 的比例。比例选择应以能清晰表达图样为准。

②方位确定

为了表明该地形区域的方位及公路路线的走向，地形图样中需要标示方位。方位确定的方法有坐标网或指北针两种，如采用坐标网定位，则应在图样中绘出坐标网并注明坐标。如采用指北针，应在图样适当位置按标准画出指北针。

③地形地物情况

地形情况一般采用等高线或地形点表示。城市公路一般比较平坦，多采用大量的地形点来表示地形高程。公路有时采用等高线表示，地物情况一般采用标准规定的图例表示。

④水准点位置及编号应在图中注明，以便路线控制高程。

（2）路线部分的图示内容

①公路规划红线是公路的用地界限，常用双点画线表示。公路规划红线范围内为公路用地，一切不符合设计要求的建筑物、构筑物、各种管线等均需拆除。

②公路中心线用细点画线表示。公路中机动车道、非机动车道、人行道、分隔带等均可按比例绘制在图样中。

③里程桩号反映了公路各段长度及总长，一般在公路中心线上从起点到终点，沿前进方向注写里程桩号；也可向垂直公路中心线方向引一细直线，再在图样边上注写里程桩号。如K1+760，即距路线起点为1760m。如里程桩号直接注写在公路中心线上，则"+"号位置即为桩的位置。

④路线定位采用坐标网或指北针结合地面固定参照物定位的方法。

⑤公路中曲线的几何要素的表示及控制点位置的图示。

（3）公路平面图的阅读

根据公路平面图的图示内容，可按以下程序阅读：

①首先了解地形地物情况：根据平面图图例及地形点高程，了解该图样反映的地形地物状况、地面各控制点高程、构筑物的位置、公路周围建筑的情况及性质、已知水准点的位置及编号、坐标网参数或地形点方位等。

②阅读公路设计情况：依次阅读公路中心线、规划红线、机动车道、非机动车道、人行道、分隔带、交叉口及公路中曲线设置情况等。

③公路方位及走向，路线控制点坐标、里程桩号等。

④根据公路用地范围了解原有建筑物及构筑物的拆除范围以及拟拆除部分的性质、数量，所占农田性质及数量等。

⑤结合路线纵断面图掌握公路的填挖工程量。

⑥查出图中所标注水准点位置及编号，根据其编号到有关部门查出该水准点的绝对高程，以备施工中控制公路高程。

2.公路纵断面图

通过沿公路中心线用假想的铅垂面进行剖切，展开后进行正投影所得到的图样称为公路纵断面图。由于公路中心线是由直线和曲线组合而成的，因此垂直剖切面也就由平面和曲面组成。

公路路线纵断面图主要反映了公路沿纵向的设计高程变化、地质情况、填挖情况、原地面标高、桩号等多项图示内容及数据。所以公路纵断面图中包括图样和资料表两大部分。

（1）图样部分的图示内容

①图样中水平方向表示路线长度，垂直方向表示高程。为了清晰反映垂直方向的高差，规定垂直方向的比例按水平方向比例放大10倍，如水平方向为1∶1000，则垂直方向为1∶100。图上所画出的图线坡度较实际坡度大，看起来明显。

②图样中不规则的细折线表示沿公路设计中心线处的原地面线，是根据一系列中心桩的地面高程连接形成的，可与设计高程结合反映公路的填挖状态。

③路面设计高程线：图上比较规则的直线与曲线组成的粗实线为路面设计高程线，它反映了公路路面中心的高程。

④竖曲线：当设计路面纵向坡度变更处的两相邻坡度之差的绝对值超过一定数值时，为了有利于车辆行驶，应在坡度变更处设置圆形竖曲线。

⑤路线中的构筑物：路线上的桥梁、涵洞、立交桥、通道等构筑物，在路线纵断面图的相应桩号位置以相关图例绘出，注明桩号及构筑物的名称和编号等。

⑥标注出公路交叉口位置及相交公路的名称、桩号。

⑦沿线设置的水准点，按其所在里程注在设计高程线的上方，并注明编号、高程及相对路线的位置。

（2）资料部分的图示内容

公路纵断面图的资料表设置在图样下方并与图样对应，格式有多种，有简有繁，视具体公路路线情况而定。

①地质情况：公路路段土质变化情况，注明各段土质名称。

②坡度与坡长：斜线上方注明坡度，斜线下方注明坡长，使用单位为米。

③设计高程：注明各里程桩的路面中心设计高程，单位为米。

④原地面标高：根据测量结果填写各里程桩处路面中心的原地面高程，单位为米。

⑤填挖情况：即反映设计标高与原地面标高的高差。

⑥里程桩号：按比例标注里程桩号，一般设千米桩号、百米桩号（或50m桩号）、构筑物位置桩号及路线控制点桩号等。

（3）公路纵断面图的阅读

公路路线纵断面图应根据图样部分和资料部分结合阅读，并与公路平面图对照，得出图样所表示的确切内容。

①根据图样的横、竖比例读懂公路沿线的高程变化，并对照资料表了解确切高程。

②竖曲线的起止点均对应里程桩号，图样中竖曲线的符号长、短与竖曲线的长、短对应，且读懂图样中注明的各项曲线几何要素，如切线长、曲线半径、外矢距、转角等。

③公路路线中的构筑物图例、编号、所在位置的桩号是公路纵断面示意构筑物的基本方法；了解这些，可查出相应构筑物的图纸。

④找出沿线设置已知水准点，根据编号、位置查出已知高程，以备施工使用。

⑤根据里程桩号、路面设计高程和原地面高程，读懂公路路线的填挖情况。

⑥根据资料表中坡度、坡长、平曲线示意图及相关数据，读懂路线线型的空间变化。

3. 公路横断面图

公路横断面图是沿公路中心线垂直方向的断面图。图样中表示了机动车道、人行道、非机动车道、分隔带等部分的横向构造组成。公路横断面的设计结果用标准横断面设计图表示。

（1）图样中要表示出车行道、人行道及分隔带等各组成部分的构造和相互关系。

一般采用 1：100 或 1：200 的比例尺，在图上绘出红线宽度、车行道、人行道、绿地、照明、新建或改建的地下管道等各组成位置、宽度、横坡度等。

①用细点画线段表示公路中心线，车行道、人行道用粗实线表示，并注明构造分层情况，标明排水横坡度，图示出红线位置。

②用图例示意绿地、树木、灯杆等。

③用中实线图示出分隔带设置情况。

④注明各部分的尺寸，尺寸单位为厘米。

⑤与公路相关的地下设施用图例示出，并注以文字及必要的说明。

（2）公路路面结构图及路拱详图

①公路路面结构图的图示内容

路面结构形式分为两大类：柔性路面和刚性路面。每一大类中又可分为快车公路面结构、慢车公路面结构、人行公路面结构。

A 由于沥青类路面是多层结构层组成的，在同车道的结构层沿宽度一般无变化。因此选择车道边缘处，即侧石位置一定宽度范围作为路面结构图图示的范围，这样既可图示出路面结构情况又可将侧石位置的细部构造及尺寸反映清楚，也可只反映路面结构分层情况。

B 路面结构图图样中，每层结构应用图例表示清楚，如灰土、沥青混凝土、侧石等。

C 分层注明每层结构的厚度、性质、标准等，并将必要的尺寸注全。

②路拱大样图的图示内容

路拱采用什么曲线形式，应在图中予以说明，如抛物线型的路拱，则应以大样的形式标出其纵、横坐标以及每段的横坡度和平均横坡度，以供施工放样使用。

4. 平面交叉口平面图

公路交叉口位置的路面高程设计称为交叉口竖向设计。通过合理地设计交叉口的标高，以有利于行车和排水。一般采用等高线设计方法，通过交叉口平面图表示出来。每根等高线的高差为 5cm，公路纵坡由路口中心向东，向西下坡，故交叉口形成向东向西的双面坡。为了便于施工放线，平行公路中心线画方路网，方格尺寸通常为 5m×5m。每个方格的四角按设计等高线用内插法插入高程。

第三章 公路路基施工

第一节 路基的类型与构造

路基是轨道或者路面的基础，是经过开挖或填筑而形成的土工构筑物。路基的主要作用是为轨道或者路面铺设及列车或行车运营提供必要条件，并承受轨道及机车车辆或者路面及交通荷载的静荷载和动荷载，同时将荷载向地基深处传递与扩散。在纵断面上，路基必须保证线路需要的高程；在平面上，路基与桥梁、隧道连接组成完整贯通的线路。在土木工程中，路基在施工数量、占地面积及投资方面都占有重要地位。

路基是由填筑或开挖而形成的直接支承轨道的结构，也叫作线路下部结构。路基与桥梁、隧道相连，共同构成线路。路基依其所处的地形条件不同，有两种基本形式：路堤和路堑，俗称填方和挖方。铁路路基的作用是在路基面上直接铺设轨道结构，因此，路基是轨道的基础，路基荷载，既承受轨道结构的重量，即静荷载，又承受列车行驶时通过轨道传播而来的动荷载。路基同轨道一起共同构成的线路结构是一种相对松散联结的结构形式，抵抗动荷载的能力弱。建造路基的材料，不论填或挖，主要是土石类散体材料，所以路基是一种土工结构，经常受到地质、水、降雨、气候、地震等自然条件变化的侵袭和破坏，抵抗能力差，因此，路基应具有足够的坚固性、稳定性和耐久性。对于高速铁路，路基还应有合理的刚度，以保障列车高速行驶中的平稳性和舒适性。

一、构造

路基主要包括下面几个部分：

1. 本体

路基本体包括用天然土、石所填筑的路堤和在天然地层中挖出的路堑，它直接支撑轨道，承受通过轨道的列车荷载，是路基的主体。路基本体根据地质条件和填筑材料的不同，又可分为路堤、路堑、半路堤、半路堑、半堤半堑、不填不挖路基六种基本形式。

2. 排水

地面排水设备：用来将有可能停滞在路基范围以内的地面水迅速排除到路基以外，并防止路基以外的地面水流入路基范围，以免下渗浸湿路基土体或形成漫流冲刷路基边坡，如侧沟、排水沟、天沟等。

地下排水设备：根据水文和地质条件修筑于地面以下一定深度，用来截断、疏干、引出地下水或降低地下水位，以使路基及边坡保持干燥状态，提高土的稳固能力，如排水槽、渗水暗沟、渗井等。

3. 防护

坡面防护设备：用来防护易受自然作用破坏而出现坡面变形的土质边坡，如铺草皮、喷浆、抹面、护墙、护坡以及为防护崩塌落实而修建的拦截和遮挡建筑物，如明洞、棚洞。

冲刷防护设备：用来防护水流或波浪对路基的冲刷和淘刷，如铺草皮、抛石、石笼、圬工护坡、挡土墙、顺坝、挑水坝等。

支撑加固设备：用来支撑加固路基本体，以保证其稳固性，如挡土墙、支挡墙、支柱等。

防沙、防雪设施：用来防止风沙、风雪流掩埋路基，如各种栅栏、防护林等。

4. 路堤

路堤是指全部用岩土填筑而成的路基；

路堤的几种常用横断面形式：

（1）矮路堤（填土高度低于 1.0m 者）。

（2）高路堤 [填土高度大于 18m（土质）或 20m（石质）]。

（3）一般路堤（填土高度介于两者之间）。

（4）浸水路堤。

（5）护脚路堤。

（6）挖沟填筑路堤。

5. 路堑

路堑是指全部在原地面开挖而成的路基。

路堑横断面的几种基本形式：全挖式路基、台口式路基、半山洞式路基。

二、类型

1. 一般路基干湿类型

路基的干湿类型表示路基在最不利季节的干湿状态，划分为干燥、中湿、潮湿和过湿四类。原有公路路基土的干湿类型，可以根据路基的分界相对含水量或分界稠度划分；新建公路路基的干湿类型可用路基临界高度来判别，高速公路应使路基处于干燥或中湿状态。

2. 特殊路基类型

（1）软土地区路基。以饱水的软弱黏土沉积为主的地区称为软土地区。软土包括饱水的软弱黏土和淤泥。在软土地基上修建公路时，容易产生路堤失稳或沉降过大等问题。我国沿海、沿湖、沿河地带都有广泛的软土分布。

（2）滑坡地段路基。滑坡是指在一定的地形地质条件下，由于各种自然的和人为的因素影响，山坡的不稳定土（岩）体在重力作用下，沿着一定的软弱面（带）作整体、缓慢、间歇性的滑动变形现象。滑坡有时也具有急剧下滑现象。

（3）岩坍与岩堆地段路基。岩坍是岩崩与岩塌的统称，包括错落、坍塌、落石、危岩。岩堆则是陡峻山坡上岩体崩塌物质经重力搬运在山坡脚或平缓山坡上堆积的松散堆积体。

（4）泥石流地区路基。泥石流是指地区由于地形陡峻，松散堆积物丰富，特大暴雨或大量冰融水流出时，突然爆发的包含大量泥沙、石块的洪流。有时每年发生，有时多年发生一次，危害程度也不一样。

（5）岩溶地区地基。岩溶是石灰岩等可溶性岩层，在流水的长期溶解和剥蚀作用下，产生特殊的地貌形态和水文地质现象的统称。岩溶对地基的危害，一般为溶洞顶板坍塌引起的路基下沉和破坏；岩溶地面坍塌对路基稳定性的破坏；反复泉与间歇泉浸泡路基基底，引起路基沉陷、坍塌或冒浆；突然性的地下涌水冲毁路基等。可溶性碳酸盐类岩石主要集中在我国华南和西南，其次是长江中、下游的华中区。

（6）多年冻土地区路基。凡是土温等于或低于0℃，且含有冰的土（石）称为冻土，这种状态三年或三年以上者，称为多年冻土。主要集中于我国东北大、小兴安岭和青藏高原。

（7）黄土地区路基。黄土是一种以粉粒为主，多空隙，天然含水量小，呈黄红色，含钙质的黏土。广泛分布于黄河中游的河南西部，山西、陕西和甘肃的大部地区，以及青海、宁夏、内蒙古部分地区。黄土的湿陷性是在外荷载或自重的作用下受水浸湿后产生的湿陷变形。

（8）膨胀土地区路基。膨胀土系指土中含有较多的黏粒及其他亲水性较强的蒙脱石或伊利石等黏土矿物成分，且有遇水膨胀、失水收缩的特点，是一种特殊结构的黏质土。多分布于全国各种二级及二级以上的阶地与山前丘陵地区。

（9）盐渍土地区路基。盐渍土中氯盐、硫酸盐受水易溶解，可形成雨沟、洞穴、湿陷等病害，冬季冻胀、盐胀形成鼓包、开裂，夏季溶蚀、翻浆。盐渍土在我国分布较广，新疆、青海、甘肃、内蒙古、宁夏等省区分布较多。

（10）沙漠地区路基。沙漠地区气候干燥，降雨小、温差大，冷热变化剧烈，风大沙多，土中易溶盐多，植被稀疏、低矮。我国新疆、青海、甘肃、内蒙古、宁夏、陕西等省区分布有大面积的沙漠与沙地。

（11）雪害地段路基。公路雪害有积雪和雪崩两种主要形式。积雪包括自然降雪和风吹雪。自然降雪一般不致对公路造成严重危害；风吹雪可阻段交通，埋没车辆，主要发生在我国东北地区、青藏高原及新疆等地。

（12）涎流冰地段路基。涎流冰分山坡涎流冰和河谷涎流冰，主要分布在寒冷地区和高寒地区。山坡涎流冰由山坡或路基挖方边坡出露的地下水冻结形成。河谷涎流冰则是沿沟谷漫流的泉水和冻雪融水冻结形成。

三、设计

1. 一般设计

一般填方路段填表土 0.5 ~ 1.0m，其中耕植土路段暂定为 0.8m，房杂地路段清建筑垃圾暂定 1m（具体清表及清建筑垃圾厚度以施工时实际计量为准，原则为清除植物根系及房屋基础、建筑垃圾，以便土基压实，达到规范及设计图纸要求的压实度标准）；水田路段清除表土（或淤泥）后换填毛渣石；其他路段回填素土压实。清表土应结合附近地形进行集中放置，用作道路绿化带及边坡绿化填土使用。

为了满足主路重载车标准，提高路基的压实度及回弹模量，将一段填方路段路的主路上路床 0.3m 范围换填 4% 生石灰土，一般填方路段主路上路床换填 15cm 未筛分碎石。

一般填方路基，边坡坡率采用 1 ∶ 1.5，当地地面横坡大于 1 ∶ 5 时，填方路基应挖成宽度不小于 2m 的台阶，并设 4% 内向横坡。因下穿汉鄂高速路孙家咀大桥净空的需要，该路段路基设计高程较低，需设置防护得以提高防洪标准，同时，设置悬臂挡土墙调动机动车道与非机动车道的高程差。防护堤的提顶高程为 18.51m，提外侧的坡率为 1 ∶ 2，内侧的坡率随非机动车道设计高程变化而变化。TK6+480 ~ TK9+112 路段，因该段雨水排放采用管道与明沟排水相结合的方式，所以当该路段填方高度大于 2.1m 时，采用二级边坡，上级边坡坡率为 1 ∶ 1.5（或 1 ∶ 1.75，适应于水塘段；或 1 ∶ 2.0，适用于改渠路段）。

挖方路段边坡坡率采用 1 ∶ 1.5。挖方合理土方利用到填缺方，以减少本段填挖方差距和本桩利用。

2. 低填浅挖

道路沿线地势高低起伏，对于填方高度小于 1.5m 的低填路段及挖方高度小于 0.8m 的浅挖路段，设计时考虑从原地面挖至路床底（即路槽一下 0.8m 范围内换填 4% 生石灰土后再施工路面结构部分）。

3. 素填土

根据本段地基勘察报告，沿线局部路段有 0.4 ~ 3.5m 深的素填土，由于素填土结构疏散，堆积年限短，设计考虑当素填土厚度 ≤0.8m 时，清除素填土，回填合格的路基填料；当 0.8m< 厚 <3.5m，清除耕植土后，翻挖原装素填土，掺 6% 生石灰回填压实。

4. 水塘

路基处于水塘路段时，当路基占用水塘面积较大，路基范围外水塘面积较小时，水塘宜废弃，按干塘处理，先将整个水塘抽水放干，请处理及范围内淤泥，然后换填 0.6 ~ 1.0m 的厚毛渣石，再换填素土至路床顶；路基范围外侧用素土整平至塘埂。当路基占用水塘面积较小，水塘仍有保留价值时，在坡脚外侧抽水，路基内侧清淤并分层回填毛渣石至塘埂；常水位 +0.5m 以下边坡采用浆砌片石防护，工后拆除编织袋围堰。因水塘塘埂处高差较大、坡度较陡，为避免不均匀沉降，将塘埂挖台阶处理，台阶宽度不宜小于 2m，设 4% 向内横坡，分层铺设双向土工格栅，最后在塘埂顶铺设一层双向土埂格栅。

四、防护

1．填挖方防护

本段路基以填方为主，挖方路段较少，填、挖方高度均不超过8m，当填方高度H≤3m时，采用喷播植草防护；当填方高度 3m≤ 厚 ≤5m 时，采用三维网植草防护；当填方高度 H>5m 时，经核实，均为水塘路段，采用水塘路基防护，当路基处于水塘地段时，常水位 +0.5m 以下边坡采用浆砌片石防护，常水位 +0.5m 以上边坡采用空心砖植草防护，路基施工前先设置编织袋临时围堰。挖方边坡采用喷播植草防护，路肩边缘设边沟及护坡道。

2．水塘边坡防护

该路段的雨水排放采用管道与明沟排水相结合的方式，水塘路段为蓄水景观区，边坡防护采用三维排水生态边坡防护，道路中心线设计高程 Hs-2.1m 以上的边坡采用空心砖植草防护，Hs-2.1m 以下的边坡采用三维排水柔性生态护坡。

3．挡土墙防护

下穿汉鄂高速公路孙家咀大桥路段，由于机动车道与非机动车道的纵断面分别单独设计，辅路机动车道与非机动车道间的高差最大达 1.5m，为了非机动车及行人的通行安全，该路段设置悬臂式挡土墙防护，并在挡土墙顶设置防护拉杆。悬臂式路肩挡土墙设置在高差 ≥0.8m 处，小于 0.8m 时，采用特制测石支护。悬臂式挡土墙采用 C30 钢筋水泥混凝土，特制测石采用 C30 水泥混凝土。悬臂式挡土墙底地基承载力应大于挡土墙最小基底应力，否则须采用级配碎石垫层进行换填夯实处理。挡土墙埋置深度一般为 1.0m，沿挡土墙纵向约 10m 设伸缩缝一道，缝宽 0.02m，用油浸甘蔗板全断面填塞。挡土墙在距地面高 0.3m 处沿道路纵向每隔 1.0m 设置泄水孔，孔径 5cm，墙背设土工布反滤层，以防泄水孔淤塞及路基填料外漏、流失。泄水孔设置不应使旁边的钢筋外露。主线及匝道段悬臂式挡土墙外表面采用石材镶面装饰，挡土墙墙顶设置防护拉杆，施工挡土墙时注意预埋防撞护栏钢筋，挡墙护栏形式与中小桥梁的人行道栏杆一致。挡土墙立面采用花岗岩装饰。

4．桥头防护

五四湖大桥东岸处于水塘区域，填方较高，为了行人通行安全，在填方高度大于 5m 的路段设置人行栏杆，栏杆设置于人行道外侧土路肩内，栏杆与五四湖大桥的人行道外侧栏杆一致。

第二节　填方路基施工

一、填方

填方指的是路基表面高于原地面时，从原地面填筑至路基表面部分的土石体积。土木工程施工时向地基或其他地方填充的土石方。

1. 土料的选用

（1）碎石类土，砂土，爆破石渣及含水量符合压实要求的黏性土可作为填方土料。

（2）淤泥，冻土，膨胀性土及有机物含量大于8%的土，以及硫酸盐含量大于5%的土均不能做填土。含水量大的黏土不宜做填土使用。

（3）填方应尽量采用同类土填筑。如果填方中采用两种透水性不同的填料，应分层填筑，上层宜填筑透水性较小的填料，下层宜填筑透水性较大的填料。各种土料不得混杂使用，以免填方内形成水囊。

（4）填方施工应接近水平地分层填土，分层压实，每层的厚度根据土的种类及选用的压实机械而定。应分层检查填土压实质量，符合设计要求后，才能填筑上层。当填方位于倾斜的地面时，应先将斜坡挖成阶梯状，然后分层填筑，以防止填土横向移动。

2. 填方方法

（1）人工填土法

①用手推车送土，以人工用铁锹、耙、锄等工具进行填土。

②由场地最低部分开始，由一端向另一端由下而上分层铺填，每层虚铺厚度，用人工木夯夯实时，沙质土不得大于30cm，黏性土为20cm；用打夯机械夯实是时不大于30cm。

③深浅坑（槽）相连时，应先填深坑（槽），相平后与浅坑全面分层填夯。如分段填筑，交接填成阶梯形。墙基及管道回填在两侧用细土同时回填、夯实。

④人工夯填土用60～80kg的木夯或铁、石夯，由4～8人拉绳，二人扶夯，举高不小于0.5m，一夯压半夯，按次序进行。

⑤较大面积人工回填用打夯机夯实。两机平行时其间距不得小于3m，在同一夯行路线上，前后间距不得小于10m。

（2）机械填土法

①推土机填土方法

A 填土应由下而上分层铺填，每层虚铺厚度不宜大于30cm。大坡度堆填土，不得居高临下，不分层次，一次堆填。

B 推土机运土回填，可采取分堆集中，一次运送方法，分段距离约为 10 ~ 15m，以减少运土漏失量。

C 土方推至填方部位时，应提起一次铲刀，成堆卸土，并向行驶 0.5 ~ 1.0m，利用推土机后退时将土刮平。

D 用推土机来回行驶进行碾压，履带应重叠一半。

E 填土程序宜采用纵向铺填顺序，从挖土区段至填土区段，以 40m ~ 60m 距离为宜。

②铲运机填土方法

A 铲运机铺土，铺填土区段，长度不宜小于 20m，宽度不宜小于 8m。

B 铺土应分层进行，每次铺土厚度不大于 30 ~ 50m；每层铺土后，利用空车返回时将地表面刮平。

C 填土程序一次尽量采取横向或纵向分层卸土，以利行驶时初步压实。

③自卸汽车填土方法

A 自卸汽车为成堆卸土，需配以推土机推开摊平。

B 每层铺土厚度不大于 30 ~ 50m。

C 填土可利用汽车行驶做部分压实工作。

D 汽车不能在虚土上行驶，卸土推平和压实工作需采取分段交叉进行。

二、公路填方路基施工

填方路基是用填料在地表面以上填筑起来的带状路基，虽然施工工艺比较简单，但其工程数量却相当庞大，在公路的总造价中占有很大比重。加之路基又长期暴露在自然环境中，受气候条件影响很大，所以路基抵御各种自然条件侵蚀的能力，即路基的质量好坏，显得尤为重要。填方路基设计，应通过各种技术措施确保路基具有要求的强度和稳定性。

1. 填方路基施工准备工作

组织技术人员认真阅读设计图纸和技术资料，熟悉合同文件和技术规范。

组织有关人员对路线走向、取土场及弃土场的位置、地形地貌、道路交通、桥涵位置、地质水文状况、水准点及控制桩等进行全面的调查、核对。

根据现场实际情况，编制更为具体、更为有效的施工方案和实施性施工组织计划。

做好现场布置及临时设施（包括加密水准点、修筑施工便道等）的敷设。

施工前恢复路线中、边线，包括路基坡口、坡脚、边沟、红线、弃土场、借土场、桥涵等具体位置，报监理工程师检查。

会同监理工程师测量路基横断面，并绘制成图，计算土石方数量，报监理工程师审批，并优化土石方调配。

将用作路基填方的土按规范要求取样送中心试验室进行检验，测定最佳含水量和标准重型击实密度，液、塑限，塑性指数，颗粒分析，CBR 值。并编写开工报告，报监理工程师审批。

在路基占地范围内和取土场范围内，进行场地清理，清除表土、杂草、树根、淤泥、拆除障碍物。清场后填土区的地表用压路机及时碾压，达到"公路路基施工技术规范"规定的压实度。

在借土场，弃土场及路基两侧的红线范围内沿线开挖临时排水沟渠，修建一些临时排水设施，以保持施工场地处于良好的排水状态，以防工程或附近农田受冲刷、淤积。

2. 试验路的施工

在试验路开工前28天，将用于试验路填筑的材料进行所需的各种实验。包括土的液、塑限，塑性指数、颗粒分析、CBR值、重型击实试验、最佳含水量试验。

将试验室所做的试验结果以及试验路堤施工方案，施工位置，设备及人员组织，各种记录表格的式样报监理工程师审批。

经监理工程师同意后，在所选定的桩号上进行试验路的填筑，试验路长100m。填筑时须有监理工程师在场，并做好各种原始数据的记录，为最后试验路资源的整理提供依据。

将试验路所得的压实系数，压实遍数、方法、施工现场的最佳含水量、各工序的组合形式整理成文，报监理工程师批准，作为以后进行路基大面积施工的依据。

3. 路基填筑施工

清理场地后的地面横坡不陡于1：5时，可直接填筑；当地面横坡陡于1：5时，应将原地面挖成宽度不少于1m的台阶，台阶顶面做成2%的内倾斜坡，并用小型夯实机具加以夯实，砂性土可不挖台阶，但应将原地面以下20cm～30cm的土翻松。

路堤基底为耕地或松土时，应先进行清淤或清表。分层回填碾压至规范要求的压实度，并报监理工程师验收后方可进行填筑。

当路堤经过水田，池塘或低洼地时，应先挖沟排水，并尽可能完成排水工程施工，挖除淤泥及腐土，并晾晒湿土，将此地面翻松30cm深，经处理后再进行压实。

在经处理好的原地面上分层进土（或石），土方中不应含有腐殖土、树根、草泥或其他有害物质。用平地机进行平整，平整时应注意保持2～4%的路基横坡，填料宽度应大于设计宽度每边各50cm，每层摊铺厚度不大于30cm（每填一层测一次标高）。填土平整合格后进行路基碾压，其碾压原则为"先边后中，先内后外，先静后振"，相邻轨迹须重叠30cm，路肩处多碾压一遍，碾压时按试验路要求严格控制行驶速度、压实遍数，施工中注意检测土在压实前的含水量，必须保证在最佳含水量下碾压。

当路基填土高度小于0.8m时，对于原地表清理挖除之后的土质基底，应将表面翻松30cm深，然后整平压实，其压实度应≥95%。

如在路堤范围内修筑便道或引道时，这些便道或引道不得作为路堤填筑的部分，应重新填筑成符合规定要求的新路堤。

任何靠压实设备无法压碎的硬质材料，应予以清除或破碎，使其最大尺寸不超过压实厚度的2/3，并应使粒径均匀分布，达到要求的压实度。

填土路堤分层施工时，其交接处不在同一时间填筑，则先填段应按1：1坡度分层留台阶，如两段同时施工，则应分层相互交叠衔接，其搭接长度不小于 2m。中途长期停工或雨后施工时，路堤表层应加以整理，不准有积水的地方，复工时，须使路堤表层含水量接近正常，对由于雨水泡软的表面，复压后方可填筑。

路基填筑时，试验控制要同步进行，压实度检测应在每层填土每 1000m² 取样 4 处，并随时接受监理工程师任意取样检查。

（1）风化花岗岩地区路基施工

①由于本合同段路堤填料基本上是风化花岗岩，因此在路基开工前 28 天单独完成 100m 的全路段试验路，并按招标文件《技术规范》204.03 ~ 4（3）款的要求完成试验内容，报工程师批准后开工。

②试验路开工前，对风化花岗岩进行取样试验。测定承载比，天然含水量、液、塑限，塑性指数，做标准击实试验和颗粒分析，计算最佳含水量、最大干密度，以确定风化程度，测定粉砂质含量。

③风化花岗岩地区路基施工的进料、平整、压实与一般填方路堤施工相同，但应注意如下几点：

A 路基顶面 30cm 厚度范围内不采用全 ~ 强风化花岗岩填筑，采用 CBR≥8.0% 的填料。

B 风化花岗岩地段开挖后，各工序要紧密衔接，连续施工，分段完成。

C 避开雨季作业，加强现场排水，保证地基和已填筑的路基不被水浸泡。

D 路堤、路堑边坡经修整后，立即进行防护处理，防止雨水直接侵蚀。

E 受水浸淹的地段及地下水位以上 2m 范围内的填方桥涵台背填土，不用风化的花岗岩。

④由于本合同段风化花岗岩体粉土质含量较高，采用 5% 水泥掺配改良，采用路拌法，其施工方法如下：

A 当填土至路基顶 30cm 时，详细测定已填路基标高，计算出每 20m 还需填料数量，同时计算每包水泥的掺配面积。

B 按计算数量进行上料，并摊平，按计算每包水泥掺配面积，用石灰划方格，将每包水泥用人工均匀撒布在每个方格内。

C 采用路拌机将水泥与填料拌和 1 ~ 2 遍，并注意控制含水量应比实验室确定的掺配料最佳含水量高出 1%。

D 用平地机将拌和料粗平后再放控制桩，控制桩采用全幅 6 点法控制，即左右距中 1.5m，距中 6.0m，距中 13.25m 进行控制，然后用平地机精平 2 ~ 3 遍，达到设计标高为止。

E 采用 18T 以上震动压路机压实成型。

（2）挖金洞地区的路基施工

①勘察调查挖金洞的走向及距地表的厚度。

②距地表 1 ~ 3m 范围内的淘金洞采用开挖，回填的方法处理。

③对距地表天于 3m 的淘金洞。采用碎石桩处理。

（3）施工注意事项

①气候干燥时，对于填土路段，容易起灰尘，应及时洒水，使灰尘污染减到最低程度，并保证路基土在最佳含水量状态下碾压密实。

②在各施工现场 200m 之内有居民区时，合理安排时间，尽可能将噪声大的作业安排在白天或前夜（6：00～22：00）施工，尽量避免生产噪声影响居民正常生活。必须在深夜施工时，应征得当地政府及环保部门的书面同意。

③加强对机械设备的维修、保养，防止漏油，施工机械运转中或维修时产生的油、污水未经处理不能排放。

④尽量保护用地之外的现场植被，若因修建临时工程破坏了现有植被，在拆除临时工程后要及时恢复，对于用地范围内的价值珍贵的树种，也应设法保护。设计边坡外的松散弃土应在路基竣工后全部清除。

三、高速公路填方路基施工

1．施工前准备工作

（1）施工放样

开工前，先进行导线、中线、水准点的复测，根据现场实际情况增设必要的导线点、水准点。测量成果经监理工程师核准后，再按图纸放出路基中线、坡脚、边沟、路堑坡顶、取土坑、弃土场等位置。

（2）填方机具

推土机和平地机是填方作业必不可少的设备，特别是平地机，在控制填层厚度和形成平整度方面效果显著。

（3）排水沟的设置

在施工前，应结合永久排水设施修建临时排水沟，如设置 4% 的横坡，或是在填方表面边沿做矮土埂拦水，沿路线约每 50m 设一道泻水槽，槽底应铺隔水布或抹砂浆隔水等，以保持路基施工场地处于良好的排水状态。

2．工程施工

（1）土方开挖

挖掘包括所有土方挖掘和岩石挖掘，这些挖掘在划定的界线内进行，如图纸所示或按工程师指示，所有挖掘出的土的清除、运输、适当利用和处理，都要依图纸上注明的开挖线、水平线、坡度、尺寸及截面并按工程师的要求去实施。路堑施工就是按设计要求进行挖掘，并将挖掘出来的土方运到路堤地段作填料，或者运往弃土地点。

①横挖法

从路堑的一端或两端按横断面全宽逐渐向前开挖。这种方法适用于较短的路堑。路堑深度不大时可以一次挖到设计标高，路堑深度较大时可分成几个台阶开挖，各层要有独立的出土道和临时排水设施。分层横挖使得工作面纵向拉开，多层多向出土，可以容纳较多的施工机械，加快了施工速度。

②纵挖法

沿路堑纵向将高度分成不大的层次依次开挖，纵挖法适用于较长的路堑。如果路堑的宽度及深度都不大，可以按横断面全宽纵向分层挖掘，称为分层纵挖法，如果路堑的宽度及深度都比较大，可沿纵向分层、每层先挖出一条通道，然后开挖两旁，称为通道纵挖法，通道可作为机械通行或出口路线，以加快施工速度，如果路堑很长，可在适当位置将路堑的一侧横向挖穿，把路堑分成几段，各段再采用上述纵向开挖，称为分段纵挖法。

（2）路堤填筑

在路堤填筑前首先对原有地面进行清理，对于存在的不平之处应首先予以整平，然后进行碾压达到规范要求的压实度。对于需要填筑的地段坡度较大时应首先从低处填起分层填筑，并应在原有坡面上修筑台阶以利新旧土的结合，台阶宽度应在 1m 左右，厚度应根据分层填筑的厚度加以确定。

①测量放线：a.恢复线路中心控制点。B.测设中心桩，按每 20 ~ 25m 整桩号和曲线起止点等控制路基中心的各点测设中心桩，桩面用红漆写明里程桩号。

②施工中车辆通行道路一般分为上、下两条行车道。上、下行行车道分别填筑，即采用半幅施工时，尚未施工的行车道可作为运土车辆的通行道路；上下行行车道同时施工时，即全幅施工时，可在路侧布置车辆通行道路。

③布土。合理的土方调配和运土路线是非常重要的。应根据取土场位置及地形确定经济、合理的运土路线。布土时应根据压路机能达到的压实厚度。

（3）平地机整平。当一段落由推土机摊平并经复测符合要求时就可用平地机进行工作。平地机整平方法是由路中开始向道路两侧推进，如此往返三次，一般就可以达到平整度的要求。在平整时注意路基的纵坡和横坡，尤其是在雨季施工时，横坡应该适当加大以利路基排水。

（4）路基碾压。其方法是：第一遍用震动压路机静压进行稳压，然后再震动压实，具体要求是：

①直线段和大半径曲线段，应先压边缘，后压中间；小半径曲线段因有较大的超高，碾压顺序应先低后高。

②压路机碾压轮重叠轮宽的 1/3 ~ 1/2。

③碾压遍数，震动压路机震约 6 ~ 8 遍，一般就可以达到密实度要求。

④压路机的行驶速度过慢影响生产率，过快则对土的接触时间过短，压实效果差。

3.路基压实工艺及检测

（1）影响路基压实的因素分析

从实践经验和路基检测分析得出，影响路基压实度的因素有压实功能、碾压机具和方法、下承层强度、路基土含水量等。一般可根据填料性质和要求达到的密实度，选择合理的压路机械，通过试铺试验段确定松铺厚度及碾压遍数，填筑前对路基进行处理和压实等，解决压实功能、碾压工艺及方法、下承层强度等问题。

（2）压实机具的配置

压实机具对压实效果的影响十分重要。同一种土的最佳含水量随压实功的增加而减少，而最大干密度随压实功能的增加而增加。在相同含水量下，压实功能越大密度越高。一般地说，不同的填料和场地要选择不同的压实机具。

（3）路基压实作业

①土方路堤的压实

土方路堤在碾压前，应用平地机进行整平，并将填料含水量控制在比最佳含水量大，先静压一遍，然后振动碾压一遍。

②石方及土石混填路堤的压实

石方及土方混合料路堤压实前，应用推土机和平地机整出一个较密实平整工作面。所有填石孔隙要用小石料和石屑人工填满铺平，填料不得离析。压路机碾压过程中，继续用小石料或石屑填隙，一直进行到重轮下，石料不出现松动，表面均匀平整为止，一般需碾压一遍即可。

（4）路基压实度的检测

填筑路基时，每层碾压完成后应及时对压实度、平整度、中线高程、路基宽度等指标进行质量检测，各项指标符合要求后方能允许填筑上一层填土。

4．施工质量控制

（1）做好施工组织设计，合理安排施工段的先后顺序，明确构造物和路基的衔接关系，对高填方段应优先安排施工，在施工中以施工组织设计为龙头，根据施工现场的实际情况，合理调配人员、设备，是保证高填方路基施工质量的重要环节。

（2）做好施工前的准备工作，开工前要认真审阅设计文件，详细了解各段的填、挖情况，地质情况，填、挖土质和调配情况，对重要地段要作重点勘察，进一步核对设计资料，发现设计文件中有误及时上报业主，妥善处理。

（3）认真清除地表土不良土质，加强地基压实处理，地表植被、树根、垃圾、不良土质(盐渍土，膨胀土等)必须予以清除，同时应加大地表的压实密度，采用大吨位振动压路机处置。

（4）填筑路基前，必须疏通路基两侧纵横向排水系统，避免路基受水浸泡。特别是地基土为黄土、黏土等细粒土，在干燥状态下结构比较强，有较强承载能力，一旦受水浸泡，将易形成翻浆或路基沉降，因此做好路基施工前排水畅通尤为重要。

第三节　挖方路基施工

一、挖方路基施工特点

挖方路基施工是路基工程中的一个重点。在山岭重丘地区修建高速公路，挖方路基常常是控制工程进度的关键。公路建成通车后，挖方路基地段又是养路部门养护的重点。由于挖方路堑是由天然地层构成的，天然地层在生成和演变的长期过程中，一般具有复杂的地质结构。处于地壳表层的挖方路堑边坡施工中受到自然和人为因素包括水文、水文地质、地面水、气候、地貌、设计与施工方案等的影响，比路堤边坡更容易发生变形破坏。

路基出现的病害大多发生在路堑挖方地段上，诸如滑坡、崩坍、落石、路基翻浆等。路基大断面的开挖施工，破坏了原有的山体平衡，施工方案选择不合理，边坡太陡，废方堆弃太近，草坡栽种、护面铺砌及挡墙施工不及时，排水不良等都会引起路堑边坡失稳、滑坍，严重时甚至影响整个工程进度，这是挖方路基施工中经常出现的问题。施工人员应从设计审查、施工方案选择、现场地质水文调查多方面把关，切实搞好挖方路基施工。

二、挖方路基施工前准备工作

1. 征地拆迁工作

征地拆迁工作是路基施工准备阶段的主要工作，其范围可分为临时设施用地（包括生活区、生产区、临时道路用地）和路基施工设计边线占地两部分。施工单位进场前应提供给业主一份施工用地平地平面位置图，说明使用用途、需拆迁建筑物的结构类型、建筑面积以及其他构造物的规格、数量。

2. 测量放样

施工恢复定线测量及施工放样是施工准备阶段的主要技术工作，承包单位根据设计图纸、监理工程师书面提供的各导线点坐标及水准点标高进行复测，闭合后将复测资料交监理工程师审核。承包人应根据监理工程师批准的定线数据进行施工放线。按规范中规定，路基施工前，应根据设计图、施工工艺和有关规定恢复的路线中线桩、钉出路基用地界桩、路堑坡顶、边沟、取土坑、护坡道、弃土堆等的具体位置桩。道路中线桩直线部分每20m一个，每100m设一个永久性固定桩，曲线部分除20m设一整里程桩外，曲线的起点、终点、圆缓点、缓圆点都应设置固定桩。在中线桩施测后，进行横断面测量，然后根据路基横断面图及实测标高进行边桩放线。在挖方断面的坡顶点位置上，钉挖断面的边桩，边桩上应注明里程、挖深（m），左右边桩以拼音字头或英文字头表示。一般在距边桩一定距离的外方，设栓（护）桩，以备边桩丢失后及时恢复。同时导线点、水准点应设立特殊标志，进行保护以免施工中遭到破坏。

承包人经过准确放样后，应提供放样数据及图表，报监理工程师审批。经批准后承包人才可进行清表开挖。测量精度应满足交通部颁有关公路工程验收标准或合同规定标准。

3．施工前的复查和试验

路基施工前，施工人员应对路基工程范围的地质水文情况进行详细调查，通过取样试验确定其性质和范围，并了解附近既有建筑物对特殊土的处理方法。对有岩石的地段要掌握岩层风化、龟裂程度，岩层的层理、节理、片理状态，对于易崩塌地带的断层和地质变化区段的情况尤应给予特别的重视。

土工试验取样一般按设计文件提供的资料每一种土类取样不少于三组；也有按桩号取样进行土工常规或试验的。

《公路路基施工技术规范》（JTJ033-95）规定，挖方、借土场用作填料的土应进行下列试验项目，其试验方法按《公路土工试验规程》（JTJ051-93）办理：

（1）液限、塑限、塑性指数、天然稠度和液性指数。

（2）颗粒大小分析试验。

（3）含水量试验。

（4）密度试验。

（5）相对密度试验。

（6）土的击实试验。

（7）土的强度试验（CBR值）。

（8）有机质含量试验（必要时）。

（9）易溶盐含量试验（必要时）。

4．开挖前路堑的排水设施

由于水是造成路堑各种病害的主要原因，所以不论采取何种开挖方法，均应保证开挖过程中及竣工后的有效排水。应做到：

（1）在路堑开挖前做好截水沟，土方工程施工期间应修建临时排水沟。

（2）临时排水设施与永久性排水设施相结合，流水不得排于农田、耕地，污染自然水源，也不得引起淤积和冲刷。

（3）路堑施工时应注意经常维修排水沟道，保证流水畅通。渗水性土质或急流冲刷地段的排水沟应予以加固，防渗防冲。水文地质不良地段，必须严格搞好堑顶排水。

（4）引走一切可能影响边坡稳定的地面水和地下水，在路堑的线路方向上保持一定的纵向坡度（单向或双向）以利排水。

三、土方路堑的开挖

1. 土方路堑的开挖方式

土方路堑开挖根据路堑深度和纵向长度，开挖方式可以分为横挖法、纵挖法及混合式开挖法三种。

（1）横挖法

对路堑整个横断面的宽度和深度从一端或两端逐渐向前开挖的方式称为横挖法或一层横向全宽挖掘法，适用于开挖深度小且较短的路堑。

多层横向全宽挖掘法适用于开挖深而短的路堑，土方工程数量较大时，各层应纵向拉开，做到多层、多方向出土，可安排较多的劳动力和施工机械，以加快施工进度。每层挖掘深度根据工作方便和施工安全而安定，人力横挖法施工时，一般 1.5 ~ 2.0m；机械横挖法施工时，每层台阶深度可加大到 3m ~ 4m。横挖法适用于机械化施工，以推土机堆土配合装载机和自卸车运土较为有利，边坡修整和施工排水沟由人力与平地机修刮完成。

（2）纵挖法

分层纵挖法：沿路堑全宽以深度不大的纵向分层挖掘前进的作业方式称为分层纵挖法，本法适用于较长的路堑开挖。施工中当路堑的长度较短（不超过 100m），开挖深度不大于 3m，地面较陡时，宜采用推土机作业，其适当运距为 20 ~ 70m，最远不宜大于 100m，当地面横坡较平缓时，表面宜横向铲土，下层的土宜纵向推运；当路堑横向宽度较大时，宜采用两台或多台推土机横向联合作业；当路堑前傍陡峻山坡时，宜采用斜铲堆土。

通道纵挖法：沿路堑纵向挖掘一通道，然后将通道向两侧拓宽，上层通道拓宽至路堑边坡后，再开挖下层通道，按此方向直至开挖到挖方路基顶面标高，这是一种快速施工的有效方法，通道可作为机械通行、运输土方车辆的道路，便于土方挖掘和外运的流水作业。

分段纵挖法：沿路堑纵向选择一个或几个适宜处，将较薄一侧路堑横向挖穿，将路堑在纵方向上按桩号分成两段或数段，各段再纵向开挖。本办法适用于路堑过长，弃土运距过远的傍山路堑，或一侧的堑壁不厚的路堑开挖，同时还应满足其中间段有经批准的弃土场、土方调配计划有多余的挖方废弃的条件。

（3）混合式开挖法

即将横挖法与通道纵挖法混合使用，适用于路堑纵向长度和挖深都很大时，先将路堑纵向挖通后，然后沿横向坡面挖掘，以增加开挖坡面。每一个坡面应设一个机械施工班组进行作业。

2. 挖方路基机械化施工

高速公路路基施工的特点是，合同工期要求短，质量要求高，标段内工程土方量相对较大，同时由于土方施工作业受季节影响，因此，必须很好地组织机械化施工。

（1）机械配套及选型

高速公路，质量要求高，工期紧，任务重，填筑土方运距远，要真正做到合理的机械配套，除考虑到工程数量、施工方案、工期、技术标准要求、当地的水文地质情况、本单位的实际情况外，还要考虑到设备的适应性、先进性、经济性和可靠性。

①设备的适应性、可靠性

土方运距：当土方的运输距离小于 100m 时，选用推土机；100～500m 或＞500m 时应选自卸车运土。

施工条件的要求：机械设备要满足场地的作业条件。

机械组合尽可能并列化：这里指的是主要设备最好能配备 2 台以上，这样平时可以多开工作面，加快施工进度。一旦因机械故障停机时，2 台（或多机时）可以及时调整，不至造成全面停工，这在工程施工中是经常遇到的问题。

②同一流程上各种机械的生产率应相互匹配

在土方工程施工中往往是多种机械联合作业，例如挖方施工作业程序，

A 填方段

推土开挖→装车→运输，其中有一个环节不匹配就会造成待装车过多或自卸。

B 弃土场

车不足的现象，因此要求在施工组织中要及时合理地调度和安排。

③科学地进行机械保养与维修

由于土方施工灰尘大，对推土机、装载机、自卸车的空气滤芯双套配置，收工后将灰尘大的滤芯交机械修理班。将已经吹洗干净的滤芯取回，以求得在机械正常运转情况下的最大生产能力。

④保证燃油料和机械配件的供应

燃油料的供应是机械施工的保证，工地柴、汽油的供应一般有两个渠道，交通方便的地方请加油站在工地设点，加油站负责日常加油定期结算；工地交通不便时，可经有关部门批准在工地设地下油罐及加油泵，由专人管理。油罐的储量要满足用油高峰期的需要，并与石油供应商建立好供应合同。在油库附近要严禁烟火，做好治安防火工作。对加油管理应有相应的办法和制度。

除此之外，为保证工地用油（有些大型设备收工后停在工地），必须配备有专用的加油车辆，加油车辆每天提早到达工地，开工前为工地机械加好油。工程施工准备阶段，就进场的设备与配件的供应进行市场调查，询价选定供货商以保证机械修理换件能在最短时间内解决，提高机械的使用率。

（2）注意事项

①作业面段落的划分：路基土石方机械施工都是流水作业，作业面设置是否合理直接影响工程进度、机械效率和质量要求。较为合理的做法是，每一个土方机械作业班应设置 2～3 个作业面，每个作业面长 150～200m，日完成土方量 1000m³～2000m³ 之间，汽

车运输道路应保证装车，会车不受影响，做好排水工作。

②每一配套组内必须配有一名机械保养工，以便随时进行检修，或配有专用维修车辆，工地通过对讲机联系，发现故障，及时维修。

③严格执行机械操作、驾驶、保养、安全各项规章制度和交通部已颁布《公路筑养路机械操作规程》。

3．软基处理

（1）竖向塑料排水板施工

①施工方法

A 恢复中线，放出作业路段边桩，清理平整原地基。做好排水系统，保证排水通道畅通以利于软土排水固结。

B 将质量合格的砂运至施工现场，按计算用量卸料，用人工配合推土机按设计厚度铺设砂垫层并压实。

C 绘制方格网图并现场放样，用方格网控制，标示插板位置，使板距误差控制在允许范围内。

D 选择插板机（有轮胎式，链条式，轨道式），机上应刻有明显的进尺标志。如选用轨道式插板机时，要事先铺设与路基中线垂直的轨道。

E 就位插板机，调好机架的平整度和套管的垂直度，使排水板的垂直度偏差控制在允许范围内。

F 将排水板插入套管，起动振动锤，将套管和排水板压入土中。

G 排水板进尺长度要足够，不允许使用搭接延续的排水板。排水板的入土深度不得小于设计深度。

H 输送滚轴反转，松开排水板，套管上提，排队水板留在土中满足设计深度，套管上提时，跟带排水板的长度不大于 50cm。

I 在地面以上 20cm 处切断排水板，移向下一孔位施工。

G 一个作业段插板完成后移走插板机，整平砂垫，埋位板头，尽快转入下一工序的施工。

②主要机械设备：插板机，推土机，发电机，自卸汽车。

③塑料排水板施工

对表土进行清理整平，在达到规定压实度的基底上，铺设第一层沙砾垫层（即 1/2 厚度）为减小对原地面的扰动，计算好沙砾垫层的方量，集中铺设 1.0m 高，11m 宽的砂道，然后推平碾压，再进行塑料排水板施工，同时安排土工格栅的施工，施工中要注意保证土工格栅的搭接长度，土工格栅施工结束后，铺设第二层沙砾层，同样铺设一条砂道然后推平碾压。该方法的实施被证明可以减少对已打设的塑料排水板的损坏和不扰动地基。

第一层沙砾填筑完毕后，在其上面按照设计图纸指示绘制方格网，在塑料排水板位置标设小竹签，然后在定位处将塑料排水板打入，再在上面铺设土工格栅和沙砾层。

④塑料排水板施工注意事项和解决方法：

A 塑料排水板施工

采用链条式插板机施工，在插板机上装设有人操作的机械平衡装置，保证设备的平衡度和垂直度，控制已完工塑料排水板的垂直度。

B 塑料排水板的打设

在钻机上做标志以控制深度，在塑料板的跟带问题上，对插板的头部作一改进，用竹签封头。在经过我单位以往塑插板的施工中，没发现一例跟带，保证了塑料排水板的有效深度。

C 打设后外露的排水板弯贴于铺筑好的下半层沙砾上，外露的长度视沙砾层的厚度而定，但保证塑料排水板的顶部伸入沙砾层不小于20cm，使其与沙砾石贯通，保证排水畅通，并尽快铺筑第一层土工格栅及上层沙砾，整平碾压，减少塑料排水板的外露污染。保证排水性能。

D 对打设过程中，插板跟出的泥土随时带随时捡，确保沙砾层的排水板的清洁。

（2）粉体喷射搅拌桩施工

①施工方法

A 恢复中线，放出施工路段边线桩，清理平整原地基使之满足粉喷搅拌桩现场施工要求。

B 测量绘制方格网图，准确定出桩位，其偏差不应超过设计规定。

C 标定输灰泵的输灰量，灰粉到达喷灰口的时间，预ensions下沉速度，喷灰搅拌提升速度，重复搅拌下沉速度，重搅拌提升速度等施工参数，并进行试桩，使其强度达到设计要求。

D 桩机，设备安装就位，调好平整度及导向架的垂直度，使粉体喷射搅拌桩的垂直度符合设计要求。

E 搅拌机预搅下沉，下沉过程中一般不冲水，如遇坚硬土层必须适量冲水时，要报经监理工程师批准，并考虑冲水对桩身强度的影响。

F 预搅下沉至设计深度后，起动输灰泵，将符合质量要求的固化材料（水泥或石灰），按设计用量、次数、速度，在规定深度，经喷灰口边续喷射，搅拌机械连续搅拌，并提升至距地面0.5m处。

G 重复搅拌下沉至桩底，再重复搅拌提升至距地面0.5m，最后用水泥土回填桩头，并压实养护。

H 设专人记录泵送固化材料的时间，用量以及搅拌机每次下沉或提升所需的时间，如不符合预定的工艺规定，应采取措施，进行调整，确保成桩质量。

I 关闭搅拌机械，移向下一桩位。

②主要机械设备：桩机及附属设备，发电机

③粉喷桩施工方法

利用已有机耕路和村道，在电力没有架通的情况下，尽快安排柴油发电机作为GPD-5型粉喷桩机的动力施工，争取早开工、早结束，以利路基填筑，延长路基沉降期，减少工后沉降，使全段施工流畅进行。在施工粉喷桩前 7 天做好一切准备工作，并将制定的施工技术措施，一切材料的样品，试验报告和机械设备情况提交监理工程师审批同意后，再开始施工。

粉喷桩施工，在按照施工规范规定对表土进行清理平整，并达到规定压实度的基础上，根据设计图纸进行桩位放样，并用小竹桩在实地定位，然后安放粉喷桩机械就位，钻进至桩底标高，边喷水泥边搅拌，提升至离地面 50cm 处，重复搅拌下沉至桩底，重复搅拌提升至离地面 50cm 以下，关闭搅拌机械、移位进行下一桩施工。

粉喷桩施工采用 GPD-5 型带计算机控制的粉喷桩机施工，可以严格控制喷粉量，使之达到规范的要求。施工前先进行成桩试验，数量不少于 5 根，以掌握对该区段的成桩工艺及各项技术参数，其内容如下：

A 满足设计要求的喷粉量和施工工艺参数，即：钻进速度、提升速度、搅拌速度和均匀度、气体流量、空气压力等。

B 掌握各种土质下钻进下沉和钻杆提升的困难程度及喷粉情况，以确定合适的技术措施。

C 成桩 7 天后进行开挖检查，用目测法、轻便触探、取芯试检查桩体成型情况，搅拌均匀程度，检查深度 1.0m，28 天后进行无侧限抗压强度检验，取样深度在桩顶下 0.5m、1.5m 处截取。

在确定原定施工工艺和水泥土配合比可以满足设计要求时，试桩完毕，原则应重复试验，直至合格。

④粉喷桩施工过程中应当注意如下事项：

A 随时复核桩位和桩架垂直度，以确保桩位和成桩垂直度。

B 严格控制喷粉时间和停喷粉的连续性。增强控制手段，使用计算机控制，确保喷粉量和均匀度，严禁在尚未喷粉的情况下提升钻杆作业，随时检查储粉罐内的储灰量，保证储灰量比一根桩的用量多 50kg 以上，以防喷粉中断。

C 如遇停电、机械故障等原因，喷粉中断时，及时记录中断深度和时间，在 12 小时内采取补喷措施，否则采取补桩措施。

（3）砂垫层施工

①施工方法

A 恢复中线，放出路段边线桩。清理平整路基，使之具有合格的平整度和路拱度。

B 用自卸汽车将质量合格的中粗砂运至路段选用适宜的机具按设计厚度分层整平、洒水、压实。

C 砂垫层施工过程中，严防尘土、泥土和杂物污染，对受到污染的部分必须返工或更换。

D 砂垫层的高程、厚度、干密度、平整度渗透系数也应符合要求必须符合设计要求。

E 砂垫层成活后，应及时洒水养护，限制人员、机动车通行，并尽快安排下一道工序的施工。

②主要机械设备：水车，自卸汽车，推土机，装载机，平地机，压路机。

③砂垫层施工

对表土进行清理和平整，在达到规定压实度的基底上铺设第一层沙砾垫层，为减小对原地面的扰动，计算好沙砾垫层的方量，集中铺设 1.0m 高 6.6m 宽的砂道，然后推平碾压至设计规定的压实度后，施工土工格栅，施工时要注意保证土工格栅的搭接长度。土工格栅施工结束后，铺设第二层沙砾层，同样铺设一条砂道，然后推平碾压。

④砂垫层施工应注意：

A 沙砾垫层材料应符合规范要求。

B 铺设时应从路基中间向横向两侧摊铺，厚度应均匀一致，并满足设计要求。

C 铺设宽度应达至设计要求的位置。

D 应防止泥土、杂物等污染。

（4）砂桩施工

①施工方法

A 恢复中线，放出路段的边线桩，清理平整作业现场。做好排水系统，保证路基内的水被挤出后能迅速地排出路基。

B 测绘布设桩位平面图，准确放出桩位并编号。

C 将装有振动器的多功能打桩架在孔位就位，将装有桩尖的钢管对准孔位定位。

D 起动振动器，使钢管下沉到要求深度后上拔 0.5 ~ 1.0m，清除桩尖真空吸力，并张开活瓣。

E 提起振动器和桩帽，从钢管上口交替入水、砂，同时徐徐提管敲击，使砂加速下落，并不断投料使之形成桩柱。

F 灌砂数量和提管速度要紧密配合，通过计算确定每分钟灌砂数量和提管高度，保证砂桩连续、密实。

G 移动桩机，平整砂桩顶地面，铺筑砂垫层。

②主要机械设备：沉管机，发电机，自卸汽车，装载机。

③砂桩施工方法

A 施工机具：采用振动打桩机，下部装活辨钢桩靴的桩管成桩。

B 施工工艺：

整平原地面→机具定位→加料压密→拔管→机具移位。

④施工应注意的事项

A 原材料用砂采用中、粗砂，大于 0.5mm 的砂的含量占总重应在 50% 以上，含泥量不应大于 3%，渗透系数不应小于 $5 \times 10 ~ 3cm/s$，并将其中植物、杂质除尽。

B 因砂的含水量对桩体密实度有很大的影响，本合同段采用一次拔管法施工，应使用饱和砂。

C 成桩后砂桩的相对密度大于 0.7，并根据砂的含水量控制填砂量，实际填砂量不应小于设计值，如果实际灌砂量未达到设计用量要求时，应在原桩位将桩管打入，补充灌砂后复打 1 次，或在旁边补桩 1 根。

D 桩管就位应垂直，桩靴闭合，将桩管沉入规定深度的土层中，将料斗插入桩管斗口，向管内灌砂，边振动边拔出桩管。振动拔管 50cm，停拔继振 20 秒，如此重复进行至桩管拔出地面。

E 砂桩大面积施工前进行成桩试验，取得施工工艺和技术参数，用以控制拔管速度和上覆压重。

F 桩体在施工中应确保连续、密实。在软弱黏性土中成型困难时，可隔行施工，各行中也可间隔施工。

（5）挤实碎石（砂）桩

①施工方法

A 恢复中线，放出路段边线桩，清理平整施工段地基表面。做好排水系统，保证排水通道的畅通。

B 测绘挤实碎石桩平面图，准确放出桩位并编号。

C 将沉管机就位，套管对准桩孔，提起芯管从外围或路基二侧向路中间顺序进行沉管。

D 按设计填料量填筑碎石，锤击下沉至设计深度。

E 提起芯管，填注碎石英钟，锤击套管芯管，将碎石挤出套管，提起套管芯管。

F 两次填筑碎石，锤击芯管，使碎石挤实，直至形成碎石桩柱。

G 挤实碎石桩的质量以填料量和密实电流控制。直径为 0.5m 的碎石桩的碎石置换量约 0.224m³，锤击挤密的密实电流控制在 40 ~ 50A。施工时应做好记录，使桩身密实度达到设计要求。

H 施工路段打桩结束后，平整桩顶及周围地面，除去浮土压实，再铺筑 25cm 碎石垫层压实。

②主要机械设备：沉管机，发电机。

（6）振实碎石（砂）桩施工

①恢复中线，放出路段边线桩，清理平整施工作业面。做好排水系统，保证排水通道的畅通。

②测绘布设桩位平面图，准确放出桩位并编号。

③沉管机就位，将装有垂直振动器的套管，对准桩孔就位，振动下沉。

④将碎石灌入套管中，振动套管上下运动，使填料下沉。

⑤边提管，边填料，边振动，使之形成密实桩柱，同时复核填料数量，使其和设计用量的差值必须符合设计规定。

⑥清理桩顶及周围地面，填土压实后，再铺筑砂石垫层并进行压实。

⑦主要机械设备：沉管机，发电机。

（7）软土路堤沉降观测要求

①沉降观测点的精度要求：为保证沉降观测的精度，要求采用三等水准测量方法进行观测，并做到以下几点：

A 每次观测前，必须对水准仪进行校验。

B 为了消除观测中的某些系统误差，每期观测要做到四个固定，即：固定观测人员、固定仪器及水准尺、固定测点及转点、固定后视尺。

C 转点位置必须使用尺垫，禁止用砖石代替尺垫。

D 每次观测段长度原则上要求不小于路堤底宽的 2 倍，即 80m 左右。视距不等差应小于 3m，前后累计差应小于 6m。若沉降点离水准点很近，前期视距离不超过 15m，一次安置仪器的不等差略大时，可采用固定测站的方法，使观测具有相同的三角影响，这样可以抵消不等差较大引起的高程误差。

E 水准闭合环线或支线水准路线，其允许闭合差为 +12*L1/2 或 4n1/2（L 为水准路线长度，以千米计；n 为测站数）。

F 外业手簿是长期保存和使用的基本资料，要认真记录及保存。

G 各期观测沉降资料要汇总并分析。

②施工期沉降观测

软基处理前，按设计要求加工地面沉降仪和连续沉降仪等观测仪器，要求刻度清晰，便于观测。利用打桩机或地质钻机将连续沉降仪打入地基持力层，地面沉降仪在砂垫层施工时直接埋在层内，随着路堤分层填高，沉降杆也一节节接长，并做好保护。沉降仪设置后，按设计要求定期观测，在整个施工期掌握路堤填筑，要求变形速率控制在 10 ~ 20mm/d 之间均可进行施工。

③预压沉降期观测

路堤填筑完成至路面施工之日，中间的间隔时间为路堤的预压沉降期，为观测路堤的沉降，在不小于 1000m 的路堤顶部每 100m，在路中心的两侧路肩内缘各设一固定木桩，埋深 50cm，在接近桥台处，桩距可适当加密，按设计要求定时用水准仪观测水平标高，掌握沉降情况。一般开始时每周观测一次，中间半月观测一次，最后每月观测一次，规定连续两个月观测沉降速度小于 5mm/ 月，认为路堤稳定，可进行路面基层施工；连续两个月观测沉降速度小于 3mm/ 月，认为基层施工加载后是稳定的，方可进行面层施工。

为观测位移，另在以上间隔的两侧路堤坡脚外 5m 外设立砼标桩，埋深 2m。选择三个不同的固定点，每日定时用经纬仪分别观测各标桩的位移变化，通过以上观测记录的分析，确定沉降完成的日期。

第四节　石质路基爆破施工

一、路基爆破

一种路基土石方工程的施工方法。利用炸药爆炸瞬时产生的冲击波、高温和高气压来破碎、抛掷、松动或扬弃岩土、冻土、淤泥、树根等，也用来拆除人工构筑物和建筑物等。

黑色火药是中国四大发明之一。早在公元 660 年，孙思邈所著《月经》中就有关于黑色火药的记载。公元 9 ~ 11 世纪初，黑色火药已用于民间烟火制造和军事作战。13 世纪初，黑色火药经阿拉伯传入欧洲。16 世纪，俄国开始用黑色火药开拓航道。17 世纪初，匈牙利人开始用黑色火药采矿。19 世纪以来，硝化甘油炸药、梯恩梯炸药、硝铵类炸药相继出现，为工程爆破技术的进一步发展创造了条件。目前，路基爆破采用的方法按爆破性质可分为钻孔爆破和综合洞室爆破两大类。

1. 分类

（1）钻孔爆破

钻孔爆破，主要有浅孔爆破、深孔爆破、微差爆破、药壶爆破，猫洞爆破等。

①浅孔爆破

在直径小于 75mm，深度小于 3 ~ 5m 的炮孔内装药爆破，称为浅孔爆破，俗称浅孔炮。这种方法使用工具简单、施工方便，被广泛用于石方量小和狭窄陡险的路基施工中，也用作综合爆破的辅助炮型。但这种方法效率低，钻孔工作量大。

②深孔爆破

在直径大于 75mm、深度大于 3 ~ 5m 的炮孔内装药爆破，称为深孔爆破，俗称深孔炮。这种方法需用潜孔凿岩机或穿孔机钻孔开凿炮孔。深孔炮一次爆落的石方量多，施工进度快。如果配合应用预裂或光面爆破，并用挖运机械清方，则边坡平整稳定。深孔炮是大量石方（万方以上）快速施工的有效方法。但这种方法所用大型机械较多，施工前准备工作较复杂，爆破后有 5% ~ 20% 的大块需改小。适用于石方集中、地形平缓地段以及垭口或深路堑的施工。

③微差爆破

两相邻药包或两排相邻药包在毫秒（15 ~ 75 毫秒）的时间间隔内依次起爆，这种爆破技术称为微差爆破。微差爆破中，先爆的药包为后爆的创造新临空面，并在岩体内产生应力波的干涉作用。其优点是增加岩石的破碎效果，降低多排孔一次爆破的堆积高度，有利于挖掘作业，节省炸药，增大孔距及提高每米钻孔的爆落方量，并减弱了爆破震动。

④药壶爆破

在深 2.5m 以上的炮孔底部用少量炸药经一次或多次烘膛，使炮孔成葫芦形，然后装药进行爆破的方法。这种方法主要用于露天爆破。一次爆破的石方量一般为数十方至数百方，是小型钻孔爆破中最省工省料的方法。但这种方法需打深炮孔，并需多次扩膛，操作技术要求高。此外，爆破的岩石破碎不均匀。

⑤猫洞爆破

在直径为 0.2 ~ 0.5m，深度为 2 ~ 5m 的洞穴底部装药，然后堵塞洞穴口进行爆破的方法，俗称猫洞炮、蛇穴炮。猫洞炮比浅孔炮工效高，操作方便，技术简单。但开凿洞穴耗药量较多，须加强堵塞。这种方法可用于坚石以下岩体爆破，也用于简易单车道公路、机耕路、田间路和旧路加宽的半挖半填地段路基施工。

⑥其他

此外，钻孔爆破根据每个孔的起爆顺序和时差，排列的方式、装药量的多少和在孔内装药的结构（包括间隔装药、药卷和炮孔间留有空隙的不偶合装药）等，又分为光面爆破、预裂爆破、宽孔距小抵抗线爆破和拆除人工构筑物的控制爆破等方法。

（2）综合洞室爆破

综合洞室爆破是根据设计的药包位置，首先开挖导洞药室，然后将炸药装入导洞药室中进行爆破的方法。其作用是把路基断面内土石方大量抛掷（抛坍）出去，以最大限度地减少清方工作量。主要用于石方工程集中、地势陡峻、沟谷相间等地形条件的路基施工。这种爆破效率高，技术安全性和可靠性大，所需机械设备简单，施工不受气候限制。这种方法需开挖导洞，工作条件较差，岩石破碎不均匀，对周围环境和建筑物影响大。为确保路基使用质量，爆破设计前应对山体或边坡作稳定性验算，证明稳定后方可采用这种方法。

综合洞室爆破可分为抛掷爆破、抛坍爆破、多面临空爆破、定向爆破、松动爆破等。

①抛掷爆破

适用于斜坡地形路堑施工的方法。这种方法工效较高，但对路堑边坡的稳定性有一定危害。

②抛坍爆破

在陡坡（坡度在 30°以上）地形条件下开挖半路堑的爆破方法。这种方法爆破效率高，抛坍率一般为 48% ~ 85%，对边坡稳定性影响较少，开挖的路基质量较好。

③多面临空爆破

用于开挖山包、山梁路基的爆破方法。当路线通过临空面多的鸡爪地形地段时，采用这种方法能将数千乃至数万立方米的山包路堑一次爆破成型，且边坡稳定。多面临空爆破工效很高（比浅孔爆破工效高 6 ~ 15 倍），抛掷率为 60% ~ 80%。

④定向爆破

利用爆破把大量土石方抛移到预定的地点并堆积成路堤的施工方法。这种方法减少了石方装运等工序，提高了生产效率。在路基工程中，定向爆破用于移挖作填地段，特别是在深挖高填相间、工程量大的鸡爪地区，采用这种方法可一次形成百米以上路基。

⑤松动爆破

适用于不宜采用抛掷爆破的次坚石和软石路基的施工，也适用于采取机械清方地段的路基施工。

2. 爆破设计

爆破设计应根据石方集中情况、地形和地质条件、路基断面形状，并考虑爆破方法的最佳使用特性进行。设计时，准确计算用药量，因地制宜地确定炮位，是在各种不同地形边界条件下达到最佳爆破效果的关键。在地形不复杂的地段，采用"横断面—最小抵抗线折线图"药包布置法；在地形复杂，特别是多面临空、具有二个以上临空面的山包、山嘴、山梁地段，则采用按立体原则设计的"弧形爆破作用剖面法"。但在实行工程爆破中，往往是同时采用这两种方法，组成统一的炮群和爆破工点。

二、石方路基爆破施工

1. 施工准备工作

（1）爆破施工前，在全面熟悉设计文件和设计交底的基础上，进行现场核对和施工调查，发现问题时根据有关程序提出修改意见报请变更设计。

（2）根据现场悼念到的情况、核实的工程数量，按工期要求，施工难易程度和人员、设备、材料准备情况编制爆破设计，报现场监理工程师、业主及公安部门批准，并及时提出开工报告。

（3）向爆破作业影响范围所涉及的部门通报爆破施工概况，并征求相关部门的意见，确保施工顺利进行。

（4）详细调查与复查各石方爆破段空中、地面、地下构筑物类型、结构、完整程度及其距开挖界距离。

2. 石方爆破方案及要点

（1）石方的开挖爆破以保证路基宽度，保证边坡稳定为原则，精心设计、科学组织、安全施工，在石方量大且集中的地段采用潜孔钻高台阶深孔非电毫秒微差爆破，其他路段采用浅孔爆破，坡面开挖采用光面预裂爆破。

（2）为充分利用开挖方量且控制填料粒劲不大于15cm，在暴区使用明炮二次解小粒劲方案。

（3）每次爆破后即使出渣清理，按调配方案纵向调运，用挖掘机、装载机装车运输。

3. 爆破法开方挖石方的作业程序

施爆区管线检查→炮位设计与审批→配备专业施爆破人员→用机械或人工清除爆区覆盖层和强化岩石→钻孔→爆破器材检查与试验→炮孔检查与废渣清除→装药与安装爆器材

→布置安全岗与施爆区安全员→爆孔堵塞→撤离施爆区→起爆→清除瞎炮→解除警戒→测定爆破效果。

4. 采用以下三种爆破方式进行爆破作业

（1）一般爆破，按松动爆破或减弱抛掷爆破计算孔网参数及单位耗药量。

（2）破面预裂爆破，用于本段高边坡开挖。采用弱性间隔装药结构或用低猛度、低爆速的炸药，炸药按设计线装药密度沿孔长均匀分布，起爆方式采用"V"型起爆法，使爆堆集中，便于装运，并能削弱短炮孔夹制力，利于边坡平整，保证边坡坡率准确，坡面平顺，减少边坡沿层的破坏及扰动，减少超欠挖药爆破时对孔壁的冲击压力，在爆破气体作用下，促使铅体裂缝产生在预裂孔的连线坡面上，并顺此裂缝爆下，形成比较光滑平整的边破面，减少爆破对坡面的振动松动。

炮孔直径 d=60 ~ 100mm，炮孔间距 a=（8 ~ 12）d，不耦合系数 B=2 ~ 4，线装药量 Q 线 =0.127*（a 压）0.5*（a）0.81*（d/2）1.24，式中 a 压为岩石极限抗压强度 MPa。孔深 L 一般预裂孔比有一定距离。在孔口设置一个不装药填塞段，一般 0.6m ~ 2m，对破碎松软岩石取大值，完整坚硬岩石取小值，在孔口附近削减装药量，在炮孔底部加大装药量。预裂炮孔与主爆孔分次起爆，先起爆预裂孔后，再起爆主起爆孔，预裂炮孔超前主体炮孔起爆，超前间隔 50ms ~ 200ms。

（3）孤石、大块爆破：用于大块岩石解体。孤石对为临空面，视块度钻一孔或两空爆破解体，孔深保证有不小于 40cm 填塞长度。装药量：Q=q 弧 V，其中 q 为弧石解体单位炸药消耗量，一般为 0.1kg/m³ ~ 0.2kg/m³，V 为孤石体积，m³。

5. 爆破施工方法

施工前，先用推土机盘山打道至于山顶。从上至下揭出盖山土形成较大的工作面，潜孔钻机上至平台，进行钻孔作业，钻眼深度视挖深及爆破设计而定。

路基石方主体爆破后，边坡及底部分会出现凹凸不平超欠挖，对于凸出欠挖部分，辅以手持风钻清除，孤石爆破尽量随主爆破进行，减少爆破次数。

（1）布孔与钻孔

首先严格要求按照爆破设计的孔距、排距布孔和钻孔。对台阶面边沿的孔，要特别注意最小抵抗线不要过小，以防最小抵抗线方向出现飞石。钻孔时要根据设计要，确保孔位、方向、倾斜角和孔深。每孔钻完后，首先将岩石粉吹干净，然后从孔中把钻杆提升到孔口上，这时不要移动钻机，以防孔深不够时，可以继续在原孔中加深钻孔。

（2）装药与堵塞

装药之前检查孔位、深度、倾角是否符合设计要求，孔内有无堵塞、孔壁是否有掉块以及孔内有无积水。如发现孔位和深度不符合设计要时，及时处理，进行补孔或透孔，对过浅或过深的炮孔，要调整装药量。严禁少打眼、多装药。孔中有水时，尽量排除干净，水排不净的装防水炸药。

装药步骤：根据孔深量出各孔所需的导爆索；在导爆索上做出装药标志，标出孔口不装药段，正常装药段和孔底加强药段位置；按设计要求将炸药卷用细麻绳牢固绑在导爆索上；装药前仔细检查孔眼，做好堵孔、水孔的处理；孔口不装药段用药泥堵塞，堵塞时要防止砸断导爆索；全部装药完毕后，进行爆破网络的连接和起爆。

6. 爆破网络敷设与起爆

网络敷设前检验起爆器材的质量、数量、段别，并编号、分类，严格按设计敷设网络。网络敷设严格遵守《爆破安全规程》中有关起爆方法的规定，网络经检查确认完好并具有安全起爆条件时方可起爆。

工程爆破网络连接一律采用非电起爆系统，除引爆雷管可使用火雷管外，其他部分严禁使用火雷管，以策安全。连接时主炮孔与预裂孔可一起起爆，亦可分开起爆。一起起爆时要求光面或预裂孔与主爆之间按一定间隔时间延迟起爆，即光面孔迟于主爆破孔，预裂孔先于主爆破孔起爆。光面爆破间隔时间，采用微差爆破合理间隔时间的计算方法。预裂爆破以不会破坏主爆破孔的起爆网络路为原则，尽可能加大间隔时间。

7. 爆破安全防护措施

（1）成立爆破安全领导小组，负责进行安全技术教育，明确人员、分工、定岗，制订安全职责；做好周围居民的宣传教育工作，处理善后事务。

（2）认真做好每个爆破工点的实施性爆破方案严格报批，审定、检查制度。

（3）爆破工作必须有专人指挥。确定的危险区边界应有明显的标志，警戒区四周派设警戒人员，警戒区的人、畜必须撤离，施工机具妥善安置。

（4）爆破前按设计做好安全防护，信号联络、警戒标志，做到人员、材料、器具的落实。

（5）爆破器材严格管理，实施实销实报，剩余的爆破材料必须当日退库，严禁私自收藏，乱丢乱放。

（6）严格执行爆破器材运输、存放及使用规定，严格操作人员的各项标准。

（7）参加爆破作业的全体人员，经培训合格后持证上岗。

（8）凡在50m范围内有通信、电力线路及房屋设施的爆破地段，进行爆破体表面覆盖。

（9）在斜坡地段，特别是半挖半填地段，低处有房屋建筑及其他需要保护的构筑物，加设防护棚栏防止滚石侵入。

（10）作业人员在保管、加工、运输爆破器材过程中，严禁穿着化纤衣服：网络连线时严禁踩踏孔外串联雷管。

（11）爆破器材由专人领取，炸药与雷管严禁由一人同时搬运。

（12）已装药的炮孔必须当班爆破，装填和炮孔数量以一次爆破作业量为限。

（13）爆破时严禁烟火和明火照明，无关人员撤离现场。

（14）爆破时，点清爆炸数与装炮数量是否相符，确认炮响完并过5min后，方准爆破人员进入爆破作业点。

第五节 特殊路基施工

特殊路基是指修建在不良地质现象，特殊地形地质情况，某些特殊气候因素等不利条件下的道路路基。

特殊路基有可能因自然平衡条件被打破，或者边坡过陡，或者地质承载力过低，而出现各种各样的问题，因此，除要按一般路基标准、要求进行设计外，还要针对特殊问题进行研究，做出处理。

一、特殊路基类型

1. 软土地区路基

以饱水的软弱黏土沉积为主的地区称为软土地区。软土包括饱水的软弱黏土和淤泥。在软土地基上修建公路时，容易产生路堤失稳或沉降过大等问题。我国沿海、沿湖、沿河地带都有广泛的软土分布。

2. 滑坡地段路基

滑坡是指在一定的地形地质条件下，由于各种自然的和人为的因素影响，山坡的不稳定土（岩）体在重力作用下，沿着一定的软弱面（带）作整体、缓慢、间歇性的滑动变形现象。滑坡有时也具有急剧下滑现象。

3. 岩坍与岩堆地段路基

岩坍是岩崩与岩塌的统称，包括错落、坍塌、落石、危岩。岩堆则是陡峻山坡上岩体崩塌物质经重力搬运在山坡脚或平缓山坡上堆积的松散堆积体。

4. 泥石流地区路基

泥石流是指地区由于地形陡峻，松散堆积物丰富，特大暴雨或大量冰融水流出时，突然爆发的包含大量泥沙、石块的洪流。有时每年发生，有时多年发生一次，危害程度也不一样。

5. 岩溶地区地基

岩溶是石灰岩等可溶性岩层，在流水的长期溶解和剥蚀作用下，产生特除的地貌形态和水文地质现象的统称。岩溶对地基的危害，一般为溶洞顶板坍塌引起的路基下沉和破坏；岩溶地面坍塌对路基稳定性的破坏；反复泉与间歇泉浸泡路基基底，引起路基沉陷、坍塌或冒浆；突然性的地下涌水冲毁路基等。可溶性碳酸盐类岩石主要集中在我国华南和西南，其次是长江中、下游的华中区。

6. 多年冻土地区路基

凡是土温等于或低于0℃，且含有冰的土（石）称为冻土，这种状态三年或三年以上者，称为多年冻土。主要集中于我国东北大、小兴安岭和青藏高原。

7.黄土地区路基

黄土是一种以粉粒为主，多空隙，天然含水量小，呈黄红色，含钙质的黏土。广泛分布于黄河中游的河南西部，山西、陕西和甘肃的大部分地区，以及青海、宁夏、内蒙古部分地区。黄土的湿陷性是在外荷载或自重的作用下受水浸湿后产生的湿陷变形，

8.膨胀土地区路基

膨胀土系指土中含有较多的黏粒及其他亲水性较强的蒙脱石或伊利石等黏土矿物成分，且有遇水膨胀、失水收缩的特点，是一种特殊结构的黏质土。多分布于全国各种二级及二级以上的阶地与山前丘陵地区。

9.盐渍土地区路基

盐渍土中氯盐、硫酸盐受水易溶解，可形成雨沟、洞穴、湿陷等病害，冬季冻胀、盐胀形成鼓包、开裂、夏季溶蚀、翻浆。盐渍土在我国分布较广，新疆、青海、甘肃、内蒙古、宁夏等省区分布较多。

10.沙漠地区路基

沙漠地区气候干燥，降雨小、温差大，冷热变化剧烈，风大沙多，土中易溶盐多，植被稀疏、低矮。我国新疆、青海、甘肃、内蒙古、宁夏、陕西等省区分布有大面积的沙漠与沙地。

11.雪害地段路基

公路雪害有积雪和雪崩两种主要形式。积雪包括自然降雪和风吹雪。自然降雪一般不致对公路造成严重危害；风吹雪可阻段交通，埋没车辆，主要发生在我国东北地区、青藏高原及新疆等地。

12.涎流冰地段路基

涎流冰分山坡涎流冰和河谷涎流冰，主要分布在寒冷地区和高寒地区。山坡涎流冰由山坡或路基挖方边坡出露的地下水冻结形成。河谷涎流冰则是沿沟谷漫流的泉水和冻雪融水冻结形成。

二、特殊路基处理原则

1.软弱地基处理原则

软弱地基处理从稳定、沉降两个方面进行分析，路堤稳定计算采用有效固结应力法。地基沉降量采用分层总和法计算固结沉降，并采用相关经验系数对其进行修正。地基的固结度采用太沙基一维固结理论计算，根据沉降及稳定的需要对桥头高填土路段、涵洞、通道等分别采用不同的方法进行处理。

2.膨胀土处理原则

对于弱膨胀土填料，在试验的基础上提高掺石灰剂量处理；对于低填路段为膨胀土的，采用超挖后回填石灰土或水泥混合土等方法处理。

三、道路特殊路基施工技术

1. 软土路基施工技术措施

（1）置换土施工：填筑前应排除地表水，清除腐殖土、淤泥，填料宜采用透水性土。处于常水位以下部分的填土，不得使用非透水性土壤。填土应由路中心向两侧按要求分层填筑并压实，层厚宜为15cm。分段填筑时，接茬处应按分层做成台阶形状，台阶宽不宜小于2m。

（2）土工材料处理软土：土工材料铺设前应对基面进行平整压实，宜在原地基上铺设一层30～50cm厚的砂垫层。土工材料应由耐高温、耐腐蚀、抗老化、不易断裂的聚合物材料制成，其抗拉强度、顶破强度、负荷延伸率等均应符合设计及有关产品质量标准的要求。铺设土工材料后，运、铺料等施工机具不得在其上直接行走。每压实层的压实度、平整度经检验合格后，方可于其上铺设土工材料；土工材料应完好，发生破损应及时修补或更换。铺设土工材料时，应将其沿垂直于路轴线展开，并视填土层厚度选用符合要求的锚固钉固定、拉直，不得出现扭曲、折皱等现象。土工材料纵向搭接宽度不小于30cm，采用锚接时其搭接宽度不得小于15cm；采用胶结时胶接宽度不得小于5cm，其胶结强度不得低于土工材料的抗拉强度。相邻土工材料横向搭接宽度不应小于30cm。路基边坡留置的回卷土工材料，其长度不应小于2m；土工材料铺设完后，应立即铺筑上层填料，其间隔时间不应超过48h；双层土工材料上、下层接缝应错开，错缝距离不应小于50cm。

（3）塑料排水板：塑料排水板应具有耐腐性、柔韧性，其强度与排水性能应符合设计要求；塑料排水板贮存与使用中不得长期暴晒，并应采取保护滤膜措施。塑料排水板敷设应直顺，深度须符合设计规定，超过孔口长度应伸入砂垫层不小于50cm。

（4）碎石桩处理：宜选用含泥沙量小于10%、粒径19～63mm的碎石或砾石作桩料。施工前需进行成桩试验，以确定控制水压、电流和振冲器的振留时间等参数。填料时应分层加入碎石料，观察振实挤密效果，防止断桩、缩颈；桩距、桩长、灌石量等应符合设计规定。

（5）粉喷桩加固处理：石灰应采用磨细的一级钙质石灰，最大粒径小于2.36mm、氧化钙含量大于80%，混结料宜选烧失量小于10%的粉煤灰、普通或矿渣硅酸盐水泥。工艺性成桩试验桩数不宜少于5根，以获取钻进速度、提升速度、搅拌、喷气压力及单位时间喷入量等参数。

2. 盐渍土路基施工技术措施

（1）路基试验段施工：在施工前应针对盐渍土的地基处理、路基填筑、隔断层铺设等施工工艺性问题铺筑试验路段。试验路段应选择在有代表性的盐渍土地段进行，路段长度宜为200m。试验路段应确定拟用的隔断层施工工艺和盐渍土路基的处理施工方法；通过试验路段确定最佳的机械组合、松铺厚度、洒水方法、碾压遍数等。

（2）基底处理：当基底土不符合规范规定时应挖除，一般情况下铲除厚度应不小于300mm，再按设计要求换填透水性较好的土，换填深度不应小于1.0m。地下水位以下的软弱土体应按设计要求采用透水性好的粗粒土换填，高度宜高出地下水位300mm以上。路面为沥青混凝土、水泥混凝土或沥青表面时，应按设计要求在下路堤内设置封闭性隔断层。地表为过盐渍土的细粒土、有盐结皮和松散土层时应将其铲除，铲除的深度通过试验确定。地表过盐渍土层过厚时，如仅铲除一部分，则应设置封闭隔断层，隔断层宜设置在路床顶以下800mm处；若存在盐胀现象，隔断层应设在产生盐胀的深度以下。在积水路段应将积水排除、将地表翻晒，其厚度应不小于500mm。对排水困难的低凹地、软土、泥沼、地下水位接近地表的地段，应按照设计要求进行处理后方可填筑路基。

（3）土料的挖运：在取土场按要求将土料处理好后，采用自卸车运至作业面，由专人指挥卸车，根据自卸车装土量及土的松铺厚度确定卸车间距。土堆应形成梅花形，这样可使推土机推平后松铺厚度大致相同。卸土量由试验段确定，每层松铺厚度不宜大于200mm，砂类土松铺厚度不宜大于300mm。路床顶面最后一层的压实厚度不应小于80mm。

（4）摊铺整平：摊铺时先用推土机或装载机初平，再用平地机平整，初平与整平要同时穿插进行，以节约时间。在整平后检测其松铺厚度是否与试验段确定的松铺厚度吻合，确认一致后准备开始碾压作业。

（5）碾压成形：路基压实宜在土料处于最佳含水率时进行压实。用砾类土和砂类土填筑时，不得超过最佳含水率的 ±2%；用细粒土填筑时，碾压含水率不宜大于最佳含水率1%。如果含水率过高，要进行翻晒；如果含水率过低，要进行洒水，洒水要均匀，不得有片状过湿或过干现象。

3. 膨胀土路基施工技术措施

膨胀土路基施工时应避开雨期、汛期，且保持良好的路基排水条件。施工时应采取分段施工，各道工序应紧密衔接、连续施工、逐段完成。边坡应预留30～50cm厚土层，路堑挖完后应立即按设计要求进行削坡与封闭边坡。路床应比设计标高超挖30cm，并应及时采用粒料或非膨胀土等换填、压实；需进行回填的路基填方应在施工前应按规定做试验段。路床顶面30cm范围内应换填非膨胀或经改性处理的膨胀土，当填方路基填土高度小于1m时，应对原地表30cm内的膨胀土挖除并进行换填，强膨胀土不得做路基填料。中等膨胀土须经改性处理方可使用，但膨胀总率不得超过0.7%；施工过程中应根据膨胀土的自由膨胀率，选用合适的碾压机具进行施工。碾压时应保持最佳含水量，压实土层松铺厚度不得大于30cm；土块粒径不得大于5cm，且粒径大于2.5cm的土块量应小于40%。在路堤与路堑交界地段，应采用台阶方式进行搭接，每阶宽度不得小于2m并碾压密实，路基完成施工后应及时进行基层施工。

第六节　路基施工质量管理及交工验收

一、公路工程路基施工质量管理

公路工程施工质量管理工作不但关系着工程的经济效益和社会效益，影响着企业未来的发展，也关系着人们的日常生活工作及生命财产安全。

1. 公路工程路基施工质量管理的意义

路基是公路线形的主体，它贯穿公路全线，并与沿线的桥梁、隧道和涵洞等相连接。路基是路面的基础，它与路面共同承担汽车荷载的作用，路面靠路基来支撑。一条公路的使用品质，不仅与公路线形和路面质量有关，同时也与路基的质量有关。因此，路基施工时必须严把质量关。公路工程施工是一个综合性的复杂的生产过程，由于道路等级的不同的路面结构的差异对施工工艺和质量控制提出不同的要求与方法。近年来，在针对我国部分地区公路病害的调查中发现有许多公路病害的发生是由于路基强度不足引起的。路基强度是道路的根本，只有按照一定的施工工艺精心施工并采取合理的检测控制手段，才能保证施工的质量，只有把路基的施工质量控制好，才能给结构层、面层奠定良好的基础。

施工单位往往有这样的错误认识，认为要搞好工程质量，就要影响工程进度和效益。其实，搞好工程质量与工程进度、效益并不发生矛盾，他们是相辅相成、相互制约、相互发展的矛盾结合体。工程质量搞上去了，减少了返工，相对来讲就节省了时间、加快了进度，也就节省了人力、物力的消耗，提高了经济效益。这才是工程质量管理与进度、效益的辩证关系，也是公路工程路基施工质量管理的意义所在。

2. 公路工程常见的路基问题

（1）路基沉陷与冻胀

在公路工程中会常见路基沉陷问题，路基出现沉陷原因大致可归结为下列方面。

①桥涵通道的结构和路基衔接位置应用材料质量比较差，碾压的压实度不够，长期应用中出现路基沉降问题。

②在公路工程的施工当中软土路未处理或者处理方式不够合理，致使沉降出现问题。如果公路建设时间段其路基并没有自然沉降的时间，稳定性不够，再加上工期制约，多数施工企业在公路路基未充分自然沉降基础上，这样路基沉降就会直接反映在路面之上。

③在路基施工当中，公路土壤的水分比较多，其填筑过程土壤未达到要求，致使公路路基出现沉降。公路路基在施工时，潮湿路段出现冰冻，路基里的水分向上聚集移动，出现公路路基冻胀情况，在春天暖融季节，公路路基就会变得湿软，其强度也会下降，公路上大量行车，路面会出现鼓包、弹簧与车辙等状况。

（2）路基沉陷

路基沉陷是公路工程里面经常发生的一个情况。路基沉陷的原因主要有以下三个。

①由于路基本身的原因导致沉陷的发生

因为在路基的填筑施工阶段，由于在桥涵通道与路基的相接处选用的材料不当，施工方法不正确，没有达到标准要求，从而最终造成了路基的沦陷。

②由于地基原因导致沉陷的发生

在对路基进行施工的过程中，一些作业地段的天然地面位置由自然土（如软土）构成，它们的土质比较松散，含水量较高，空隙率较大。如果直接对其进行路基工程施工，那将会因为地基的承载能力达不到要求，或者由于路基填筑之后产生的自重向下方的重力而发生沉降，从而导致路基沉陷的发生。

③边坡发生滑塌

通常的情形有两种：一是由于流水对路基边坡的冲刷或者由于在施工过程中造成了表面土层下滑，导致溜方状况的发生；二是由于路基边坡的坡度较大，加上边坡的土质不太稳定，引起了滑坡的发生。

3．提高公路工程路基施工质量的控制措施

（1）完善路基施工质量控制体系

开展和完善路基施工质量管理体系是有效保障公路路基施工质量的重要基础，其是公路路基施工控制与管理的基本保障。现代公路施工企业应在工程开工前即对工程的具体情况进行分析与论证，构建完善的路基施工质量控制体系。通过施工质量控制体系的完善、相关职责权限的明确以及有关制度的建设，是施工过程的质量控制工作始终处于科学的管理框架之内，是施工企业能够通过完善的管理体系对施工全过程进行控制与管理，有效保障公路路基的施工质量。

（2）施工前的准备工作

在公路工程中，路基的施工质量与其控制管理具有密切关系，为保证路基的施工质量，公路施工企业应该建立基础质量的控制体系。在施工前，加强工程实际状况与技术文件的综合分析，并依据公路工程的实际状况，不断完善基础质量的控制体系，保证路基施工的质量控制适用性，防止质量控制体系出现不适用公路施工的情况。同时，施工前，注意路基放样，将路线中桩恢复，并标出路堤坡脚、地界桩与边沟等具体的位置桩，对填料土样给予试验，清理场地，填筑前，填方路基要压实，基底的松散土厚度在 3dm 以上时，要翻挖之后，再实施分层的回填压实，对于截水沟与边沟的开挖，要做好相关临时排水设施，并避免路基冲刷与水沟的淤积。

（3）严把原材料进场关

①加强对原材料的质量控制

坚决不允许不经试验检测或检测结果不合格的原材料进厂。并明确材料进场要求。具备材料厂家的出厂合格证、质量检测证及厂家经营许可证，同时，由工地试验检测室进行严格检测，检测合格后方可进场。在施工过程中，要根据施工进度及技术规范要求进行原材料定期检测，以避免质量不达标的原材料混进来。

②加强半成品材料质量控制

对于工程中所使用的混凝土、砂浆、水泥沙石料等半成品材料，工地试验室要根据检测结果及工程强度要求制定合理的配合比，并在施工现场做出材料标示牌，定期监督施工操作人员是否按照配合比进行施工，对工程施工部位进行取样抽查，并制作试块进行试验，以确保工程强度等要求达到质量质量标准。

（4）合理选择设备以及材料

对材料和设备进行合理的选择和检查是公路路基质量管理的重要一步，也是第一步，主要是对单位在施工现场的人员、设备机械等进行系统性的检查，并提出相应的方案以及进行论证，以便后续工作的有效开展。监理要对施工所需要的材料进行验证试验，未经监理批准，施工单位则不能进行施工，不能够对原地面进行任何的改变和变动。同时，还应当对施工的设备进行全面检查，这一环节很重要，关系到施工的进度和施工的质量，所以，应当对施工机械的型号、数量以及生产能力进行确认和检查，并协助相应的工作人员对设备的使用作出仔细认真的分析。

（5）准确的施工测量

首先要复测恢复固定路线的重要控制点，继而对中心线进行施放，并依据相应的设计边坡的坡度以及路基高程对填挖土方坡脚线的位置进行计算，在其边线外约12m的地方打入木桩，至于测量放样工作以及曲线加密工作都可以让承包人与监理人员共同完成。

（6）裂缝的防治

公路施工建设过程中经常采用整体道床。整体道床裂缝的种类可以分为两类：一类是基层开裂所形成的反射裂缝和面层自身产生的温缩裂缝；另一类是行车荷载反复作用而产生的裂缝。施工时控制好质量就是为了解决第一类裂缝。在对整体道床基层裂缝进行控制的时候，应选择收缩性小的水泥稳定类结构做基层，施工时应对水泥类稳定材料产生裂缝的机理进行考虑。在防治整体道床面层裂缝进行时，沥青整体道床非荷载裂缝是低温和疲劳裂缝综合作用的结果。它和沥青的品质有关，主要是沥青的温度敏感性和针入度。

二、路基工程交工验收

1. 路床中间交工必须具备的条件

（1）所有交工路段的路基宽度、压实度、中线位置、路床顶面高程、横坡度、平整度、弯沉、边坡坡率及边坡修整必须满足设计文件、招标文件及有关技术规范的要求。

（2）挖方段边沟必须施工完成，以免路面底基层施工完成后再开挖边沟，临时排水通畅。

（3）填方路段护坡还未完成或急流槽还未完成的，必须按要求设置具有防冲刷功能的临时排水设施。

（4）结构物台背回填符合质量要求，资料齐全，并经监理工程师签认。

（5）涵洞洞口必须完成。

（6）根据实际情况，每次路床交工路基长度建议不少于1Km，最少不能少于0.5Km（特殊路段除外）。并宜安排连续、整段地交工。

（7）承包人所提出的交工路段的自检资料必须齐全。

2．交工验收检测项目

依据《公路工程质量检验评定标准》（JTGF80/1-2004）的规定，路床交工验收的实测项目包括：压实度、弯沉、纵断高程、中线偏位、宽度、平整度、横坡、边坡和路基外观质量鉴定。

（1）资料准备

路基施工单位准备好水准点一览表、导线点一览表、逐桩坐标表、路床顶面高程计算表（纵向按20m间距，并加设ZH、HY、QZ、YH、HZ点，横向按高程检测布设点进行计算）等资料，并准备足够的空白检测表格，供路床交工验收时使用。

（2）现场准备

路基施工单位须对拟交工路段全面恢复路线中桩、边桩，包括整千米和百米桩，中桩埋设必须牢固，确保能重复使用。供交验时使用的中桩间距20m，ZH、HY、QZ、YH和HZ点各加设一桩，横断面按设计车道线布设高程测点，（路基同一断面左右幅各至少四点，分别按左右路基边缘、硬路肩外边缘、行车道外边缘、中央分隔带边缘布设）。路基施工单位须提前放线，用石灰线明确标识上述线位和点位。

（3）仪器及试验设备准备

①水准测量（全自动水准仪）仪具1套。

②导线及中线等放线仪器，路基施工单位必备全站仪1套（含标尺等）。

③弯沉测试设备：弯沉车和弯沉仪（弯沉仪长度5.4M，至少2套，百分表必备4个）由路基施工单位提供，弯沉车轴载标定由总监办负责。

④压实度检测仪具：路基施工单位必备灌砂法现场检测压实度的设备2套（含辅助材料）。

⑤其他测量设备：路基施工单位必备30M钢尺、5M钢卷尺、3M直尺、塞尺、坡度尺、水平尺等测量设备。

⑥所有仪器、仪具须按规定经检验单位校验合格，并提供检校合格证。

（4）主要工作人员准备

路基交验的各项检测结果由路基施工单位、总监办、路面施工单位共同记录，检测完成后分别在有关检测表上签字确认，由总监办负责整理交工资料。

3．路床交工验收

（1）路基施工单位自检

交接路床之前，路基施工单位应首先对拟交接路段按《公路工程质量检验评定标准》

（JTGF80/1，2004）要求的项目和频率进行自检，并做好相应记录。总监办现场监理人员参与或旁站自检并实施抽检。

（2）现场交接验收

现场进行路床交工验收时，检测工作由总监办组织。路床现场交验一般分三个小组，即试验组、测量组和内业组。

①试验组

主要工作是负责检测压实度和弯沉。

A 压实度检测

根据规范，压实度采用灌砂法测定，按照双车道 200M 检测 4 处的频率进行检测。压实度检测完成后应按《公路工程质量检验评定标准》（JTGF80/1-2004）计算该路段的压实度代表值，并按评定标准要求对交工路段进行评定。

B 路基弯沉值检测

弯沉检测须按《公路路基路面现场测试规程》的相关要求进行，弯沉检测采用后轴重 100KN 的标准车（单后轴双轮的载重车，其后轴轴载为 1001kN，一侧双轮荷载为 $50 \times 0.5kN$，轮胎接地压强为 $0.70 \times 0.05MPa$，单轮传压面当量直径为 $213 \times 0.5mm$，轮隙宽度应满足弯沉仪测头伸入的要求）进行测量。检测频率为每车道每 50m 测两点，相邻车道检测断面应错开设置，弯沉车检测平面位置为：弯沉车测定位置为边轮距中心桩 1.5m 处，或路基外缘（边桩）1.5m 处。弯沉代表值（弯沉代表值，测量弯沉值的平均值 +2 × 标准差）不得超过 $179.1 \times 10-2mm$。

评定时，以每一验收段落的弯沉代表值是否大于规定值来判定该路段是否合格，不能以单点弯沉值作为判定依据。当出现少量单值大于设计值时，应作为特异点处理。

如若采用落锤式弯沉仪测定弯沉，亦须按测试规程的要求现场进行严格的对比试验，从而确定落锤式弯沉仪与贝克曼梁弯沉仪的相关关系，保证回归方程式的相关系数 R 不小于 0.95。

②测量组

主要负责检测中线、高程、宽度、平整度、横坡，由总监办测量工程师负责进行测量，路基施工测量人员、路面施工测量人员配合完成。

（1）首先完成中线放线测量，测定中线偏位情况。每 200m 测 4 个断面，弯道加测 ZH、HY、QZ、YH、HZ 等点位。

（2）纵断面高程测量。利用经过复核并已确认的中桩，按照规范规定，每 200m 测 4 个断面，曲线段增加为每 20m 测 1 个断面，检测结果与计算的设计值相比较，偏差不超过 10mm ~ 15mm。

（3）横坡测算。每 200m 测 4 个断面，与纵断高程测量同时进行，用同一断面的最近点、最远点的实测高程和平距计算横坡，允许偏差 0.3%。

第四章　公路路面施工

第一节　路面的性能与构造

一、路面概述

1. 路面的定义

路面是指用筑路材料铺在路基顶面，供车辆直接在其表面行驶的一层或多层的道路结构层。

用筑路材料铺在路基上供车辆行驶的层状构造物。具有承受车辆重量、抵抗车轮磨耗和保持道路表面平整的作用。为此，要求路面有足够的强度、较高的稳定性、一定的平整度、适当的抗滑能力、行车时不产生过大的扬尘现象，以减少路面和车辆机件的损坏，保持良好视距，减少环境污染。路面按其力学特征分为刚性路面和柔性路面。刚性路面在行车荷载作用下能产生板体作用，具有较高的抗弯强度，如水泥混凝土路面。柔性路面抗弯强度较小，主要靠抗压强度和抗剪强度抵抗行车荷载作用，在重复荷载作用下会产生残余变形，如沥青路面、碎石路面。

2. 历史

远古时代，在车辆尚未出现以前，人类主要是在一些沼泽地带用木头、树枝铺路，供步行之用，这是一种最简单的路面。在发明车轮和车辆以后，需要有较平整坚实的路面供人力和兽力车辆行驶，人们便开始用天然黏土、沙砾、石料、石灰以及天然沥青等修筑路面。如中国用砖块、石块、石灰等修路，俄国用木材、碎石等修路，英、法等国用碎石、块石等修路，都有很长历史。至 19 世纪，英人 J.L. 马克当用水结碎石修路成功，随有马克当路面之称。

3. 标准

中国《公路工程技术标准》将路面按技术品质分为高级、次高级、中级和低级四种，各种路面的面层类型如下：高级路面——沥青混凝土路面，水泥混凝土路面，厂拌沥青碎石路面，整齐石块或条石路面；次高级路面——沥青贯入式碎、砾石路面，路拌沥青碎、砾石路面，沥青表面处治路面，半整齐石块路面；中级路面——碎、砾石（级配或泥结）

路面，不整齐石块路面，其他粒料路面；低级路面——粒料加固土路面，其他当地材料加固或改善土路面。路面结构根据设计要求和就地取材的原则，可用不同材料分层铺筑。中、低级路面结构包括面层、基层和垫层；高级路面结构包括面层、联结层、基层、底基层、垫层。

4. 路面分类

路面按其力学特性可以分为：

（1）刚性路面

行车荷载作用下能产生板体作用，弯拉强度大，弯沉变形很小，呈现出较大的刚性，它的破坏取决于极限弯拉强度。刚性路面主要代表是水泥混凝土路面，包括接缝处设传力杆、不设传力杆及设补强钢筋网的水泥土路面。

（2）柔性路面

荷载作用下产生的弯沉变形较大、抗弯强度小，在反复荷载作用下会产生积累变形，它的破坏取决于极限垂直变形和弯拉应变。柔性路面主要代表是各种沥青类面层，包括沥青混凝土（英国标准称压实后的混合料为混凝土）面层、沥青碎石面层、沥青贯入式碎（砾）石面层等。

有些路面材料在修建早期具有柔性路面特性，后期近乎刚性路面特性，对这种路面有时称为半刚性路面，如石灰稳定土、水泥稳定土，石灰粉煤灰和石灰炉渣等材料建成的路面。

5. 技术要求

为使路面能起到承受车辆载重、抵抗车轮磨耗，使路面厚度的确定比较合理。保持表面平整的作用。为此，对路面的具体要求有：

（1）足够的强度，抵抗车辆对路面的破坏或产生过大的形变。

（2）较高的稳定性，使路面强度在使用期内不致因水文、温度等自然因素的影响而产生幅度过大的变化。

（3）一定的平整度，以减小车轮对路面的冲击力，保证车辆安全舒适地行驶。

（4）适当的抗滑能力，避免车辆在路面上行驶、起动和制动时发生滑溜危险。

（5）行车时不致产生过大的扬尘现象，以减少路面和车辆机件的损坏，减少环境污染。

此外还有，路面应具有透水性，防止水分渗入道路结构层和土层，造成路稳定性、承载能力降低，使道路使用功能丧失。城市道路使用过程中产生的交通噪声，使人们出行感到不适，居民生活质量下降。应使用低噪声路面，为营造静谧的社会环境创造条件。

6. 路面结构

行车载荷和自然因素对路面的影响随深度的增加而逐渐减弱；对路面材料的强度、刚度和稳定性的要求也随着深度的增加而逐渐降低。为适应这一特点，绝大部分路面的结构是多层次的，按使用要求、受力状况、土基支承条件和自然因素影响程度的不同，在路基顶面采用不同规格和要求的材料分别铺设垫层、基层和面层等结构层。

（1）面层

面层是直接同行车和大气相接触的层次。承受行车荷载较大的竖向力、水平力和冲击力的作用，同时又受到降水的侵蚀作用和温度变化的影响。因此，面层应具有较高的结构强度、刚度、耐磨、不透水和高低温度稳定性，并且其表面层还应有良好的平整度和粗糙度。面层可由一层或数层组成，高等级路面可包括磨耗层、面层上层、面层下层，或称上（表）面层、中面层、下（表）面层。

（2）联结层

联结层是为了加强面层与基层之间的联结和提高面层抵抗疲劳能力而设置的，也是面层的一部分。多用于交通繁重的道路，有时为了防止或减少面层受下层裂缝的影响，也采用联结层。

（3）基层

基层是路面结构中的承重部分。主要承受车辆荷载的竖向力，并把面层传下来的力扩散到垫层或土基，故基层也应具有足够的强度和刚度。基层受自然因素的影响虽不如面层强烈，但也应具有足够的水稳定性，以防基层湿软后产生过大的变形，导致面层损坏。

（4）底基层

底基层是基层下面的一层，用来加强基层承受和传递荷载的作用，在重交通道路和高速公路上多用之。对底基层材料的强度和刚度的要求可以略次于基层。组成基层和底基层的材料有：用各种工业废渣组成的混合料，用水泥、石灰或沥青稳定的碎、砾石混合料，各种轧碎的砾石混合料或天然沙砾石和片石、块石、圆石等。

（5）垫层

垫层是介于基层（或底基层）和土基之间的层次。其主要作用为改善土基的湿度和温度状况，以保证面层和基层的强度稳定性和抗冻胀能力，并扩散由基层传来的荷载以减小土基产生的变形，故垫层常铺设在土基水温状况不良地段。在冻深较大的地区铺设的能起防冻作用的垫层称为防冻层；在地下水位较高的地区铺设能起隔水作用或防止地表积水下渗的垫层称为隔离层。常用的垫层材料有砂、砾石、炉渣、石灰土、炉渣石灰土等透水性或稳定性较好的材料。

土基是路面的基础，它承受由路面传递下来的车轮荷载及路面的自重。它不属路面结构层次，但设计路面时必须以土基状况为依据，路基路面应综合设计。

7. 工艺

半个多世纪以来，路面的设计方法、新材料的使用和施工工艺都有很大发展。在早期，路面的厚度是凭经验决定的，现在已发展到根据路面的实际受力状态，结合材料的特性、温度的变化，荷载时间等因素而得出比较严密的理论设计方法，使路面厚度的确定比较合理。在路面材料方面，从过去单纯地使用各种天然材料发展到使用各种人工粒料（如将煅烧燧石屑用于沥青磨耗层可提高耐磨性，将煅烧铝矾土同薄层环氧树脂一起铺成表面处治可改善滑溜问题，将多孔陶粒、膨胀黏土等修建强度和孔隙率很高的防冻层、隔离层等）；

今后随着力学理论、运算工具、新材料、新设备的不断发展，道路路面的设计和施工必将更趋完善，路面工程的内容将更臻丰富。

二、我国路面工程的发展概况

近 30 年来，我国公路交通一直处于迅猛发展的态势。去年底，全国公路总里程达到 457 万千米，高速公路达 12.35 万千米，全国等级公路里程占公路总里程的 85% 以上。路面状况得到显著改善，公路技术水平也有了突飞猛进的发展。据不完全统计，仅在路基方面，先后立项 300 多项，开展了大量卓有成效的研究，特别是在特殊路基建造技术和变形协调方面，取得了一系列具有国际领先水平的科研成果。

在耐久性路面工程建造技术方面，系统地开展了路面设计指标与标准、半刚性基层沥青路面抗裂技术、路面材料的疲劳损伤、路面规模化施工工艺及设备开发等方面的研究。

在公路养护管理与维修技术方面，"白 + 黑"已经形成了比较成熟的技术并广泛应用。对于旧路面的维修加固、加铺层结构设置、防裂措施等方面，都已形成系列技术，并在众多公路与城市道路中得到了应用。

在功能性路面材料的开发与废旧材料的再生利用方面，开展了复合改性沥青、橡胶沥青、温拌和冷拌沥青混合料、高性能混凝土、混凝土外加剂、新型道路工程材料以及废旧沥青和水泥混凝土的再生和回收技术等研究。

此外，在路基路面施工及质量控制技术，可持续道路交通、绿色道路、生态与景观恢复等技术取得了一定的成果。

"十三五"是我国全面建成小康社会的关键时期，是深化改革开放、加快转变经济发展方式的攻坚时期。

未来道路技术的发展，将更多关注于新型的路基、路面结构与材料，道路设施管理、检测与维修技术，针对多设施、多目标、全寿命周期、永久性路面的优化技术；研发面向大交通流、重载交通、多设施的综合优化管理技术等。

在公路基础设施建设方面，引入新的技术手段，着力降低交通污染，成为目前国际上的研发热点。在道路材料方面，光催化技术应用于道路路面材料，是近年来日益受到重视的一项污染治理新技术。在道路施工技术方面，目前国内正在研究降低沥青混合料生产和摊铺时所需要的温度，改善沥青路面施工过程中的环境污染，以达到欧盟标准。该项技术最直接的益处就是，可以降低传统沥青混合料在生产过程中的能源消耗，并保证其在摊铺和压实过程中，具有较高的施工性能。

其他值得关注的领域还有，绿色公路建设技术、公路绿色能源开发利用和公路服务设施低碳节能技术、建立低碳理念下绿色公路建设的关键技术与应用体系、防灾减灾、环境保护与节能减排、高填路基建造技术，此外，随着越来越多的公路和机场建设，进一步向自然条件更加恶劣的区域扩展，从而出现了大量的填石高填方路基，高填方路基施工及稳定控制等，将成为未来急需解决的关键技术问题，抗滑降噪技术，如何提高路表抗滑能力，如何提高、保持面层构造深度将是未来道路研究的重要方向。

随着社会环保意识的增强，如何避免路面噪声污染也是未来道路研究需要关注的主要方向之一；还有公路的改扩建技术等，都需要不懈地探索。

第二节　路面基层施工

一、路面基层概述

路面基层分为无机结合料稳定基层和碎、砾石基层。起稳定路面的作用。路面基层，是在路基（或垫层）表面上用单一材料按照一定的技术措施分层铺筑而成的层状结构，其材料与质量的好坏直接影响路面的质量和使用性能。基层是整个道路的承重层。

1．无机结合料稳定基层

无机结合料稳定基层是一种半刚性基层，常用的有石灰（水泥）稳定土、石灰（水泥）稳定粒料，石灰粉煤灰稳定土或稳定粒料。

所有稳定土都不能用作高等级路面基层，只能用作底基层。原因基于所有无机结合料都有较大的干缩和温缩现象，在强度未充分形成时，表面遇水软化或易产生唧泥（浆）冲刷破坏。其中二灰稳定粒料可用于高级路面基层或底基层。

（1）水泥稳定土材料

在粉碎的或原状松散的土（包括各种粗、中、细粒土）中，掺入一定量的水泥等无机结合料和水拌合而成的混合料经压实机养护后，当其抗压强度符合要求时，称为水泥稳定材料。视所用材料（粒径），分为水泥稳定粒料、水泥稳定细粒土（水泥土）。

①水泥稳定粒料

用水泥稳定粗粒土（颗粒的最大粒径小于50mm且其中小于40mm的颗粒含量不少于85％）和中粒土（颗粒的最大粒径小于30mm且其中小于20mm的颗粒含量不少于85％）得到的混合料，视所用原材料为碎石或砾石，而简称为水泥碎石或水泥沙砾。其特点是，强度高，水稳性好，抗冻性好，耐冲刷，温缩性和干缩性均较小。是一种优良的基层材料；用于水泥混凝土路面基层及各级沥青路面基层。

②水泥土

用水泥稳定细粒土得到的混合料，简称水泥土。稳定砂得到的混合料，简称水泥砂。其特点是，强度较高，水稳性、抗冻性比较好，但易干缩和冷缩，产生较多裂缝；不能用作高级路面基层，可用作高级路面底基层和其他次高级路面基层、底基层。

（2）石灰稳定土

①石灰粒料

用石灰稳定粗粒土和中粒土得到的混合料，视所用原材料为沙砾土（天然砾石土或无土的级配沙砾）或碎石土（天然碎石土或级配碎石、统货不筛分的碎石），而简称为石灰沙砾土或石灰碎石土。其特点是，强度、水稳性、抗裂性均优于水泥土、石灰土，但不及水泥碎石（沙砾）和二灰碎石（沙砾）。

②石灰土

用石灰稳定细粒土（颗粒的最大粒径小于10mm且其中小于2mm的颗粒含量不少于90%）得到的混合料。简称石灰土。其特点是，具有板体性，强度比砂石路面要高。有一定的水稳性和抗冻性，初期强度低，但其强度随龄期较长时间增长。收缩性大，容易开裂。

石灰粒料适宜于作二级和二级以下公路与城市次干道的基层，也可作各级路面的底基层。石灰土不宜用于潮湿路段。

（3）水泥综合稳定石灰土

同时用水泥和石灰稳定某种土得到的混合料。综合稳定时，若水泥用量占结合料总量的40%以上，按水泥稳定类考虑，否则按石灰稳定类考虑；

（4）石灰工业废渣稳定土

①二灰粒料

用石灰、粉煤灰稳定粗粒土和中粒土得到的混合料，视所用材料情况分别简称二灰沙砾或二灰碎石。其特点是，除早期强度偏低外，其他特点类同水泥沙砾（碎石），但抗裂性更好。用石灰、粉煤灰稳定钢渣、高炉重矿渣（须经水淬或经陈化稳定）得到的混合料，简称二灰钢渣、二灰重矿渣。其特点同二灰粒料；适宜作各级公路、城市道路的基层。

②二灰土

用石灰、粉煤灰稳定细粒土（含砂）得到的混合料，简称二灰土。其抗压强度及抗冻性优于石灰土，收缩性小于水泥土和石灰土，但早期强度低，施工受季节限制；不能用作高级路面基层，可用作高级路面底基层和其他次高级路面基层、底基层。

③二渣类

用石灰稳定煤渣（或再添加土、粒料等）得到的混合料，视所用材料情况分别简称二渣、二渣土、三渣、三渣土等；适宜于作道路的基层和底基层。

④石灰钢渣类

用石灰稳定钢渣得到的混合料，简称石灰钢渣或钢渣石灰。如再加土得到的混合料则称石灰钢渣土。用石灰、水淬渣稳定碎石得到的混合料简称石灰水淬渣碎石。钢渣混合料的早期强度和整体强度均高于碎石灰土和二灰碎石，是一种优质的半刚性材料，路用性能非常优良；适宜于作各级公路、城市道路的基层。

2. 碎、砾石基层

（1）级配型粒料

①级配碎石

粗、细碎石集料和石屑各占一定比例，并且其颗粒组成符合密实级配要求的混合料，称级配碎石。其特点是，强度较高、稳定性较好，是级配集料中最好的材料，也是无机结合料材料中最好的材料；适用于各级公路和城市道路的基层和底基层。在一般道路上用作基层时，其最大粒径应控制在40mm以内。优质级配碎石作为沥青路面面层和半刚性基层的中间层时，其最大粒径应控制在30mm以下。

②级配砾石

粗、细砾石集料和砂各占一定比例，并且其颗粒组成符合密实级配要求的，混合料，称级配砾石。其特点是强度低、稳定性较差，其材料性质是级配集料中最差的一种。天然沙砾掺加部分未经筛分的统货碎石，称级配碎砾石。其强度和稳定性介于级配碎石和级配砾石之间；级配碎砾石可用于一般道路（二级和二级以下公路、城市次干道等）的基层，以及各级道路的底基层；级配砾石可用作轻交通道路路面的基层以及各级道路的底基层。

（2）嵌锁型粒料

①填隙碎石

用单一尺寸的粗碎石做主骨料，形成嵌锁，再用石屑填满碎石间的空隙，增加密实度，提高稳定性。这种路面结构称作填隙碎石；适用于各级道路的底基层和一般道路的基层。

②沥青稳定碎石

类似于填隙碎石，但在铺筑时浇洒少量沥青于碎石层中，促进碎石层压实成型的一种改进填隙碎石，更有利于增加密实度，提高稳定性。是一种优质基层材料；用作高级路面的基层，特别适用于原有结构层整平后作基层。

③泥结碎石。

④泥灰结碎石。

二、路面基层施工技术

1. 基层原材料控制

水泥稳定碎石基层的主要原材料包括集料，水泥等。集料的颗粒级配是一个重要的指标，对基层混合料的质量有很大的影响，因此，在施工中要对集料的最大粒径做好控制，碎石中对大于37.5mm的石块要剔除干净，避免用在基层中，一定要控制好31.5mm以上的碎石含量和4.75mm以下的碎石含量。基层裂缝是基层施工中质量通病，施工中要严格控制细集料的含量和塑性指数。通过0.075mm筛孔的颗粒含量应控制在2%～4%范围内，细土无塑性指数时其含量不应超过3%，细土的塑性指数要尽可能低，不宜大于2。

水泥稳定碎石基层的材料不同于其他半刚性材料，需保证有足够的时间满足施工工艺的要求，水泥在选择的过程中最好选用初凝时间在3h以上和终凝时间相对较长的水泥。

终凝时间一般要求 6h ~ 10h，夏季气温较高时可取高值，春秋季节气温较低时取低值。同时还规定水泥的最大剂量通常为 5% ~ 6%，以减少水泥稳定土基层的干缩裂缝，实验表明，当水泥剂量超过 6% 后，随着剂量增加。混合料的最大干缩应变逐渐增大，基层容易产生干缩裂缝。因此，为改善水稳基层的缩裂性，宜在水稳碎石层中掺入水泥用量 10% 的优质粉煤灰，以减少基层对油面面层的反射裂纹。

混合料含水量的大小对混合料的强度和干缩应变有很大影响，含水量过小，难以碾压密实，影响混合料的强度，且容易产生松散、起皮、裂纹等质量缺陷；含水量过大，碾压时容易产生"弹簧"现象，混合料压不实，同时，混合料大量蒸发散失水分，容易产生严重的干缩裂缝。实践证明，拌制混合料含水量宜略大于最佳含水量，一般可控制大于 1% ~ 2% 左右，使混合料运到现场摊铺后碾压时的含水量不小于最佳含水量（控制不大于最佳含水量的 1% 为宜）。

2. 施工过程控制

基层的施工过程是个很严谨的过程，施工过程包括混合料的拌和，摊铺，碾压等过程，一般在进行混合料施工的时候混合料的拌制质量是保证基层施工的基础，是至关重要的环节。在拌和过程中：一是要保证混合料配合比的准确性和均匀性；二是要严格控制搅拌时间；三是要避免混合料在装料过程中发生集料离析现象。为确保混合料配合比的准确性和均匀性，应在拌和前对设备进行调试，合理控制细料仓、中料仓、粗料仓和水泥料仓的输料机转速，仓门保持正常全开，达到按配合比要求匹配、均衡进料拌和。拌和时间对混合料的离析有较大影响，搅拌时间太短，各组成材料不能充分混合；搅拌时间过长会使水分散失，并造成粗集料下沉。因此，当搅拌机连续稳定作业时，应严格控制搅拌时间。

基层在进行摊铺前，应将下承层清扫干净，充分洒水湿润，并始终保持下承层表面处于湿润状态。混合料应采用机械摊铺，规范施工，保证摊铺效果。摊铺过程中，要随时用水准仪对松铺层高程、压实后高程进行跟踪测量检验，对明显厚度不足或偏高的及时进行处理，确保基层的高程、厚度、平整度符合设计要求。需注意的是在摊铺时应确保基层平整度。第一次摊铺后进行静压，发现不平整时应及时补料，边压边补，并要保证基层的摊铺厚度。

基层最后一段工序就是碾压，混合料碾压是确保水泥稳定碎石基层获得足够密度和强度的重要施工工序，水泥稳定碎石混合料压实效果的好坏取决于两个方面：混合料含水量的控制；压实机械、压实工艺的选择。混合料碾压分为初压和终压两个阶段。初压是先用轻型两轮压路机跟在摊铺机后面及时进行静压、轻碾，待基本成型并对标高、横坡进行检测、调整后再用重型振动压路机、三轮压路机或轮胎压路机继续碾压密实。如采用 18t ~ 20t 重型振动压路机时，每层压实厚度不超过 20cm；用 12t ~ 15t 三轮压路机时，每层压实厚度不超过 15cm。

施工中要由专人对压实进行监管，一边压实，一边检测。检测内容包括厚度、宽度、压实度、含水量、平整度以及集料的级配等。

3. 路面基层裂缝原因及其处理

（1）裂缝情况

锡林郭勒盟进京通道上十号段路面完成水泥稳定碎石基层建设后，基层结构随之出现了横、纵向裂缝，而且时断时续，无规律可循。裂缝长约 3 ~ 5m，宽约 0.3 ~ 1.0mm。纵向裂缝多发生于基层中央，其中 2 条约百米长的为贯通裂缝；部分横向裂缝为贯通裂缝。钻心取样后发现，2 条长约百米的纵向贯通裂缝和部分横向贯通裂缝已开裂至基层底部。如果基层材料的干缩应变、温缩应变产生的拉应力大于基层的抗弯拉强度，就可能使基层结构尤其是结构强度薄弱地带出现裂缝，而且多在基层完工 15 ~ 20 天后发生，开裂方向主要由结构两侧或边缘地带向中央延伸。经过一段时间的日晒、风吹、雨淋，开裂情况越发严重，甚至上下贯通，裂缝也逐渐增多，且多为横向裂缝。

（2）裂缝原因分析

①中央处混合料级配差

粗细骨料离析在实际施工中，往往采用粒料摊铺机进行沥青路面基层的作业。在作业时，机器通过左右两个螺旋布料器实施布料操作。这就容易产生以下问题，即粗细料没能很好地结合在一起，其中粗料大多被摊铺到布料器的两侧，造成中央部位级配水平降低。如果投入使用后，在长期的拉应力的作用下，路面的基层中央最容易开裂，出现纵向的裂缝。

②干缩变形引起裂缝

路面基层内的水分含量出现变化，容易造成基层的两种变形形态，即湿胀变形和干缩变形。其中，湿胀变形在变形的量上不明显，不会对基层造成破坏。但是干缩变形就会造成严重后果。它往往发生在基层表面，且变形量较大，原因则在于基层混合料内部水分的蒸发，使得体积出现收缩，发生干缩变形，当这种变形发展到一定程度时，便会出现裂缝。

干缩变形引起裂缝的主要因素有：

A 原材料及颗粒级配问题

通过对基层进行取样，发现粗细颗粒分布不均且呈红色，这意味着原材料的级配没有达到要求，同时含泥量也超出规定要求。这不仅造成了基层的抗拉强度降低，而且容易出现因基层失水带来的干缩变形与裂缝。

B 拌和用水问题

在基层施工时，工人需要拌制基层混合料，以此来弥补在之前阶段出现的水分的散失。在这个过程中，如果工人拌合用水过多，就会使基层在高温水分蒸发时因为失水较多而出现干缩裂缝。

C 养护问题

造成路面基层裂缝的另一个重要原因是养护工作出现问题。该路段养护期正值夏季，气温高、蒸发量大。在这种环境下，较早地停止了洒水并且撤掉草席，使得基层直接暴露在高温暴晒下，引起了干缩裂缝的出现。

③温度变化引起裂缝

在路面基层施工中，很可能会出现因各种原因造成的某一部分施工质量的偏差，如基层中央部位的材料级配问题等。在温度变化较大的情况下，这些部位较低的抗拉能力便会无法承受由热胀冷缩所带来的拉应力而产生开裂现象。

（3）基层裂缝的危害

如果路面基层出现纵向裂缝或者较宽的横向裂缝，基层整体性就会遭到严重破坏，造成基层质量的降低。若是直接铺筑沥青混凝土，则会造成反射裂缝，破坏沥青路面。主要机理为：

①带有裂缝的基层作为基层的整体强度降低，而且在外力荷载作用下沥青混凝土处于复杂的三维应力状态。车辆通过不连接的板体时，沥青砼面层由于裂缝两侧相邻板块产生竖向位移差，而出现较大的剪切应力，造成沥青砼面层荷载型反射裂缝。

②由于路面暴露在大气中，受气温周期性变化的影响，沥青面层和水泥稳定碎石基层都会膨胀，产生温度应力。由于裂缝的存在，使得路面基层的应力不能连续，基层的温度应力便施加到沥青面层上。因为裂缝对应处的拉应力过大，沥青层便会出现开裂，形成温度型反射裂缝。

③沥青路面面层渗入的水不断通过基层扩散，逐渐使裂缝周围基层软化，在荷载作用下，面层极有可能发生弯拉开裂。

（4）裂缝处理措施

为了防止基层裂缝向沥青层扩散，在对反射裂缝成因进行分析的基础上，我们采用路威 T010/140 型土工布对基层裂缝覆盖处理的方法，对裂缝进行处理。

①清扫路面基层对路面裂缝处进行清扫，用水冲洗后让其自然晾干。

②裂缝处理对于宽度超过 2mm 的裂缝，应该用沥青或沥青砂对缝隙进行填塞。如果裂缝宽度较小，则可直接在裂缝上铺土工布。

③喷洒黏结油本工程选用了与沥青混合料相同种类和型号的热沥青作为黏结油，洒布宽度为裂缝两侧各 0.7m。另外，沥青用量控制很重要，路威 T010/140 型土工布浸透沥青的饱和含量为 $0.9kg/m^2$，本工程基层黏结油用量为 $1.05kg/m^2$。洒布热沥青黏结油应注意保证均匀。

④铺放土工布根据裂缝宽度和土工布（出厂宽度 3.8m）情况，本工程采用 1.26m 宽的土工布，并以人工方式铺放。注意要保持土工布烧毛的一面向上，并匀速铺放。若出现大于 2cm 的折皱，用剪刀裁开，涂刷热沥青后平铺。土工布搭接长度要大于等于 10cm，搭接重叠处涂刷热沥青粘接。

⑤喷洒乳化沥青下封层接下来，与未铺设土工布的基层同时喷洒乳化沥青下封层、摊铺沥青混凝土面层。

⑥摊铺沥青面层时的注意事项要尽量避免运料车对土工布的碾压。如果实在无法避免，则需要低速匀速行驶，并且注意不要调头或者紧急刹车。为了防止出现土工布粘轮，应在车辆经过的土工布上撒些沥青混合料。

第三节　碎（砾）石路面与块料路面

一、碎（砾）石路面

1. 碎、砾石材料

（1）碎、砾石材料的应力—应变特性

是一种典型的非线性性质，在设计路面结构时，材料模量值取用较为复杂。颗粒材料的模量取决于材料的级配、形状、表面构造、密实度和含水率等。一般密实度越高，模量值越大；棱角多、表面粗糙者有较高模量；当细料含量不多时，含水率影响甚小。

（2）碎、砾石材料的形变积累

良好级配砾石在保证良好排水条件下，在应力作用次数达到10000次时，形变已基本上不发展；当应力较大，超过材料的耐久疲劳应力，达到一定次数后，形变随应力作用次数而迅速发展，最终导致破坏。级配组成差的粒料，即使应力作用了很多次，仍继续有塑性变形的增长，但欲获得低的塑性变形，级配料中的细料含量必须小于获得最大密实度的细料含量。

2. 碎石路面与基层

（1）水结碎石路面

水结碎石路面是用大小不同的轧制碎石从大到小分层铺筑，经洒水碾压后形成的一种结构层。其强度由碎石之间的嵌挤作用以及碾压时所产生的石粉与水形成的石粉浆的黏结作用形成的。厚度一般为10～16cm。

①水结碎石路面对材料的基本要求

碎石应具有较高的强度、韧性和抗磨耗能力；碎石应具有棱角且近于立方体，长条扁平的石料不超过10%；碎石应干净，不含泥土杂物；碎石最大粒径不应超过压实厚度的0.8倍。

②水结碎石路面施工工序

准备工作—撒铺石料并摊平，可分一、二次撒铺—预碾碎石—碾压碎石并洒水—撒铺嵌缝料并碾压与洒水碾压—撒铺石屑并洒水碾压成型—初期养护。一般情况下应全幅路施工，如半幅施工，接缝处应处理仔细。

③水结碎石路面的碾压分三阶段

第一阶段：稳定期，用60～80KN的轻型压路机先干压2～3遍，再随压随洒水，洒水目的是使碎石在压路机作用下就位压实。

第二阶段：压实期，宜采用80～120KN中型压路机进行洒水碾压，应洒水以便进一步增加石料间的嵌挤程度，此阶段直至碎石不再松动，表面无轨迹为止。

第三阶段：成型期，撒铺嵌缝料，洒水，并以 120KN 的重型压路机碾压。

（2）泥结碎石路面

以碎石作为骨料，黏土作为填充料和黏结料，经压实修筑而成的一种结构。它的力学强度和稳定性不仅取决于碎石的相互嵌挤作用，同时也受到土的黏结作用的影响。它的水稳定性差，只适用于干燥路段。能用于低等级道路的路面。厚度一般为 8 ~ 20cm，厚度超过 15cm 时，分两层铺筑。施工方法有灌浆法、拌和法、层铺法三种。

灌浆法施工工艺：准备工作，摊铺碎石，初压，灌浆，撒嵌缝料，碾压。

（3）泥灰结碎石基层

是以碎石为骨料，用一定数量的石灰和土做黏结填缝料的结构层。由于掺入了石灰，泥灰结碎石的水稳定性优于泥结碎石。可作为中级路面的面层。施工工序与泥结碎石相同。

（4）填隙干压碎石基层

是用尺寸均匀的碎（砾）石作为基本材料，以石屑、黏土或石灰土作为填充结合料，经压实而成的结构层。其强度主要靠碎石颗粒间的嵌挤作用以及填充结合料的黏结作用。用单一尺寸的粗碎石做主骨料，形成嵌锁作用，并用石屑填满碎石间的孔隙，经碾压形成密实和稳定的结构层。适用于各等级公路的底基层和二级以下公路的基层，每层厚度为 10 ~ 20cm。

3.级配砾（碎）石路面

级配砾（碎）石路面，是由各种集料（碎石或砾石）和土，按最佳级配原理修筑而成的路面层或基层。级配砾碎石路面的强度是由摩阻力和黏结力构成，具有一定的水稳性和力学强度。

（1）级配砾（碎）石路面

与基（垫）层的厚度和材料面层厚度一般为 8 ~ 16cm，当厚度大于 16cm 时应分两层铺筑，下层厚度为总厚度的 0.6 倍。如果基层和面层为同样类型的结构，其总厚度在 16cm 以下时，可分两层摊铺，一次碾压。级配砾（碎）石路面所用材料，主要为天然砾石或较软的碎石。

（2）级配砾（碎）石路面与基（垫）层的施工

级配砾（碎）石路面与基（垫）层的施工，一般按下列工序进行：开挖路槽→备料运输→铺料→拌和与整形→碾压→铺封层。

开挖路槽完毕后用重型压路机碾压达到规定压实度；备料运料按施工路段长度分段运备材料，砾（碎）石可直接堆放在路槽内，砂及黏土堆放在路肩上；铺料时，先铺砾石，再铺黏土，最后铺砂；碾压时，先用轻型压路机压 2 ~ 3 遍，继而用中型压路机碾压成型，碾压时注意在最佳含水率下进行。

4.优质级配碎石基层

优质级配碎石基层强度主要来源于碎石本身强度及碎石颗粒之间的嵌挤力。影响碎石强度与刚度的重要因素是级配，一般来说，密实的级配易于获得高密度，从而使级配碎石获得较高的 CBR 值和回弹模量。

采用重型击实和振动成型方法对级配碎石的试验表明：振动成型可以使级配碎石获得更高的 CBR 值和回弹模量。级配碎石的回弹模量随应力状态而变呈非线性关系，这表明处于路面结构半刚性基层上的级配碎石上基层和处于地基上的级配碎石底基层，由于所处的应力状态不同，它们的弹性模量取值也不同。

5.碎（砾）石路面的养护

碎（砾）石路面养护的主要任务是：在各种交通组成和交通量的负荷下，使路面保持应用的强度和平整度；对路面在车辆荷载与自然因素影响下产生的病害，进行事前预防及事后及时维修，使其经常保持良好的状态，以便利行车，并延长使用寿命。为提高碎（砾）石路面的平整度，抵抗行车和自然因素的破坏，应在面层上加铺磨耗层和保护层。

（1）磨耗层与保护层

①磨耗层

磨耗层是路面的表面部分，用以抵抗由车轮水平力和轮后吸力所引起的磨损，以及大气温度、湿度变化等因素的破坏作用，并能提高路面平整度，应具有足够的坚实性和稳定性，多采用级配粒料铺筑。磨耗层的厚度视所用材料和交通量大小而定，采用坚硬小砾石或石屑时，宜厚 2~3cm，用砂土时宜厚 1~2cm，采用软质材料时，以 3~4cm 厚为宜。磨耗层的松铺厚度一般为 1.3~1.4 倍，用轻型压路机碾压 3~4 遍即可。

②保护层

在磨耗层上面，用来保护磨耗层，减少车轮对磨耗层的磨损。加铺保护层是一项经常性措施，保护层厚度一般不大于 1cm。保护层分为稳定保护层和松散保护层两类，前者使用含有黏土的混合料，借行车碾压，形成稳固的硬壳；后者是只用粗砂或小砾石而不用黏土，在磨耗层上呈松散状态。稳定保护层的做法是在润湿的磨耗层上撒布一层黏土，用扫帚扫匀，或先铺黏土，洒水扫浆，接着撒铺粗砂或石屑，扫匀后控制行车碾压。松散保护层是在磨耗层上均匀铺撒粗砂或砂粒，在行车荷载作用下，砂粒常被移动、带走，因此需要经常补充、回砂、扫砂，保持砂粒的均匀充足。松散保护层施工简易，而且水平位移可减少车辆水平力对磨耗层的损坏作用，一般适用于南方潮湿地区。

（2）碎（砾）石路面养护维修与改善

①磨耗层的修理

如果发生坎坷不平，可铲去凸出部分，并用同样的级配混合料补平压实，如损坏过大，应先划出整齐的修补范围，清除残余部分，整平底层，洒水润湿，然后按新磨耗层的施工方法进行操作。

②坑槽、车辙的修补

修补时应尽量采用与原路面相同的材料。夯实工作按先轻后重、先边后中的做法进行，夯实后的补坑应略高于原路面，以便行车继续压实。

③路面松散和波浪的防治

松散多出现在干燥季节，主要是由于所用材料结合不够，拌和不匀，碾压不实或保养不善所造成。当松散厚度不大于3cm时，可将松散材料扫集起来，整平路面表层，扫除泥土，洒水润湿，把扫集起来的砂石进行筛分，并添加新料和黏土，洒水重拌，重铺压实；当松散厚度大于3cm时，可按前述补坑方法进行。平时要使路面保持一定的湿润程度，以增强稳定性。

二、块料路面

1. 定义

块料路面指的是用石块、水泥混凝土块等铺砌而成的路面之统称。用各种不同形状和尺寸的块状材料（天然的或人工的）铺成的路面。所用材料有块石、炼砖块、铁块、木块、橡胶块、沥青混凝土块、水泥混凝土预制块等。目前路面工程中较常用的为块石和水泥混凝土预制块两种，此外，炼砖块也较适用。

2. 历史

块料路面的使用历史悠久。中国很早就用砖块、石块和拳石铺路；俄国用木块铺路，欧洲一些国家用石块铺路都有悠久历史；美国在19世纪开始用沥青混凝土块铺路；近30年来，水泥混凝土预制块路面迅速发展。由于这种块料路面优点多，推广使用的国家日渐增多，是块料路面中很重要的一种类型。

3. 分类

（1）块石路面

根据所用石料形状、尺寸及修琢程度分为长方石、小方石、粗打（拳石）或粗琢块石等路面。这种路面坚固耐久，清洁少尘，养护修理方便，能适应重型汽车及履带车辆交通。但石料须加工琢制，并须用手工铺砌，较为费工，路面平整度较差，影响车速和行驶舒适。

块石路面铺砌在垫平层之上。垫平层的作用是垫平基层表面及石块底面，保持石块顶面平整，并缓和车辆行驶时的冲击和振动作用。石块之间须用填缝料嵌紧，使石块不致松动，以加强路面整体性，并保护石块边角，减少渗水。石块多用坚硬玄武岩、辉绿岩及细粒匀质花岗岩加工制成，具有一定的强度和耐磨性。长方石尺寸分矮、中、厚三种，一般厚为 10 ~ 15cm，长为 15 ~ 30cm，宽为 12 ~ 15cm。小方石尺寸分矮、厚两种，一般厚为 8 ~ 10cm，长为 7 ~ 11cm，宽为 7 ~ 11cm。粗琢块石一般厚为 10 ~ 13cm，长为 8 ~ 11cm，宽为 6 ~ 11cm。石块形状近似正方体或长方六面体。顶和底面平行。长方石和小方石路面对基层和垫层的质量要求较高。一般基层用 140 号水泥混凝土，垫层用 100 号水泥砂浆。铺砌时在垫层上先沿路边纵向排列 2 ~ 3 行石块（长边与路中线平行）。长方石路面有横向排列、纵向排列及人字形排列数种。小方石路面除一般横向排列外，也有作弧形或嵌花式扇形铺砌的。拳石及粗琢块石路面可直接铺砌在 5 ~ 20cm 厚的砂或炉渣垫层上，其下也可用碎砖、碎石、级配砾石等材料作基层。排砌时须使石块互相嵌紧，错缝，表面平整，石料长边与行车方向垂直，用砂或石屑嵌缝后压实稳定。在低级道路工程中，也有用锥形块石、片石或圆石做各种路面的基层。石料等级可比面层稍低。锥形块石应具有平整底面，面积不小于100cm2，厚度一般为14～20cm。一般铺在砂、砂土、炉渣等垫平层上或直接铺在良好的土基上。铺砌时石块大面朝下，排砌紧密，长边应与道路中线垂直，纵横缝错开。相邻块石表面高差不宜大于2cm。然后用片石嵌缝，洒水碾压平整稳定。

（2）木块路面

早年用于城市道路。木块用硬松木制成，并经防腐处理。尺寸一般为长20～25cm，宽6.5～10cm，厚7.5～9cm。用水泥砂浆或沥青砂浆作垫平层。这种路面造价昂贵，已很少用。

（3）炼砖块

用页岩及黏土经高温烧制陶化的砖块铺成的路面。炼砖组织均匀，耐磨经久，可制成各种形状、色彩和花纹。适用于广场、人行道等处。长方形炼砖块的尺寸为长22cm，宽10cm，厚6～10cm。其下应有强度足够的基层或垫平层。

（4）预制块

用水泥混凝土预制块铺砌而成。块体可以预制成各种形状和色彩，并能采用机械化施工，路面平整，强度高，适用于荷载很重的工业区、港区道路及集装箱堆场等处。又因路面色彩图案美观，也适用于公园、广场及街坊、住宅区等外道路。有关国家对混凝土块体的形状、强度、路面设计和施工工艺等都开展了很多研究工作。目前使用的块体表面一般不大于300cm²，厚度一般为6～10cm。块体形状有矩形、折线型和曲线型等数种。平均抗压强度为60兆帕。这种路面要求具有非常平整和足够强度的基层。基层可用各种稳定土或粒状材料。其上加铺3cm厚的砂垫层。块体可用人工铺砌，也可用机械铺砌。人工铺砌方法与块石路面铺砌方法相似。机械铺砌方法是将若干块体排列在一起组成一匹（表面积约为0.25～1m²），然后用人力机械或动力机械夹住两侧，移动至铺设地点，放下就位，再撒铺嵌缝砂，震压密实。机械铺砌的工效可达350～400m²/台班。

（5）沥青混凝土

早年多用于城市道路及桥面。一般用石屑、石粉和黏稠沥青加热拌和压制而成。尺寸一般为：长30cm，宽13cm，厚5～10cm。多用水泥砂浆或沥青砂浆作垫平层，厚约1.5cm。这种路面现已少用。

第四节　沥青路面施工

一、沥青路面施工技术

1. 对沥青混合料原材料及拌和的要求

（1）对沥青的要求

沥青路面沥青标号的采用，应按照路面等级、气候条件、交通条件、路面类型及在结构层的层位及受力特点、施工方法等确定。对于高速公路，夏季温度高，高温时间长，重载交通大，山区及丘陵区上坡路段，车速较慢的路段，采用稠度大，黏度大的沥青，反之采用稠度小，低温延度大的沥青。当高温要求与低温要求相矛盾时，应优先考虑满足高温性能要求。

（2）对粗、细集料的要求

高速公路和一级公路的粗集料可选用碎石、破碎砾石等，但不得采用筛选砾石和矿渣。粗集料洁净、干燥、表面粗糙。粗集料由具有生产许可证的采石场生产或施工单位自行加工。采石场在生产过程中必须彻底清理覆盖层及泥土夹层，生产碎石的原石不能含有土块，杂物等，成品不能直接堆放在泥土地上，粗集料与沥青的粘附性应符合规范要求。当使用粘附性不能满足规范要求的粗集料时，必须掺加消石灰、水泥或抗剥落剂等措施。

（3）对沥青混合料拌和的要求

沥青混合料的配合比设计应在调查以往同类材料配合比设计经验和使用效果的基础上，按目标配合比设计阶段，生产配合比设计阶段，生产配合比验证阶段和确定施工阶段配允许波动范围四个步骤进行。经设计确定的标准配合比在施工过程中不得随意变更，要严格控制到场材料的质量，当材料发生变化时要及时调整配合比，使沥青混合料的质量符合设计要求并相对稳定。

2. 沥青混合料的运输、摊铺及碾压

（1）沥青混合料的运输

沥青混合料采用较大吨位的车辆进行运输，在下承层上行驶时不能急刹车、急转弯掉头，以免对透层、封层造成损害。运料车的运输能力应有富余，施工中摊铺机前方要有料车等候，当料车数量大于 5 辆时再开始摊铺。料车在每次使用前必须清扫干净，并在车厢上涂一薄层隔离剂或防粘剂。运料车进入摊铺现场时，轮胎不能沾有泥土等可能污染路面的赃物，否则应清洗后进入现场。

储料筒向运输车装集料时，由于重力及高度的原因，大骨料容易滚落在前后及两侧，为了改变这种状况，应分别向运输车的前、中、后三处平衡装料，以减少混合料的离析。在运输过程中的颠簸，也可造成大粒径骨料的集中，使混合料离析，所以应适当整平运输

通道，降低行驶速度，以减少运输工程中的颠簸，防止混合料离析。

（2）沥青混合料的摊铺

对于高速公路，热拌沥青混合料要用沥青摊铺机进行摊铺。高速公路由于路幅较宽，当采用一台摊铺机全路摊铺时，较容易出现离析，因此要采用两台或两台以上的摊铺机进行摊铺，每台摊铺宽度控制在 6 ~ 7.5m 范围内，摊铺机前后错开控制在 10 ~ 20m 范围内为宜。

沥青混合料的摊铺，必须缓慢、均匀、连续不断地进行，摊铺过程不得随意变换速度或中途停顿，操作人员应根据既定的摊铺速度进行摊铺，同时要注意前后，左右的变化。对于普通沥青混合料摊铺速度可控制在 2 ~ 6m/min 的范围内，对于改性沥青及 SMA 混合料应放慢速度在 1 ~ 3m/min 的范围内。

摊铺前，熨平板必须清理干净、调整好熨平板的温度和横坡度、预热熨平板，预热温度应接近沥青混合料的温度，一般应加热到 100℃以上。摊铺机操作人员要选用熟练的操作手，并进行上岗前培训。要设有专人指挥料车进行卸料，摊铺时料车要在摊铺机前 10 ~ 30cm 处停住，并挂空挡等候，由摊铺机推动前进、缓慢卸料，避免料车撞击摊铺机而引起路面不平整。为了避免沥青混合料产生离析，摊铺机的供料系统要稳定均衡的供料，要尽量采用具有大直径、低转速螺旋布料器的摊铺机，并同时降低螺旋布料器的高度，使混合料地告诉超出螺旋布料器（即沥青混合料完全埋住螺旋布料器）。

摊铺机要采用自动找平方式，对于下面层一般由于基层的平整度相对较差，可以采用"走钢丝"法，即用钢丝绳引导的高程控制方法。支撑钢丝绳的支柱钢筋间距不宜过大，一般直线段可控制在 10m，曲线段控制在 5m 左右，张紧钢丝绳的拉力要大于 800N，每侧至少应备有两根 200 ~ 250m 长的钢丝绳，在未走完钢丝绳前，下一段钢丝绳要架设完成，以保证摊铺的连续性。对于中面层和上面层可采用平衡梁法。为了减少基准误差和自动找平误差，横坡传感器安装误差应小于 0.1%，浮动基准梁的滑动面与摊铺面要平行，要随时检查液压系统的工作压力，使其处于正常工作状态，并同时检查摊铺厚度和横坡度。

（3）沥青混合料的碾压

沥青混合料的碾压通常分为三个阶段进行，即初压、复压和终压。初压应紧跟摊铺机后碾压，并保持较短的初压长度，以尽快使表面压实，减少热量的散失。通常的做法是，采用双钢轮压路机以时速 2km/h 左右的速度静压 2 ~ 3 遍，碾压时压路机应驱动向前，面向摊铺机，由外侧向中心，由低处到高处碾压。复压应紧跟在初压之后进行，其主要目的是使沥青混合料达到规定的压实度。复压期间的温度要控制在 100℃以上，段落不宜过长，通常控制在 60 ~ 80m 之间。当采用不同型号的压路机进行碾压时，要安排每一台压路机都做全幅碾压，以避免不同部位压实度不均匀。振动压路机的振动频率宜控制在 35 ~ 50Hz，振幅控制在 0.3 ~ 0.8mm 的范围内，复压通常控制在 3 ~ 5 遍的范围内，最大应不超过 6 遍。终压是消除缺陷和保证面层有较好平整度的最后一步，一般温度不应低于 70 ~ 75℃。

二、沥青路面施工现状与措施

1. 沥青路面施工问题

（1）半刚性施工质量低劣

市政道路水泥稳定碎石基层普遍存在下列违反规范的行为：

①集料级配严重失控，集料大于40mm颗粒数量占粗集料总量的30～40％，10～40mm颗粒数量严重不足。混合料产生严重的粗细集料离析现缘。

②水泥稳定碎石混合料采用普通（强制式）搅拌机搅拌，人工摊铺，严重影响了拌和料的均匀性，导致混合料离析现象产生。

③为保证混合料成型，采取提高水泥用量并用细料罩面。

④施工缝多但处理草率等。这些问题导致半刚性基层裂缝增加，直接影响到通车后沥青路面反射裂缝增多。

（2）层间连接施工质量没有保证

市政道路路面施工与高速公路相比。其层间连接施工质量更难以保证，主要表现为：

①未能封闭施工的客观环境，更易造成连接层面间污染，导致沥青路面结构层层间连接不严密。

②沥青面层间粘层油施工没有按规范进行，现实中因急刹车导致面层整块滑移、撕裂或脱落现象时有发生。如果层间连接不紧密，易导致地表水浸入，此时若在层间有浮尘或松散颗粒，水进入层间缝隙后。缝隙中饱和水在行车荷载作用下产生动水压力及以后荷载重复作用，对缝隙产生冲刷，形成唧浆，使缝隙处结构层强度降低。最终形成空洞。造成路面损坏。

③基层透层油喷洒往往在铺筑沥青层时进行、由于污染和粉尘，实际上不能达到透和联的作用，而半刚性基层暴晒时间过长将产生干缩裂缝。

2. 影响沥青路面平整度的因素分析

（1）路基的不均匀沉降

路基不均匀沉降是指路基表面在垂直方向产生较大的沉落。路基的沉降可以有两种情况：一是路基本身的压缩沉降；二是由于路基下部天然地面承载能力不足，在路基自重的作用下引起沉陷或向两侧挤出而造成的。

路基的沉缩是因为路基填料选择不当，填筑方法不合理，压实度不足，在路基堤身内部形成过湿的夹层等因素，在荷载和水温综合作用下，引起路基沉缩。

地基的沉陷是指原天然地面有软土、泥沼或不密实的松土存在，承载能力极低，路基修筑前未经处理，在路基自重作用下，地基下沉或向两侧挤出，引起路基下陷。

（2）基层的不平整

基层的平整度差对路面平整度有着重要影响。若基层不平，即使面层摊铺平整，压实后也会因虚铺厚度不同，产生路面不平整。对于沥青路面，因基层顶面的平整度允许偏差为 10mm，当用沥青摊铺机作业时，尽管沥青混合料表面是摊平了，但该处因多出 10mm 的松厚，压实后仍将出现低洼。

基层的不平整产生的原因主要在施工环节中，基层混合料原材料的质量控制，基层混合料的拌和、摊铺、整形、碾压施工，基层的接缝和调头处的处理都会影响到基层的平整度。

（3）热拌沥青混合料的影响

热拌沥青混合料的质量，也是影响沥青路面平整度的一个因素，而热拌沥青混合料的质量受以下几个因素的影响：

①热拌沥青混合料拌和温度的影响

为确保摊铺机连续、匀速、不间断地摊铺，每台拌和楼的产量必须达到一定的数值，否则必须采用多台拌利楼联合供料，在联合供料过程中，每个拌和楼的拌和温度不可能完全一致，再加上料源的小一致，使得摊铺后的局部在碾压过程中碾压温度产生变化，引起实效果的变化，影响到路面的整度。

②热拌沥青混合料离析的影响

一般沥青拌和楼均带有储料仓，混合料通过运料斗进入储料仓再放入运输车辆，均会产生一定程度的半只细料离析（尽管采取车辆前后移动的措施），加上传统习惯施工过程中每车料摊铺结束时摊铺机接料斗的两翼都将翻起，使得沥青混合料叒加离析，摊铺后由于粗细料的相对集中，导致压实系数不同，使得压路机存压实过程中有明显的摇晃，引起压实效果不好，影响到平整度。

（4）沥青混合料拌和对路面平整度的影响

为了保证摊铺机连续、匀速、不间断地摊铡，每台拌和机的产量一定要和摊铺机相匹配，则就得采用多台拌和机联合供料，但在联合供料过程中，每台拌和机的拌和温度不可能完全一致，再加上粒料规格的不一致，使得摊铺后局部的温度差异、碾压的温度和效果变化较大，影响到沥青路面平整度。

3.沥青路面平整度施工技术

（1）路基的施工控制

路堤填料一般应采用沙砾及塑性指数和含水量符合规范的土，不使用淤泥、沼泽土、冻土、有机土、含草皮土、生活垃圾及含腐殖质的土。对于液限大于 50，塑性指数大于 26 的土，一般不宜作为路基填土。

公路运输和市政道路路基施工时，应分别严格按现行《公路路基施工技术规范》或《城市道路路基工程施工发验收规范》要求进行，并应通过试验路段来确定不同机具压实小同填料的最佳含水量、适宜的松铺厚度和相应的碾压遍数、最佳的机械配套和施工组织，还要有一定素质的施工队伍来重视。

为了保持路基能经常处于干燥、坚固和稳定状态，必将影响路基稳定的地面水予以拦截，并排除到路基范围之外，防止漫流、聚积和下渗。同时，对于影响路基稳定的地下水，成以截断、疏干、降低水位，并引导到路基范以外，注意防渗以及水土保持问题。

（2）沥青路面原材料的控制

为保证道路路面具有高强度、高温稳定性、低温抗裂性以及抗滑性能和耐久性能好的品质，减少因承重而产生的变形，在原材料选择上应做到有较高强度、耐磨耗，采用锤式或反击式破碎机加工的具有良好颗粒形状的硬质材料，选用黏度高，针入度较小，软化点高和含蜡节低的优质沥青。

4. 裂缝的处理

（1）纵向接缝

接缝是指用两台或两台以上摊铺机进行摊铺时，两台摊铺带的相接处。纵向接缝有冷接缝和热接缝两种。摊铺机采用梯队作业时应尽可能地采用热接缝，两台摊铺机要有一定的搭接宽度，以保证接缝处与其他部位具有相同的厚度，搭接宽度应前后一致。当采用半幅施工或因特殊情况而产生的冷接缝时，应加设挡板或采用切刀切齐的方式，尽量避免混合料冷却后用切割机作纵向切缝。摊铺另半幅时，将缝边缘清扫干净，再涂洒少量沥青，重叠在已铺层上 50 ~ 100mm，再用人工铲走前半幅上面的混合料。碾压时由边部向接缝处碾压留下 100 ~ 150mm，再跨缝碾压密实。

（2）横向接缝

向接缝要与路中线垂直，相邻两幅及上下层的横向接缝均匀错开 1m 以上，接缝时应先沿已刨齐的缝边用热沥青混合料覆盖，以资预热，覆盖厚度约为 15cm，待接缝处沥青混合料变软后，再将所覆盖的混合料清除，换用新的热混合料摊铺时。摊铺前应用 3m 直尺检查已铺路面端部平整度。新摊铺的沥青混合料应先调整预留高度，待接缝施工结束后，再用 3m 直尺检查平整度，以保证接缝处的平整度。

第五节　水泥混凝土路面施工

水泥混凝土路面不但具有很高的强度，而且具有汽车在道路运行中所必需的平整度、很好的耐磨性和必要的粗糙度，可以确保汽车地告诉安全形势。为了修筑好水泥混凝土路面，保证行车安全、舒适以及耐久性等指标达到标准，不仅要求在设计中准确计算出路面的结构和厚度，而且也要求在施工时必须选择优质的材料，科学的组成设计，文明、合理地组织施工，认真操作，做到"精心设计，精心施工"。

水泥混凝土路面，包括普通混凝土、钢筋混凝土、连续配筋混凝土、预应力混凝土、装配式混凝土和钢纤维混凝土等面层板和基（垫）层所组成的路面。目前应用最广泛的是就地浇筑的普通混凝土路面，简称混凝土路面。

所谓普通混凝土路面，是指出接缝区和局部范围（边缘和角隅）外不配置钢筋的混凝土路面。

一、水泥混凝土路面面层施工技术

水泥混凝土路面的刚度较大，由粗集料、细集料、水泥、水以及外加剂，按照特定的比例拌和成水泥混凝土混合料铺铺到路基上，形成水泥混凝土路面。水泥混凝土路面具有承载能力强、强度高、稳定性好、抗滑等优点。在各等级道路得到广泛的应用，我国高等级公路中水泥混凝土路面的里程数也日渐增大，再加上某些地区的路基更适合选用水泥混凝土路面，使水泥混凝土路面得到了长足发展。我国交通部门对水泥混凝土路面的铺筑十分重视，对水泥混凝土路面的施工技术进行了不断的研究，推动和促进了水泥混凝土路面的迅速发展。

1. 水泥混凝土的拌和与运输

混凝土混合料通常在道路沿线设置的混凝土搅拌站进行拌和，而后用车辆运送到混凝土摊铺工地。搅拌站附近应辟出场地堆放集料，存放水泥。集料和水泥通常按质量称量配料；水和外加剂则通常按容量计量。计量的容许误差，水和水泥为1%，集料为3%，外加剂为2%。集料所含的水分，外加剂稀释或溶解用水，在计量用水量时应考虑在内。混合料可采用强制式或自落式拌和机进行拌和；经过称量的各部分材料按一定顺序投入拌和机内。充分搅拌所需的时间，随每次搅拌量、材料投入顺序和稠度等因素而变，应通过试拌确定。自落式拌和机的最小搅拌时间为90s，强制式拌和机为60s，搅拌时间不能超过规定时间的三倍，因为时间过长，集料会被弄碎。搅拌站的产量按路面施工进度要求及铺筑每延米路面所需的混凝土体积来确定。例如，对于轨道式摊铺机施工方法，从摊铺地点到喷洒养生剂处的距离约为50m，如果全部混凝土施工作业要求在拌和后2h内完成。依据运送时间、装料和卸料时间以及摊铺的速度，可以选择运输车辆的类型和数量。运输过程中，要用帆布或其他措施将混合料表面覆盖以减少蒸发。

2. 水泥混凝土的摊铺与振捣

（1）小型机具和轨道式摊铺机铺筑

在摊铺混凝土之前均需在基层上安装两侧模板。模板是采用钢制的。按预先标定的位置用铁钉固定在基层上。模板的顶面应与设计高程一致，其底面同基层顶面之间的空隙可用砂浆填实。模板的位置可用设置放样板的办法予以控制；模板顶面的高程则用水准仪进行检查。在模板位置、高程和接头等都正确无误后，在模板内侧涂刷一薄层机油等，以便利拆模。

（2）混合料摊铺

由振捣一修整机对混凝土进行再次整平、振捣和粗修整。整平工作可由装在机械前侧、有独立调平螺旋以调节路面横坡的旋转刮平桨叶进行；振捣则由对混凝土表面施加3500～4000次/分频率的振动梁进行；修整梁通常为悬挂在机械后侧的一个简单振荡的整平器。采用小型机具施工时，混合料一般直接卸在基层上，用铁锹和耙摊平，随后用插入式振捣器和平板式振捣器分别沿模板边缘和整个表面均匀地振实混合料。全面振捣后，再用振动梁在混凝土表面缓慢而均匀地拖拉，以初步整平表面。振动梁是将附着式振动器安装在焊接成的钢梁或木梁上。整平后再用平直的滚杠进一步滚揉表面，使表面进一步提浆并调匀。摊铺结束后，用重型振动路碾进行碾压，先碾压 1～2 遍不附带振动的，再碾压几遍带振动的；最后用轮胎路碾或光路碾再碾压 1～2 遍。

3. 水泥混凝土路面接缝施工

接缝施工包括传力杆和拉杆的设置及接缝槽口的筑做。横向和纵向缩缝内的传力杆和拉杆，通常采用在混凝土振捣一修整之后用振动插入机按规定位置和间距插入混合料内，而后对因插入而扰动的混凝土再次进行振捣和修整。纵向施工缝中的拉杆，可预先弯成 90°。其一端按预定位置绑在模板上，待混凝土结硬而拆模后，将外露在混凝土侧面的该端拉杆拉直。胀缝传力杆须放在钢筋支架上，连同压缩性填缝板条一起按预定位置固定在基层上。支架应能经得住混凝土摊铺和振捣时的作用而不出现传力杆的偏转或倾斜，故可先在胀缝处倒入少量混合料，用插入式振捣器振实，仔细地铺筑好胀缝附近的混凝土并保证传力杆的正确定位后，再让摊铺机铺筑。接缝槽口可采用锯缝和压缝两种方式筑做。锯缝为在初步硬化的混凝土上用切缝机锯切槽口。锯缝不扰动混凝土，可以得到很平整的接缝，但必须掌握好锯缝的时间。早了混凝土的强度不足，锯切时槽口边缘易产生剥落；过迟了，因板太长而出现的过大的温度收缩应力有可能使混凝土板出现横向裂缝。合适时间，应视当地气候条件而定，一般为完成混凝土修整后的 8～18h 以内。炎热而多风的天气，或者早晚气温有突变时，会产生较大的温度差或湿度差，锯缝应早于8h。此外，可采用部分压缝的办法，先缩短板的长度，待混凝土收水抹面后，再用木条压住接缝两侧混凝土，然后轻轻抽出压缝条，并用铁板抹平混凝土表面。

4. 水泥混凝土的养生

表面修整完毕后，应进行养生，以防止水分从表面迅速蒸发和减少太阳辐射的影响。蒸发和辐射都有可能在混凝土板中产生过大的湿度和温度变化，从而导致混凝土板出现收缩裂缝，同时，也影响到混凝土的强度增长。通常，养生时为在混凝土表面洒布养生剂：养生剂是树脂基的化合物，并包含铝粉。可用机械或手工洒布在表面。也可采用洒水湿养，方法是用湿草帘或麻袋等覆盖在混凝土表面，并在其上每天洒水喷湿至少 2～3 次。养生初期，为减少水分蒸发，避免阳光照射和防风雨等。可搭活动的三角形罩棚将混凝土板遮盖。养生时间按混凝土抗弯拉强度达到 3.5MPa 以上的要求由试验确定。通常的养生时间，使用普通硅酸盐水泥时约为 14d，使用早强水泥时约为 7d，使用中热硅酸盐水泥时则约为 21d。模板可在浇筑混凝土 60h 以后拆除；而当交通车辆不直接在混凝土板上行驶、气温不低于 10℃时，可缩短到 20h 后拆除；气温低于 10℃时，可缩短到 36h 后拆除。

二、普通水泥混凝土路面施工

1. 摊铺机施工

（1）摊铺前准备

高等级公路是你混凝土路面的摊铺必须采用机械摊铺，所采用的摊铺机械性能必须达到监理工程师的要求。基础强度符合要求者，不得进行路面摊铺。

（2）试验路段

①在水泥混凝土路面摊铺开工之前，承包人应在严密的组织下，按照批准的施工方案，在监理工程师选定的现场上，铺筑面积不小于 $400m^2$ 的试验路段，承包人应提供并使用要在正常生产工作中采用的全部设备。

②铺筑试验路段的目的是证明在正常生产的情况下，工程质量能达到要求。

③承包人应根据实验路段结构提出对机械设备或操作进行合理的改进。

④竣工的试验路段如经监理工程师认可验收，可作为竣工项目支付，如不予验收，则应由承包人把所有不合格的路段清除出去，重做试验，费用由承包人负担。

（2）钢筋的设置

①横向缩缝及胀缝设置传力杆时，应与中线及路面表面平行，其偏差不应大于5mm，传力杆应采用监理工程师认可的支承装置，在铺筑路面之前装设好传力杆。

②传力杆长度的一半再加上 3cm，应涂上两层沥青乳液或一层沥青，胀缝处的传力杆尚应在涂沥青的一端加一个预制的盖套，内留 36mm 的空隙，填以纱头或泡沫塑料。

③拉杆不应露头。拉杆端应切正，横断面积上不应变形，装设拉杆时，不应使其穿过已摊铺好的混凝土顶面，拉杆应在混凝土摊铺之前就装设好，或者用一台拉杆振动器把它装入接缝边缘内，或者用混凝土摊铺机上的拉杆自动穿杆器来装设，在已凝固的混凝土内安装拉杆时，应用监理工程师认可的拉杆穿插装置来进行。

④工程中所用的全部钢筋的设置及绑扎都应先经监理工程师同意后才能浇筑混凝土，承包人至少应在 12h 以前把浇筑混凝土的意图告知监理工程师，以使监理工程师有足够的时间检查钢筋和采取纠正措施。

⑤钢筋不应沾上污垢、油脂、油漆、毛刺以及松散的或厚的铁锈，以免损坏钢筋与混凝土之间的黏结。

（4）混凝土拌合物的搅拌和运输

混凝土的搅拌和运输应符合《水泥混凝土路面施工及验收规范》的要求。

2. 混凝土拌合物的摊铺

（1）承包人应提供摊铺和终饰混凝土板而推荐的设备和方法，以及摊铺宽度、接缝布置和预计的进度等全部详情和细节报工程师审批。

（2）当庇荫处的气温低于5℃或高于35℃时，后者正在下雨或估计4h内有雨时，不得铺筑混凝土，工程中铺筑的混凝土温度不应低于5℃或高于35℃。

（3）承包人应提供测定保养气温、混凝土温度、相对湿度及风速的设备，并应按照建立工程师的指示测定和记录这些数据。当蒸发率超过 0.75kg/m²/h，承包人应采取使使监理工程师满意的防止水分损失的预防措施，如果建立工程师任务这些预防措施未能达到设计要求时，可下令停止施工。

（4）监理工程师应检查和批准所有的模板、基层准备情况、接缝和养生材料的供应情况，备用振捣器的贮备情况，以及承包人的全面准备情况，以保证工程的正常进行。

（5）混凝土应采用摊铺机械铺筑。手工摊铺只应局限于小范围或不能用机械摊铺的区域。手工摊铺应在施工前由承包人报经监理工程师审批。

（6）摊铺机应是经批准的自行式机械。摊铺时应以缓慢的速度均匀地进行，以保证摊铺机的连续操作。摊铺机还应有以下特点：

①有带传感装置的自动控制系统，以便把线形和高程控制到规定的饿标准。

②有能均匀摊铺混合料及调节混合料流向的振捣器，能捣实混凝土整个深度。

③有单独的发动机作动力的插入式振捣器，能捣实混凝土整个深度。

④有可调整的挤压整平板和整型板，并在所有表面上做出要求的修饰。

⑤具有适应混凝土板不同宽度或组合宽度与板厚的摊铺能力，其组合版宽度应符合图纸或建立工程师的要求。

（7）摊铺机应具有摊铺、捣实、整形和修饰的功能，使后来只需要最少的手工修饰，并能铺筑成符合规范要求的修饰表面和密实而均质的混凝土。

（8）摊铺机、汽车以及养生、切缝和做纹理的设备行走路线的承力面，应有承包人进行准备及保养，以便能适应操作。

（9）混凝土拌合物摊铺工作一旦开始，不得中断，摊铺机应不致缺乏混凝土而停工，如停工时间延续超过 30min，则应设置经批准的横向施工缝。距胀缝、缩缝或薄弱面 3m 之内不得出现横向施工缝。如果不能充分供应混凝土，则在至少做成 3m 长的板的工作中断之时，应把最后一条缝后面的多余混凝土按指示清除掉。

（10）混凝土均匀浇筑在模板内，不应有离析现象。靠边角应先用插入式振捣器顺序捣实，再用平板振捣器纵横交错全面振捣，然后用振动梁振捣，平行移动往返拖振 2～3 遍，使表面泛浆，赶出水泡。

3. 修饰

混凝土振动梁振动整平后，应保持路拱的准确，并检查平整度，由承包人用长度不小于 3m 的直尺检查新铺混凝土表面，每次用直尺进行检查时，都应与前一次检查带至少重叠 1/2 的直尺长度。表面修饰前应做好清边整缝，清除黏浆修复掉边、缺角，表面修整时，压进在混凝土面板上洒水、撒水泥。表面整修宜分两次进行，先找平抹面，等混凝土面层无泌水时，再做第二次抹平，板面应平整密实。一般混凝土路面完工后，通常要经过 28d 的潮湿养生，才能开放交通，如需提早开放交通，则需采取特殊处理措施。

三、特殊水泥混凝土路面施工技术

1. 钢纤维混凝土路面

钢纤维混凝土主要是指在混凝土拌和的过程中加入少量的短钢纤维，以短钢纤维为基础来提高混凝土的抗折强度和抗压强度。钢纤维混凝土路面在目前的应用中对于抗裂性能、抗磨性和抗疲劳性能都由于普通混凝土路面。在施工的过程中钢纤维混凝土对于原料质量要求与混凝土基本一致，通常先选择连续配筋的集料，粗集料最大粒径不宜大于20mm。钢纤维最短长度应当大于集料最大公称粒径的1/3，最大长度也不能够超过集料的两倍，且在施工的过程中相互不溶解、缠绕，截面尺寸不符合设计要求的锻钢纤维也不能够超过总质量的5%，颗粒状、粉末的钢屑应当低于总质量的0.05%，表面无油污、锈蚀和其他杂质，一般都是采用熔抽型或者剪切短钢纤维模式。

钢纤维混凝土在配合的时候与普通混凝土基本上一直，短钢纤维的体积也不能够超过1.0% ~ 1.2%，一般在拌合物的控制中其稠度也不能够超过6 ~ 12s，水灰比一般都是控制在0.5左右，单位水量控制在185 ~ 195kg左右，而砂率也不能够超过一半。

钢纤维混凝土路面在施工的过程中一般都是采用滑模摊铺机为主进行摊铺，并且在施工中配合以规模摊铺机和三滚轴机组进行综合施工，但是布料的时候其钢纤维分布必须要均匀性与连续性。

2. 钢筋混凝土和连续配筋混凝土路面施工

钢筋混凝土路面是在普通水泥混凝土路面板内设置纵、横向钢筋或钢筋网，提高混凝土路面的整体强度，防止路面板产生的裂缝不断张开。这种路面适用于面板平面尺寸较大、形状不规则、路基土质不均匀、路基可能产生不均匀沉降或板下埋有地下设施的路段。连续配筋混凝土路面则是沿着面板纵向配置连续的钢筋网的混凝土路面，除与其他路面交接处、临近构造物处设置胀缝以及因施工需要设置施工缝外，不再设置任何横向接缝。钢筋混凝土路面和连续配筋混凝土路面具有穿荷能力和抗变形能力强、使用寿命长等特点，适用于高速公路及一级公路的面层及桥头引道等路段。

第五章　公路景观与绿化施工

第一节　公路景观与绿化

一、公路景观

公路景观即指：展现在行车者视野中的公路线形、公路构筑物和周围环境组成的图景。行车者的视野是随着运行的车辆不断向前移动的，所以公路景观是一种动景观。这种景观对行车的安全和乘员的舒适影响很大。

1. 目的

公路建设作为人类改造自然的实践创造活动之一，它为人们提供的不仅仅是交通便捷与安全的享受，而且还有视觉上的愉悦和审美情趣上的满足。尤其在当代条件下，随着国民经济的持续发展，社会的不断进步和人们审美观念的提高，人们对公路景观美学质量及行驶环境提出了更高的要求。任何一条公路的修建，从选线、勘测设计、土石方开采到施工的整个过程，难免对沿线自然和人文景观产生一定的影响。但以最小的影响，达到最大限度的保护，使各种景观和公路工程结构物达到有限的协调，最终实现人与自然的和谐，是完全可以做到的，这就是我们进行景观学研究的目的。

2. 建设原则

公路景观建设是指对公路用地范围内及范围外一定宽度的带状走廊里的自然景观和人文景观的保护、利用、开发、设计与完善的全过程。它是实现公路建设可持续发展、保护生态环境质量、延续历史文脉、弘扬民族文化的需要，也是将所有的道路景观要素巧妙和谐地组织起来的一种艺术。景观建设一般遵循如下的几点基本原则：

（1）可持续发展原则：公路建设必须注意对沿线生态资源、自然景观及人文景观的永久维护和利用，既有利于当代人，又造福于后代人。

（2）动态性原则：要结合沿线的实际情况和环境，不断赋予公路景观环境新的内容和意义。

（3）地区性原则：充分考虑不同地区独特的地理位置，地形、地貌特征，气候气象特征，社会环境特征，不同的文化传统、风俗习惯及审美观念。

（4）整体性原则：将公路本身与沿途地形、地貌、生态特征和自然及人文景观统一规划和设计。

（5）经济性原则：从经济实用的角度出发，保护沿线的生态环境、自然和人文景观，并满足交通运输的需求。

3. 景观设计

在早期，人们在修筑公路中就开始注意利用天然景物以增加旅行的情趣，但只是作为一种附带要求。美国于1917年开始组织公路定线工程师和园林建筑师等协作设计园林公路景观。

（1）初期的公路景观设计

主要是在现场勘察中考虑公路线形与地形地物的配合协调，注意保护和利用沿线景物。30年代，德国工程师开始研究高速公路线形的美学，应用线形模型来检查并修正空间线形（立体线形），使其顺适；还用手描透视图法来观察、衡量拟建公路与周围天然景物是否协调，然后进行调整。

（2）中期的公路景观设计

后来，许多国家都采取措施改善原有国家干道，特别是高速公路的景观；在建造新路时，或与工程设计结合进行或专门进行景观设计。此外，还开展公路景观设计研究，制定有关的规范和法律。公路景观设计手段也逐步改进，如立体线形模型由纸模发展到钉模（在反映路线高程的钉头上放置橡皮带以表示路线带）和塑料模板；应用光学投影原理人工制作透视图。

（3）最新的公路景观设计

1963年法国公路工程师开始应用电子计算机绘制公路骨骼状透视图。经过其他国家的不断改进，电子计算机已经可以产生能显示出从任何观察点看到的拟建公路情景的透视图。这种透视图还可以与航摄地面照片制成复合图，从中可以看到公路与周围环境配合的情况。将一幅幅透视图连接起来摄成电影，即可从银幕上看到车辆在拟建公路上行驶的情景，从而可以全面检查公路线形及其与周围景物的配合情况。

但是，这种检验方法仍然停留在通过观察进行分析的阶段，尚无法进行定量控制，而且由于成本太高，不能作为常规应用手段。

4. 设计要求

景观设计的基本要求公路景观设计的基本要求：

（1）公路平、纵、横线形协调，使空间线形顺适，无突然转折，让行车者看到公路的连续性，增强安全感，从而能镇静自如地在公路上驱车。

（2）使公路及其构筑物与周围环境融成一体，并为周围环境增添美感。要求在设计和施工中避免大填大挖，使路线环绕天然景物或突出的地形，而不破坏地形和景物的完整。公路桥梁等人工构筑物的造型应与周围景物协调。

（3）公路交通设施如行道树、交通标志、道路交通标线、交通信号、照明设施等均应布置得体，起自然诱导行车的作用。行道树过密、过近就有可能阻碍视野；对有碍观瞻的物体，则应适当遮蔽。

二、公路绿化

公路绿化指在公路两侧用地范围内种植树木、花草和营造小型园林的工作。公路绿化应根据公路沿线的自然条件进行总体规划，使之同公路建筑造型及周围环境相协调。

1. 功能

（1）交通功能

公路绿化的交通功能主要包括中央分隔带的防眩功能以及沿线绿化带的视线诱导功能。夜间行驶时，对向行驶的车辆之间会因车前灯光造成驾驶员眩目，给交通安全带来极大的隐患，但在高速公路中央分隔带内栽植一定高度和冠幅的花灌木，能够有效地起到防眩遮光的作用，保障行车安全；同时，公路绿化可以提示公路线形的变化，有效地诱导驾驶员的视线，增加车辆行驶安全。

（2）景观功能

公路绿化景观是公路景观的重要组成部分，它是公路景观生命力的体现。公路绿化以其娜娜多姿、富于变化的形态使本来生硬、单调的公路线形变得丰富多彩；使由于大量开挖土方而裸露的地表披上绿装，使公路建设对景观环境的负面影响降低，使公路构造物巧妙地融入周围的环境之中，创造优美的公路景观环境，为用路者提供愉悦的旅行享受，以提高行车的舒适性和安全性。

（3）生态功能

公路建设由于开挖大量土体，改变了原地形地貌和原生态系统的稳定性，造成一系列的环境问题，如水土流失、环境污染、生物多样性降低等；开放交通后，又造成了空气污染和噪声污染。公路绿化的生态功能体现在其能减缓公路建设对生态环境的冲击，如吸尘防噪、净化空气、水土保持、降低路面温度、维持公路沿线生物多样性等，以实现公路建设与环境的协调统一。

2. 公路绿化遵循的原则

（1）全局统一、协调

公路绿化最终要实现经济效益、社会效益和环境效益的统一。要把公路绿化放到"公路—自然—经济—社会"复合系统中进行全面考虑，把性质不同的生态环境系统与公路经济系统研究有机结合起来。不同的气候条件、不同的地域文化、不同的公路线形……对公路绿化的期许都是不一样的，必须"因地制宜、因路制宜"。

（2）破坏最小、恢复最大

公路建设受到地质、地形、水文等自然条件的制约，又受到现有生产力水平，生产工艺，生产工具等技术条件制约，还受到社会经济水平的制约，使公路建设不可避免地对沿线的生态环境造成一定的影响。公路绿化就是要在现存条件下综合运用各种工程措施、生物措施、管理措施将公路建设的破坏限制在最小范围内，降低到最低程度。而对于已造成的破坏采取最大可能的恢复措施，重建新的生态系统，并对占用土地进行补偿。

（3）品质化的景观生态

绿色公路给人们的印象不应只是钢筋网、混凝土墙和沥青路面，公路实施绿化就是要营造"车在景中行、人在景中游"的行车环境。因此，生态公路必须通过科学的绿化美化维护自然生态系统的平衡，选取品质绿化载体，营造一流的自然景观。

（4）安全性、干扰少

绿色公路必然要求行车安全舒适、运输高效便利。建设高品质的绿色公路必须以不影响公路安全性、有利于通行顺畅为基本要求。这就要求公路绿化过程中，尽量减少盲目绿化带来的视觉干扰，尽量按照公路线形优化的需要，营造舒适的环境。

3. 公路绿化创优的措施

针对公路绿化中的养护重视不足，管理粗放，存在"管种不管养"的现象。养护管理与原设计理念脱节，养护队伍专业培训不够，缺乏生态和环保意识等的现状，应该采取一些措施：

（1）创新管理，评比公路"绿色荣誉"

长期以来，公路绿化都是公路部门自成一家，自种、自管、自养。受经费限制和外部制约较多，管理形式单一，绿化投入有限，不利于公路绿化的规模经营。因此，公路绿化要拓展管理思路，建立政府引导、社会参与、多元投资、市场运作的机制，多方面筹集养护资金，又好又快地推进公路绿化的全面开展。在公路绿化过程中，要实行收益与投资责任挂钩，真正做到"谁投资，谁受益"，多投多得；实行管理与绿化成效挂钩，做到"谁管理，谁受益"，多劳多得，把公路绿化视为公路职工的"责任田"，享有绿化的回报；要广泛开展绿色荣誉系列评选活动，树典型、立标兵、奖优罚劣，建立绿化激励机制。

（2）精细化操作，实施"低碳养护"

公路绿化养护要从传统的养护向"低碳养护"转变。要以最小破坏公路生态系统的行动营造公路沿线最大的环保效应。在养护过程中，垃圾要集中堆放，积极推广新材料、新工艺、新设备的应用，建筑废料尽量合理利用，排水系统要保持通畅，不对水土造成冲刷，取土后裸露的土面要及时绿化，尽量避开噪声对百姓的影响……这些看似简单的环保措施却对保护环境、实现生态平衡有积极的一面，同时也在某种程度上决定了绿化养护能否打响品牌并占领市场。公路部门要建立起以低碳养护为核心的精细化养护机制和评价体系。大力探索公路养护作业低污染、零排放，精细、节约、高效的养护模式。

（3）及时培训，建立专业化绿化队伍

传统的公路养护是养护工一人身兼数职，往往成为"万能的养护工"。公路绿化与公路建设具有同等重要的地位。只有公路绿化美观，才能满足现代人们出行的高品质需求。因此，养护绿化要像公路施工一样，建立专业化的公路绿化队伍。普通的养护工只是农民耕种的简单转换。他们只掌握植物的简单裁剪，除虫除草等一般手艺。而专业的绿化养护工要提高专业的知识水平，不但要懂得专业的养护技术，还要具有植物栽培、园林绿化、景观规划等方面的专业知识。因此，公路部门承担的养护作业量越来越重。公路部门的养护队伍要进行专业化的分工。绿化队伍要健全队长负责制，所有的路段必须定路、定人、定责、定安全操作规程、定经济技术指标。逐步完善绿化养护经费的结算办法；加强绿化养护记录和技术档案管理工作，并逐步实现微机化管理。

4. 公路路绿化综合评价指标体系的构建

指标体系分层次进行构建，分别分为目标层、准则层、指标层。目标层为评价的总目标，即公路绿化综合评价；根据前文公路绿化功能及其结构的分析，考虑绿化在工程上的经济性，将公路绿化综合评价指标分为交通效益、景观效益、生态效益、绿化结构和经济性等五大类指标，构成准则层；再在准则层下选取若干具体指标组成最终的指标层，进行综合的评价。

第二节　公路绿化方法与常用植物种类

一、常用的道路景观植物

1. 红花檵木

红花檵木又名红继木红桎木、红桎木、红檵花、红桎花、红桎花，是金缕梅科檵木属檵木的变种。红花檵木易修剪，可以丛植、孤植、群植、球植、可做绿篱。然而在道路绿化当中红花檵木修剪成球形，布置在绿带中。红花檵木还可以修剪作为模纹花坛观赏。容易养殖。

2. 小叶女贞

小叶女贞为木樨科女贞属的植物，是中国的特有植物。小叶女贞主要作绿篱栽植，和绿化花坛；以灌木球形态的小叶女贞球，主要用于道路绿化，公园绿化，住宅区绿化等。其枝叶紧密、圆整，庭院中常栽植观赏；小叶女贞为园林绿化中重要的绿篱材料，亦可作桂花、丁香等树的砧木。

3. 海桐

海桐为山矾科山矾属下的一个种。喜光，耐阴，喜湿润、凉爽的气候，较耐热也较耐寒。对土壤要求不严，酸性、中性及微碱性的沙质壤土均能适应，但在瘠薄土壤上则生长不良。对氯气、氟化氢、二氧化硫等抗性强。适宜孤植或丛植于草地、路边及庭园，若对植、列植在建筑物两侧。

4. 南天竹

南天竹，又名南天竺，属小檗科南天竹属，原产于中国、日本，原名南天烛。南天竹为常绿灌木。多生于湿润的沟谷旁、疏林下或灌丛中，为钙质土壤指示植物。喜温暖多湿及通风良好的半阴环境。较耐寒。能耐微碱性土壤。这种常绿直立灌木，干高分枝少，春季长势极猛，外形难以控制，给盆景造型带来很大的不利。

5. 鸭脚木

鹅掌柴，又称鸭脚木，为五加科鹅掌柴属的植物。鹅掌柴喜温暖湿度大的环境，忌烈日照射，较耐阴，培养时给予明亮的散射光最相宜，适合栽植于环境通风良好，肥沃深厚的土壤中。

6. 紫叶李

蔷薇科落叶乔木，又称紫叶李、樱桃李，叶常年紫红色，著名观叶树种，绿化效果当年看得见，见效快，成景周期短。红叶李耐污染、适应力强的特性，使得它在道路绿化中，公路得到美化。

7. 百日草

菊科百日菊属，别名：百日菊、步步高、火球花、五色梅、对叶菊、秋罗、步登高。

8. 八仙花

虎耳草科八仙花属植物，别名：绣球、斗球、草绣球、紫绣球、紫阳花。

9. 八角金盘

五加科八角金盘属，别名：八手、手树。

10. 白车轴草

豆科车轴草属，别名：白花三叶草、白三叶草、白三叶、叔皁、白花苜蓿。

11. 白兰花

木兰科含笑属，别名：黄桷兰、白缅桂、白兰、把兰。

12. 彩叶草

唇形科锦紫苏属，别名：老来少、五色草、锦紫苏、洋紫苏。

13. 紫薇

紫薇，别名：痒痒花、痒痒树、紫金花、紫兰花、蚊子花、西洋水杨梅、百日红、无皮树，千屈菜科紫薇属。

14. 大叶黄杨

卫矛科卫矛属，别名：冬青卫矛、正木、扶芳树、四季青、七里香、日本卫矛。

15. 倒挂金钟

柳叶菜科，倒挂金钟属，别名：吊钟海棠、吊钟花、灯笼海棠。

16. 吊竹梅

鸭跖草科吊竹梅属，别名：吊竹兰、斑叶鸭跖草。

17. 鹅掌柴

五加科，鹅掌柴属，别名：手树，鸭脚木，小叶伞树，矮伞树，舍夫勒氏木。

18. 枫杨

胡桃科枫杨属，别名：枰柳、麻柳树、水麻柳、小鸡树、枫柳、蜈蚣柳、平杨柳、燕子树、元宝树。

19. 狗牙花

夹竹桃科狗牙花属，别名：马蹄香、白狗花、狮子花、豆腐花。

20. 枸骨／猫儿刺

冬青科冬青属，别名：鸟不宿、猫儿刺。

21. 蓬蘽

蔷薇科悬钩子属，别名：野草莓、大水莓、葛古、谷公、国公、梦子。

22. 铁树

铁树，学名苏铁，别名：辟火蕉、凤尾蕉、凤尾松、凤尾草，是苏铁科、苏铁属植物。因为树干如铁打般的坚硬，喜欢含铁质的肥料，所以得名铁树。另外，铁树因为枝叶似凤尾，树干似芭蕉、松树的干，所以又名凤尾，主要生长在南方。

23. 木槿

别名木棉、荆条、朝开暮落花、喇叭花、朝菌。花朵色彩有纯白、淡粉红、淡紫、紫红等，花形呈钟状，有单瓣、复瓣、重瓣几种。木槿种子入药，称"朝天子"。木槿是韩国和马来西亚的国花。

24. 栾树

栾树，别名：木栾、栾华等，是无患子科、栾树属植物。为落叶乔木或灌木；树皮厚，灰褐色至灰黑色，老时纵裂；皮孔小，灰至暗揭色；小枝具疣点，与叶轴、叶柄均被皱曲的短柔毛或无毛。

25. 龙爪槐

龙爪槐是国槐的芽变品种，别名垂槐、盘槐。落叶乔木、喜光、稍耐阴、能适应干冷气候。树冠优美，花芳香，是行道树和优良的蜜源植物；花和荚果入药，有清凉收敛、止血降压作用；叶和根皮有清热解毒作用，可治疗疮毒；木材供建筑用。

二、公路景观绿化的难点与方法

公路景观绿化工程的施工并没有想象中的简单，就栽植而言，在公路周围设置种植区域的土壤地质大多较差，土壤干燥贫瘠，植物生长缓慢；另外，通常而言，公路并不都是笔直的，大多是倾斜的，特别在一些偏远地区，它的道路坡度极大，所以公路绿化中的水土流失现象较为严重；还有一个相对较重要的难点就是植物的生长是离不开水资源的，但是公路并不只存在于水资源较丰富的地方，有些极为严酷的地方土壤下方的地下水匮乏，所以这是植被生存的大难题；除此之外，道路上来往的车辆不计其数，再加上公路本身存在多条严格的管理制度。综合上述种种问题，公路绿化施工、管养工作实施难度大。

为了有效减少上述事件的发生频率，从以下几方面进行探讨解决。

1. 为了使得绿化植株能健康生长，在不同路段可设置不同的植物，使在公路绿化中，植物能最大程度生长。例如，密关路公路绿化设计在土质较好路段，选择易活、速生、健壮的优质毛白杨；在常绿树种选择上，主要选择四季常青、适应性较强，耐旱耐瘠薄的桧柏。在花灌木树种选择上，以小叶黄杨和紫叶小檗为主，组成条形绿篱，突出绿化美化效果。在花灌木选择上，栽植易活易管的太阳李、丁香、连翘。

2.现代公路修建过程中为了避免道路弯曲，一般会遇山凿山、遇河架桥，以此来弥补地势低的劣势。另外，一条公路往往较长，所以一条公路往往有多种不同的地质条件、水文条件等，有时气候都不尽相同。为了使得设计出来的公路绿化能更贴近当地气候条件且能更好地适宜生存，一般公路绿化要因地制宜进行景观设计。密关路公路绿化选择当地土生的乔木、花灌木，依据园林植物配置原则和要求，合理搭配，塑造出具有当地特色的园林景观。密关路公路绿化在乔木选择上，坚持以乡土树种为主，兼顾美化效果。密关路公路绿化设计在不同方面选择不同的植物，并且不同的植物交相栽植，营造出春花烂漫的公路绿化景观。

3.为了减少对大自然的破坏，减少水土流失现象的发生，并且为了能实现生态效益最大化，应当根据不同的地域文化，展示当地的风土人情，要与周边环境协调，要做到功能上的兼容。

4.在公路绿化设计中，要考虑到安全性，要能有效减少交通事故的发生。在密关路沿途连续性绿化带显示出公路线形的变化情况，使驾驶员能准确地判断前方公路线形走向。栽植毛白杨，利用其高大来引导视线，集中驾驶员注意力，避免事故发生。在机非隔离带卜部栽植低矮绿篱，中部栽植花灌木，上部栽植桧柏或毛白杨，从空间的层次感上遮挡刺眼阳光，有效降低对面车辆带来的眩光效果，能有效预防夜间交通事故的发生。在机非隔离带密集连续地栽植花灌木和绿篱，一方面进行分隔，限制进出，从一定程度上能减少事故的发生，另一方面栽植韧性强、耐冲撞的低矮树，以形成绿墙，为失控的车辆提供一个缓冲地带，有助于降低事故的损害后果。设置侧向景观，利用这种新鲜感使驾驶员行车时保持警惕。

第三节　公路景观绿化设计与施工

一、公路景观绿化设计

1.公路景观设计原则

公路景观设计原则需根据高等级公路所处的地域范围、地形地貌、植被条件等自然因素和地域特色、文物古迹、风俗习惯等人文因素进行综合考虑。

（1）因地制宜为前提：根据工程所处地的自然情况，结合该区植物习性，宜树则树、宜草则草，在尽可能减少工程量的前提下，达到良好的视觉效果和环境效果。

（2）环境保护为基础：高等级公路建设必须建立在环境保护的基础上，依据国家在相关方面的法律，时刻贯穿环保意识。

（3）美学理论为指导：公路景观的形成不能脱离社会审美观的要求而独立存在，必须是满足公路交通功能的前提下，以美学理论为指导，使公路成为景点，有供人们使用和欣赏的双重功能。

（4）风格鲜明为特点：高等级公路的特点是连接城市（包括旅游点）之间，跨地区、跨地域。所以要想创造出具有鲜明风格的道路景观，就必须充分结合当地的地域特征和人文特点，特别是公路经过少数民族地区、旅游点、动植物保护区等具有明显人文和自然特征的地段时，景观设计要体现出鲜明的风格、风貌。

（5）兼顾效益为目的：高等级公路建设的目的就是为了发展经济，提高社会生产力，具有明显的社会效益和经济效益。环境保护是贯穿工程项目从可行性研究、报批立项、勘察设计、施工及后期养护管理等全过程的工作，所以公路景观设计要兼顾效益为目的。

（6）可持续发展为动力：可持续发展表现为自然资源、生态环境和经济社会三方面的统一。在道路景观设计中要尽量加强自然要素的运用，恢复和创造城市中的生态环境。

总之，高速公路景观设计要综合各方面的因素，结合道路本身条件与设计造价等本着以环保为基本要素，美学效益全面发展的原则进行设计实施，达到公路效益比的最大化以及绿色资源的可持续发展以满足道路使用者的需求。

2．公路景观设计内容

（1）中央分隔带景观设计

中央分隔带的景观设计布设形式包括绿化、盆栽和防眩板。根据中央分隔带的功能要求，进行景观设计时，一般首选植树、植草绿化，创造一种接近自然的景观。当条件困难时，采用客土、花钵（盆）和防眩板等方式。

（2）立交区景观设计

立交区是高等级公路整体结构中的节点，也是与其他道路交叉行驶时的出入口，是景观构成的重要区域，直接影响道路景观的总体印象。从景观角度看，它是公路景观设计中场地最大、立地条件最好、景观设置可塑性最强的部位，是道路的标志性景观。

立交区景观设计可大体分为规则式设计、自然式设计和混合式设计。

规则式设计：运用规则的布局形式进行设计，主要以图案设计为主，利用不同的植物进行不同的色彩搭配，组成具有一定设计意义的图案。这种布局所表现的意义比较明确，且具有一定外形美感，但一般都选用较低矮的植物，在立面和季相上缺乏丰富的变化，具有一定的局限性。

自然式设计：自然式的设计形式，一般适应于大型立交地段。通过景观再造，使人工构造物和自然景观融为一体。注意植物的搭配组合，在主色调的选择上，应注意植物本身应有季相的变化。

混合式设计：在一些特殊地区的立交区景观设计时，有时采用规则、自然相结合的方式进行设计，这样的设计只要掌握好主次关系，仍不失为一种优美的景观设计。

3．公路两侧带状景观设计

公路两侧带状景观体现在瞬间观赏效果，主要给人一种整体印象，因此设计时应分段设计，与周围景观协调、前后统一、首尾呼应。

与城区接壤的绿化带：这一绿带景观具有多方面的功能，其一是可以用作居民区的防噪林。其二是可以作为城区部分路段的遮挡林，充分体现城市景观与道路景观的有机融合。

主线部分的绿化带：沿道路主线两侧的绿化带，与道路中央分隔带一起构成二板三带的基本结构形式，是高速公路连续景观线的主要表现形式，是道路景观的基础。应考虑到耐寒和季相的显著变化，乔灌结合，落叶和常绿结合。

4．边坡地被景观

边坡地被以绿化、防止水土流失、美化环境等方面为目的，它是公路景观的背景色，有它的衬托，灌木、高树才显得雅致，一般应以低矮草本植物为宜。

5．服务区（休息站）景观

服务区的景观要求高，选择植物时优先考虑当地乡土植物，较好的体现地方特色；也可以选择果树，春华秋实、季相变化明显。服务区与外界的隔离应采用自然的软性隔离，即用矮墙和栅栏，内侧种植乔木、灌木，可选用刺槐等带刺植物，一般不采用生硬的高墙。

二、市政道路景观绿化施工

1．市政道路景观绿化的意义

市政道路绿化建设不仅能够改善城市的氛围，并且能够为居民出行营造良好的环境氛围。绿化工程具有改善城市环境，美观市政道路以及调节城市生态的作用，构建市政道路景观绿化工程，能够合理划分人行道、车行道以及居民区，并且有效隔离车辆产生的微粒污染、噪声污染，提升道路的空气质量，改善城市环境。市政道路景观绿化工程能够提升城市的绿化率，降低热岛效应的危害，提升城市的观感与品质，有利于打造富有美感的花园式城市，促进城市的建设与发展。

2．市政道路景观绿化施工原则

（1）绿化植物种类选择原则

在市政道路景观绿化施工中，应该以绿色的植物为主，在绿化施工过程中，需要做好树种的搭配与选择，以本地树种为主，外来树种为辅，在施工建设过程中，需要考虑到城市的环境与气候变化，因此多以常绿乔木作为市政道路景观绿化的主要树种。在景观绿化施工过程中，需要遵循混合原则，混合种植小型乔木与灌木，提升绿化的美观度。

（2）景观绿化施工设计原则

在市政道路景观绿化设计过程中，需遵循因地制宜、因时制宜的原则，在建设的过程中，以城市的气候特征与生态特征为基础，充分利用城市的自然资源，选择适应城市生长的绿化植物，避免外来物种引种而造成的生物入侵现象。在绿化工程设计中，需要保证景观多样化，构建具有层次感的复层绿化模式，根据季节变化创造出符合地区与时节变化的绿色景观，确保景观多样化，提升市政道路绿化质量。

（3）生态效应与经济效应相结合

市政道路具有线长、面广的特征，因此在道路景观工程的建设中，需要注重绿化工程的景观效应以及经济效应，在树种选择与施工设计中，注重经济效益与投资效益。因此在绿化施工过程中，应该合理选择多种植物，大量选择旺生的本土植物种类，适当种植具有一定经济价值的植物，使市政道路景观绿化经济效益最大化。

3. 市政道路景观绿化施工

（1）行道树绿化带

市政道路景观的行道树绿化带是车行道与人行道之间的隔离绿化带，在道路中的建设中，行道树绿化带主要功能是美化街道、降噪除尘，是道路景观的重要组成部分。为了确保行道树绿化带的功能，需要在绿化带施工中预留 1m×1m 的内径尺寸，采用鹅卵石、地被植物、碎树皮等材料覆盖，确保绿化带的积极意义。因为城市化进程的加快，各种给排水管道、配套光缆等设施对行道树绿化带的立地条件造成影响，因此在建设过程中，应该采用行道树与灌木等混合植物相结合，形成连续性的绿化带，在树种的选择中，尽量选择根系较浅、立地教稳的植物种类，确保植物想到书绿化带植物的有效生长。

（2）分车绿化带

分车绿化带是大陆中间用于隔离车行道的绿化带，主要分为中分绿化带与侧分绿化带，其中中分绿化带位于道路的正中央，在施工过程中，应该注意到道路的设计，中分绿化带通过植物的搭配能够对车辆起到防眩晕的作用，因此在施工设计中，应该在其端口部位采用透视植物，为了避免植物造成的影响，防眩光植物的高度应该控制在 1.1～1.5m，为了起到防眩晕的效果，尽量采用复层植物，搭配多种植物，做到色彩明快、层次鲜明。侧分绿化带的建设与中分绿化带有所不同，为了达到防尘隔音的效果，应该主要以灌木和地被植物为主。

（3）环状道路绿化带

在施工建设中，应该首先考虑绿化带的功能，在保证行车安全的前提下，开展绿化植物的种植。因此在环状道路施工建设中，在道路入口处与出口处要种植一些具有指示性质的植被，采用紧密成行的乔木提高驾车安全性，大型交叉区域的绿道地带种植草坪，确保司机视野畅通，提升行车安全。

（4）高架桥绿化带

高架桥是为了解决城市交通拥堵的重要配套措施，高架桥绿化带的施工需要以高架桥的建设为依据，根据桥架的设计进行绿化规划。因为高架桥的采光相对较差，而且高架桥的人工养护较为困难，因此在绿化工程施工中，需要选择潮湿的绿化地被植物进行垂直绿化设计，在高架桥边栏杆的设计中预留灌溉空间，对绿化植物进行灌溉。

（5）交通岛

在绿化工程建设中，尽量采用通透式的植物种类，确保驾驶员的行车视线在合理的范围内，同时交通岛应尽量避免高大的乔木植物，选择色彩搭配简单的植物种类，避免植物对绿化产生影响。交通岛的绿化设计有利于提升道路节点，增强其景观效应，提升道路绿化质量。

三、道路绿化施工工艺

确定施工程序，并具体安排进度计划：施工程序为：清理场地→定点放线→挖穴→客土→选苗、起苗、运输→苗木修剪→苗木栽植→后期养护。

1. 清理场地

对施工现场的垃圾、渣土、建筑垃圾等要进行清除，一些有碍施工的市政设施、树木要进行拆迁和迁移，然后按照设计图纸进行地形整理。用机械平整土地时，事先应了解是否有地下管线，以免机械施工时造成管线的损坏。

2. 定点放线

采用网格法进行定点放线。按比例在设计图上和现场分别划分等距离的方格（5×5m）。定点时，先在设计图上量好树木对其方格的纵横坐标距离，再按现场放大的比例，定出其相应方格的位置。钉上标有树种、树坑规格的木桩或灰线标明。

3. 挖穴

（1）穴位准确，长、宽、高符合要求，在栽苗木之前应以所定的灰点为中心沿四周向下挖穴，种植穴的大小依土球规格及根系情况而定。带土球的应比土球大 16 ~ 20cm，穴口深度一般比土球高度稍深些（10 ~ 20cm），穴上下口径大小一致，穴无（"锅底穴"）等现象。

（2）种植穴挖好后，可在穴中填些表土，再垫一层经充分腐熟的基肥，基肥上还应当铺一层厚度 5cm 以上的壤土。

（3）挖穴时要注意地下管线走向，遇地下异物时做到"一探、二试、三挖"，保证不挖坏地下管线和构筑物。

4. 客土

考虑到当地部分土壤质量较差，建议客土，即填入树池中有利于树木生长的土壤。粗整地所回填的土应用不含任何垃圾的纯净土，完成浇水夯实后，方可再进行细整；细整地的回填土应加入植物所需的有机质，有机质含量应不少于 3 立方 /100 平方。灌木类为 30cm 左右，中高树木的栽植客土厚度为 60cm 左右。

5. 包装

将根部包扎好，以免土球破碎。为保湿并坚固，在打包之前应将捆包、绕绳用水浸泡潮湿，以增强包装材料的韧性，减少捆扎时引起脆裂和拉断。

6．运输

（1）装车前的检验

运苗装车前，须仔细核对苗木的种类与品种、规格、质量等；凡不合规格要求的，应向苗圃方面提出予以更换。

（2）装运技术要求

①装运乔木时，应树根朝前，树梢向后，顺序安（码）放。

②车后厢板，应铺垫草袋、蒲包等物，以防碰伤树根，干皮。

③装车不得超高，压得不要太紧。

④装完后用苦布将树根盖严，捆好，以防树根失水。

7．修剪整形

（1）苗木种植时，因种植前修剪主要是为运输和减少水分损失等而进行的；种植后应充分考虑植物造景以及植物基本形态重新进行修型，去掉阴枝、病残枝等，并对剪口进行处理。使苗木种植后的初始冠型既能体现初期效果，又有利于将来形成优美冠形，达到目的和最终效果。

（2）抹不定芽保主枝：对路树，如为截干乔木，成活后萌芽很不规则，这时应该在设计枝下高以下将全部不定芽抹掉，在枝下高以上选三至五个生长分健壮、长势良好、有利于形成均匀冠幅的新芽保留，将其余的抹掉。其余乔灌木依照景要求需要去新芽，以利用形成优美树型为主。

8．栽植

（1）散苗

将树苗按规定（设计图或定点木桩）散放于定植穴（坑）边，称为"散苗"。

①轻拿轻放，不得损伤树根、树皮、枝干或土球。

②散苗速度应与栽苗速度相适应：边散边栽、散毕栽完，尽量减少树根暴露时间。

（2）栽苗

散苗后将苗木放入坑内扶直，分层填土，提苗至适合程度，踩实（黏土可不踩，以灌水）固定的过程，称为"栽苗"。采用"三埋两踩一提留"的方法。

栽苗的注意事项和要求：

①平面位置和高度必须符合设计规定。

②树身上下垂直。如果树干弯曲，其弯曲度应朝向当地主风方向。

四、栽植后的养护管理

栽植后加强管护，才能保证园林植物有较高的成活率和较快的生长速度，以尽快实现设计要求的植物效果。

1．立支柱

较大苗木为了防止被风吹倒，应立支柱支撑。

2．灌水

水是保证树木成活的关键，栽后应立即灌水，一周内连灌三次水。

3．扶直封堰

（1）扶直：浇第一遍水渗水后的次日。应检查树苗是否有倒、歪现象，发现后应及时扶直，并用细土将堰内缝隙填严，将苗木固定好。

（2）中耕：水分渗透后。用小锄或铁耙等工具，将土堰内的土表锄松，以利保水。植树后浇三次水之间，都应中耕一次。

4．施肥

施肥至关重要。通过施肥，供给园林植物生长所必需的，同时改良土壤，使植物生长良好。施肥以有机肥为主，夏季也可结合根外追肥，一般新栽树木，除基肥外，每年可施肥 1 ~ 2 次，春秋季进行。

第四节　高速公路绿化

一、高速公路绿化

1．高速公路绿化现状

（1）高速公路绿化浇水需要绕行收费所，运距远成本高，就近水源难找，干旱缺水使苗木成活率降低。

（2）后期树木管理、养护力度不够。

（3）一些施工队对绿化地段气候、土壤不够了解，大量绿化苗木从外地引进，这些苗木对当地气候及水土等条件的适应性差，在抗逆性方面表现不良，成活不稳定。

（4）高速路路面为黑色沥青路面，昼夜温差极大；川流不息的过往车辆，使路边植物经常受到风流侵袭，蒸发量加大。

（5）互通立交区多作为施工时的料场、预制场地，具有较高的压实度，且掺有基底混凝土和碎石沥青水泥等废弃料，不利于植物生长。

（6）高速公路路基两侧绿化带土质多为沙砾石既无肥力又不保水，造成植物成活率不高。

2．高速公路绿化功能

（1）防眩功能。白天树荫可以遮挡阳光，减少阳光对司机产生的眩光，而最重要的是位于中央分隔带上的树木、矮篱等，可以有效地防止夜间对向来车所产生的眩光，防止由于眩目所产生的交通危险。

（2）调节明暗变化功能。在隧道两侧种植一些树木，利用树荫来调节隧道内外的明暗强度，对行车安全十分有利。

（3）水土保持功能。利用植物材料进行防护，植物的根条纵横交织而发达，可有效地增加土壤机械固着能力，提高了抗冲、防蚀能力，起到了保持水土、稳固路基的作用。

（4）美化路容功能。绿色环境是人类生存和发展的物质基础，在绿色的环境中，会使人精神振奋，思想活跃。长时间高速行驶在高速公路上，会在精神上、视觉上产生疲倦，对行车不利。通过色彩多样的植物及形态各异的乔灌木景观，可以改善枯燥的行车环境，减缓视觉，消除精神疲倦，提高安全保障。

（5）降低噪声功能。树木有散射声波的作用，能把投射到叶片上的噪声分散到各个方向，造成声能消耗使其减弱。枝叶表面的毛孔、绒毛能够像孔纤维吸音板一样，把噪声吸收掉。

（6）净化空气功能。首先，绿色植物在光合作用过程中能够吸收二氧化碳，放出氧气，自动调节空气中二氧化碳和氧气平衡，使空气保持新鲜；其次，由于行车的影响，柴、汽油燃烧后排出大量废气；再次，空气中飘浮着大量尘埃，是细菌和病毒生殖繁衍的场所，减少灰尘也就减少了空气中细菌病毒的含量。

二、高速公路绿化景观设计

1. 目的

高速公路的景观设计一般有以下几个目的：

（1）保护和突出公路沿线原有的自然生态环境，如现有植被和水体等。

（2）改善驾驶员和乘客视野之内的单调的路面景观。

（3）注意生态环保，降低高速公路对周围生态的污染。

（4）减少公路对沿线居民的噪声污染和视觉污染。

（5）坚持可持续发展原则，既满足当代人的交通需要，又不损失后代人的环境利益。

2. 高速公路绿化景观设计指导原则

高速公路是典型的线性景观，其绿化景观设计必须考虑以下因素：

首先是高速公路所在地区的气候条件。一个地区的气候条件是植物选择的重要依据之一。其次是车行速度。高速公路典型的特征是高速性，高速公路上车行速度一般在80km ~ 120km。高速运动中的司乘人员对景观细部的敏感度是很低的，这就要求景观设计的大尺度，过于破碎的景观将使高速运动中的司乘人员感到杂乱无章。因此绿化景观设计应遵循如下原则：

（1）在通视上要求路线各组成部分的空间位置配合协调，使司乘人员感到线性流畅、清晰、行驶舒适安全。

（2）利用绿化来补充和改善沿线景观。适地适树，选择抗性强，管理粗放的树种，考虑环境绿化的季相、色彩变化，营造一个绿草如茵、色彩鲜明、生机勃勃的自然环境。

（3）科学与艺术相结合，经济性与可操作性相结合，规则式与自然式相结合，创造多样的绿地景观和生态环境。

（4）高速公路景观绿化的美学个性，是在其地域风土上积累起来的固有文化、历史、生活的艺术表现。通过这种被表现出来的个性美，使人们能深深地感受到当地所蕴藏的文化和历史。能够因地制宜，合理布局，结合周围及历史人文景观因素，有景借景，无景造景，创造内涵丰富的自然景观。

3.中央隔离带、分车带绿化景观

（1）中央隔离带的立地条件

①由于高速公路一般需要较开敞的环境，加之车辆行驶所形成的风力，一般风速较大，对局部气温有影响，冬季容易形成冻害。

②从长远来看，车辆行驶必然会造成比较严重的空气污染。

③高速公路的中央隔离带宽度一般是 1 ~ 3m，土壤厚度一般为 50 ~ 60cm，全部为客土。因此，其土壤水分、肥沃程度较差，质地及透气性不良，需要通过人为的有效措施来改良土壤环境。

（2）植物选择与配置

中央隔离带、分车带绿化应以常绿树种为主，选择生长缓慢或低矮的植物。植物的选择应注意远近期绿化效果的结合，分车带应选择生长缓慢或低矮的树种，否则随着植物的生长，植物有可能会阻挡司机视线，妨碍行车安全。如果植物生长太快，需要修剪的次数必然增加。这样就会增加养护管理的费用。而且，选择的树种要有较高的抗逆性，耐寒、抗旱、抗污染，且管理要求比较粗放。另外，为了夜间防止眩光还必须考虑植物材料的高度和种植的间距。中央隔离带植物的高度一般是 1.5 ~ 1.7m，同时在高速公路的纵向起伏路段有所增加。

4.边坡绿化景观

（1）从交通心理学分析边坡植被恢复

一般来说，人在长时间受到同种、同强度的单调刺激时，所感受到的刺激程度会逐渐减退。从交通心理方面分析，单调的刺激会使驾驶人反应能力下降。例如，在笔直、平坦、车流量小的公路上，由于外界环境单一，缺乏变化而产生单调感，随之而来的就是厌倦情绪。如果在这样的情况下，周围环境不能得到改善，心理易产生疲劳，对外界反应迟钝，在突发事件时则表现的措手不及。因此，在边坡的生态恢复时，我们应当充分考虑这方面的因素。国外一般直线公路不超过 2400m。每隔一段路程故意搞一个弧度不大的弯，或在路面上涂上色彩鲜艳的线；在路边增加标志，来增加对驾驶员的刺激。我们则通过边坡的生态恢复的不同手段来减弱驾驶员的疲劳，植物栽植突出层次色彩的差异，每 5000m 植物材料发生变化，促使司机保持轻松、愉悦的心情。

从公路边坡的工程做法及景观效果看，公路边坡形式可归纳为结构性边坡和非结构性边坡两大类。

（2）非结构性边坡景观设计

目前来看，非结构性边坡主要指填、挖方量不大的地域。景观设计也主要以植物种植为主，其中的自然边坡以适生植被、自然生长为主，易于与周围环境相协调。生物工程边坡防护，各地主要以喷、播草籽为主，对于此类边坡在景观设计中应突破传统，改为以草、灌共生，结合色彩搭配协调的绿化种植方法，既满足了植被固土护坡的作用，又提升了公路景观环境。在这方面，许多园林设计的手法可适当应用。

（3）结构性边坡景观设计

结构性边坡防护中的柔性边坡景观设计主要以协调软、硬质景观及景观设计个性化、特色化、本土化为主。较为常见的混凝土预置块防护中，如能把预置块进行凸凹排列，其中种植的植物辅以色彩上的差异，让植物有季相上的变化。这样既有层次上的变化，又有色彩上的变更，还能起到生态护坡的功能。这当中体现了一种公路边坡景观设计的一个手法：化硬为软。砖、石、混凝土等砌块或饰面的边坡，在视觉和心理上给人的感觉比较生硬、沉重、呆板、压抑。如果在边坡的里面上进行绿化处理，采用生态恢复技术或采取选用质感对比强烈的材质或者在空间视觉上形成差异，如浮雕图案等等，则可以改善原有景观效果，化硬为软，化单调为丰富。

三、高速公路绿化布局

高速公路总体布局一般呈带状分布，绿化工程要根据公路特点，结合自然条件、立地条件和绿化目标，将不同层次的绿化单元有机地衔接起来，构建丰富多彩的绿化模式，最大限度地拓展绿化空间，提高绿化覆盖度，增强防护性和绿化观赏性。

1. 绿化工程的水平布局和垂直布局

绿化工程水平布局采用点（互通式立交桥、服务区）、线相结合的形式。通过园林绿化方式将各互通式立交桥、服务区、出入口进行景点式绿化，与沿线多功能防护林的绿化有机地连接起来，使整条公路形成多功能、多色彩的绿化布局形式。在垂直层面布局上，根据绿化物种的特征，乔、灌、草相结合，突出表现空间层次结构。要根据绿化空间，合理配置植物株行距，以高大乔木做骨干构成绿化骨架和基调，使其挺拔雄伟，四季有绿，并配以花灌木形成垂直层面布局。

2. 植物优化结构布局

在绿化植物的选择上，首先，应根据立地条件，结合植物生物学特性、栽植技术、经营管理方式、病虫害防治以及景观的装饰作用，正确选择植物材料，优化物种的配置，为树木的培育与养护管理创造最合理的条件。其次，根据高速公路区域的自然条件和绿化建设的要求，在充分利用现有乡土植物的基础上，丰富植物多样性。可选择乔木、灌木、草本植物、草本花卉、针叶树、阔叶树等树种，这些物种都各有独特的色彩、风韵、芳香、听声（松涛）的特点，而且这些特点又能随季节及树龄的变化而丰富发展，呈连续变化的动态效果。再次，在植物种类的配置上，对不受视线限制的范围，搞成苗圃，管理粗放，既有绿化、美化的效果，又具有一定的社会、经济、生态效益；也可搞成经济果林园，种植桃树、杏树、柿树、枣树、葡萄、李子、核桃、石榴等；对视线有要求的区域，可选用瓜子黄杨、龙柏球、金叶女贞、红叶小檗、冬青、丰花月季等花灌木，组成不同的大型植物图案，并配置花草、植物造型、小品等，并根据需要配置乔木，要以美化为主，形成景观观赏点。以达到春季梢头嫩绿、花团锦簇；夏季绿树成荫，浓影覆地；秋季色彩斑斓、果实累累；冬季松柏翠绿、白雪挂仗的绿化效果。

四、各区域的绿化特点及植物品种选择

1. 互通立交匝道区立交桥景点绿化，以体现地方特色以及风土人情和文化内涵为指导思想，进行绿化布局。配置采用自然式和规则式相结合的方式，以针叶树作基调，用色彩丰富，造型别致的花灌木做成寓意深刻和突出历史文化名城、成语典故之乡的地方特点的各种图案。在树种配置上，采用多组团，大色块，流线型的自然式，铺以大面积开朗明快的草坪作衬托。树木配置高矮相间，错落有致，层次分明，体现气魄，对立交桥的建筑艺术起到美化和烘托的作用。

2. 中央分隔带高速公路中央分隔带绿化要保证道路功能所规定的视距、建筑界限，并要通视良好。中央分隔带绿化，在夜间能起到防眩屏障的作用，既节省了防眩网的安装费用，又增加高速公路的绿化面积。做好绿化与防眩相结合的文章，植物防眩与防眩板相比有着不可替代的优越性，适宜建植的苗木以圆柏、龙柏、侧柏为最好，女贞、紫叶李、丰花月季等次之；形式有单墙式、百叶窗式；间距根据防眩形式 1 ~ 6m 不等，色块长度 >=2km；苗木修剪高度 1.6 ~ 1.8m，过高会妨碍驾驶人员观察对方车辆的行驶情况，过矮难以遮掩会车灯光，失去防眩的作用。

3. 路肩、边坡结缕草、狗牙根最适宜，散铺或满铺；高填方路段可配以紫穗槐，采用鱼鳞坑式栽植；也可与矿料结合进行坡面防护；冷性草慎用。

4. 隔离栅内侧与边沟外缘土台栽植蔷薇、连翘等，2 ~ 3 年后出现明显效果，不但起到阻止攀越隔离栅的作用，而且还可抑制杂草的生长。特别是春季，黄、白、红花盛开，形成一道高速公路独特的亮丽风景线。为尽快形成其带状绿化景观，一般要求栽植速生乔木，比如：杨树、柳树、泡桐、香椿、臭椿等，株距 3 ~ 4m，行距 2 ~ 3m；栽植时不宜在较长路段中采用。

5. 收费站区及服务区充分利用宽阔占地，结合经济能力，栽植几十种甚至上百种乔木、灌木、花、草及果木，同时配置园林小路、假山、喷泉、水景、雕塑、花坛、小品等构成植物园形式的立体绿化艺术群。以雕塑、花坛、小品等为载体充分展现人民的精神风貌、人文景观、历史文化和民俗风情。

第六章　桥梁工程

第一节　桥梁与桥梁工程

一、桥梁

桥梁，一般指架设在江河湖海上，使车辆行人等能顺利通行的构筑物。为适应现代高速发展的交通行业，桥梁亦引申为跨越山涧、不良地质或满足其他交通需要而架设的使通行更加便捷的建筑物。桥梁一般由上部构造、下部结构、支座和附属构造物组成，上部结构又称桥跨结构，是跨越障碍的主要结构；下部结构包括桥台、桥墩和基础；支座为桥跨结构与桥墩或桥台的支承处所设置的传力装置；附属构造物则指桥头搭板、锥形护坡、护岸、导流工程等。

二、桥梁工程

桥梁工程指桥梁勘测、设计、施工、养护和检定等的工作过程，以及研究这一过程的科学和工程技术，它是土木工程的一个分支。桥梁工程学的发展主要取决于交通运输对它的需要。

1. 技术方面

桥梁工程学主要研究桥渡设计，决定桥梁孔径，考虑通航和线路要求以确定桥面高度，考虑基底不受冲刷或冻胀以确定基础埋置深度，设计导流建筑物等；桥式方案设计；桥梁结构设计；桥梁施工；桥梁检定；桥梁试验；桥梁养护等方面。

古代桥梁以通行人、畜为主，载重不大，桥面纵坡可以较陡，甚至可以铺设台阶。自从有了铁路以后，桥梁所承受的载重逐倍增加，线路的坡度和曲线标准要求又高，且需要建成铁路网以增大经济效益，因此，为要跨越更大更深的江河、峡谷，迫使桥梁向大跨度发展。

2. 材料方面

在建桥材料方面，以高强、轻质、低成本为选择的主要依据，仍以发展传统的钢材和混凝土为主，提高其强度和耐久性。

石材、木材、铸铁、锻铁等桥梁材料，显然不合要求，而钢材的大量生产正好满足这一要求。

3．施工方面

在桥梁施工方面，对施工组织将充分利用电子计算机进行经济有效的管理。在施工技术中，将不断引用新技术和高效率、高功能的机具设备，借以提高质量、缩短工期、降低造价。

（1）桥梁下部结构施工

桥梁墩台施工：整体式墩台施工，有石砌墩台、混凝土墩台；装配式墩台施工；砌块式墩台施工；柱式墩台施工。

墩台基础施工：明挖扩大基础施工；桩与管柱基础施工；沉井基础施工。

（2）桥梁上部结构施工

桥梁承载结构施工：支架现浇法；预制安装法；悬臂施工法；转体施工法；顶推施工法；移动模架主孔施工法；横移法；提升与浮运法。

（4）梁式桥施工

简支梁桥，等截面连续梁桥，预应力混凝土变截面连续梁桥，预应力混凝土连续钢构桥，钢梁桥。

4．维修方面

在桥梁维修检查中，引用新型精密的测量仪表，如用声测法对结构材料的缺陷以及弹性模量进行测定；用手携式金相摄影仪检查钢材的晶体结构偂能及早进行加固防患于未然，以便延长桥梁的使用寿命。

桥梁工程始终是在生产发展与各类科学技术进步的综合影响下，遵循适用、安全、经济与美观的原则，不断地向前发展。

第二节　桥梁的结构组成和分类

一、桥梁的基本组成部分

一般桥梁由以下几个部分组成：

桥跨结构是在线路中断时跨越障碍的主要承载结构。

桥墩和桥台是支撑桥跨结构并将恒载和车辆等活载传至地基的建筑物。通常设置在桥两端的称为桥台，桥台与路堤相衔接，以抵御路堤土压力，防止堤填土的滑坡和坍落。单孔桥没有中间桥墩。

基础是桥墩和桥台中使全部荷载传至地基的底部奠基部分。是确保桥梁能安全使用的关键。

上部结构是指桥梁的桥跨结构。

下部结构是指桥梁的桥墩或桥台。

支座是桥梁在桥跨结构与桥墩或桥台的支承处所设置的传力装置。

锥形护坡是指在路堤与桥台衔接处，在桥台两侧设置石砌护坡，为保证迎水部分路堤坡的稳定。

低水位是指在枯水季节如丘而止最低水位。

高水位是指在洪峰河流中最高水位。

设计洪水位是指桥梁设计中按规定的设计洪水频率计算所得的高水位。

净跨径对于梁式桥是设计洪水位上相邻两桥墩（或桥台）之间的净距，对于拱式桥是每孔拱跨两个拱脚截面最低点之间的水平距离。

总跨径是多孔桥梁中各孔净跨径的总和，也称桥梁孔径，它反映了桥下宣泄洪水的能力。

计算跨径对于具有支座的桥梁，是指桥跨结构相邻两个支座中心之间的距离，对于拱式桥，是两相邻拱脚截面形心点之间水平距离。国为拱圈（或拱肋）各截面形心点的连线称为拱轴线。

桥梁全长简称桥长，是桥梁两端两个桥台的侧墙或八字墙后端点之间的距离，对于无桥台的桥梁为桥面系行车道的全长。在一条线路中，桥梁和涵洞总长的比重反映它们在整段线路建设中的重要程度。

桥梁高度简称桥高，是指桥面与低水位之间的高差，桥高在某种程度上反映了桥梁施工的难易性。

桥下净空高度是设计洪水位或计算通航水位至桥跨结构最下缘之间的距离，不小于对该河流通航所规定的净空高度。

建筑高度是桥上行车路面（或轨顶）标高至桥跨结构最下缘之间的距离，它不仅与桥梁结构的体系和路径的大小有关，而且还随行车部分在桥上布置的高度位置而异。

公路（或铁路）定线中所确定的桥面（或轨顶）标高，对通航净粉顶部标高之差，又称为容许建筑高度。

净矢高是从拱顶截面下缘至相邻拱脚截面下缘最低点之连线的垂直距离。

计算矢高是从拱顶截面形心至相邻两拱脚截面形之连线的垂直距离。

矢跨比是拱桥中拱圈（或拱肋）的计算矢高与计算跨径之比，也称拱矢度，它是反映拱桥受力特性的一个重要指标。

此外，我国《公路工程技术标准》中规定，对标准设计或新建桥涵路径在 60m 以下时，一般均就尽量采用标准跨径。对于梁式桥，它是指两相邻桥墩中线之间的距离，或墩中线至桥台台背前缘之间的距离；对于拱桥，则是指净跨径。

涵洞是用来宣汇路堤下水流的构造物。为了区别于桥梁《公路工程技术标准》中规定，凡是多孔路径的全长不到 8m 和单孔跨径不到 5m 的泄水结物，均称为涵洞。

二、桥梁的主要类型

1. 桥梁的基本体系

结构工程上的受力构件，总离不开拉、压和弯三种基本受力方式。由基本构件所组成的各种结构物，在力学上也可归结为梁式、拱式、悬吊式三种基本体系以及它们之间的种组合。

（1）梁式桥

梁式桥是一种在竖向荷载作用下无水平反力的结构。由于外力（恒载和活载）的作用方向与承重结构的轴线接近垂直，故与同样跨径的其他结构体系相比，梁内产生的弯矩最大，通常需用抗弯能力强的材料来建造。目前在公路上应用最广的是预制装配式的钢筋混凝土简支梁桥。但其常用跨径在25m以下。当跨度较大时，为了达到经济省料的目的，可根据地质条件等修建悬臂式或连续式的梁桥。对于很大的跨径，以及对于承受很大荷载的特大桥梁可建造钢桥或高强度材料的预应力混凝土梁桥。

（2）拱式桥

拱式桥的主要承重结构是拱圈或拱肋。这种结构在竖向荷载作用下，桥墩或桥台将承受水平推力。这种结构在竖向荷载作用下，桥墩或桥台将承受水平推力。同时，这种水平推力将显著抵消荷载所引起在拱圈（或拱肋）内弯矩作用。因此，与同跨径的梁相比，拱弯矩和弯形要小得多。鉴于拱桥的承重结构以受压为主，通常就可用抗压能力科学家的圬工材料（如砖、石、混凝土）和钢筋混凝土等来建造。拱桥的跨起能力很大。

（3）刚架桥

刚架桥的主要承重结构是梁或板和立柱或竖墙整体结合在一起的钢架结构，梁和杜的连接处具有很大的刚性。在竖向荷载作用下，梁部主要受弯，而在柱脚处也具有水平反，其受力状态介于梁桥与拱桥之间。因此，对于同样的跨径，在相同的荷载作用下，刚架桥的跨中正弯矩要比一般梁桥的小。

（4）吊桥

传统吊桥均用悬挂在两塔架上的强大缆索作为主要承重结构。在竖向荷载作用下，通过吊杆使缆索承受很大的拉力，通常就需要在两岸桥台的后方修筑非常巨大的锚碇结构。吊桥也是具有水平反力（拉力）的结构。

吊桥的自重小，结构刚度差，在车辆动荷载作用下有较大的变形和振动。

（5）组合体系桥

根据受力特点，由几个不同体系的结构组合而成的桥梁称为组合体系桥。

组合体系桥的种类很多，但究其实质不外乎利用梁、拱、吊三者的不同组合，上吊下撑以形成新的结构。组合体桥梁一般都可用钢筋混凝土来建造，对于大跨径桥以采用预应力混凝土或钢材修建为宜。

2. 桥梁的其他分类简述

除了上述按受力特点成分成不同的结构体系外，人们还习惯地按桥梁的用途、大小规模和建桥材料等其他方面来进行分类：

（1）按用途来划分，有公路桥、铁路桥、公路铁路两用桥、农桥、人行桥、运水桥（渡槽）及其他专用桥梁（如通过管路、电缆等）。

（2）按桥梁全长和跨径的不同，分为特殊大桥、大桥、中桥和小桥。《公路工程技术标准》规定的大、中、小桥划分标准如表6-2-1：

表6-2-1 公路工程技术标准

桥涵分类	多孔跨径	单孔跨径 L
特大桥	L≥500	L
大桥	L≥100	L
中桥	30＜L100	20L
小桥	8≤L≤30	5≤L
涵洞	L＜8	L

（3）按主要承重结构所用的材料划分，有圬工桥（包括砖、石、混凝土桥）、钢筋混凝土桥、预应力混凝土桥、钢桥和木桥等。在我国公路上广泛应用的是钢筋混凝土桥、预应力混凝土桥和圬工桥。

（4）按跨越障碍的性质可分为跨河桥、跨线桥（立体交驻）、高架桥和栈桥。高架桥一般指跨越深沟峡谷以代替高路堤的桥梁。

（5）按上部结构的行车道位置，分为上承式桥、下承式桥和中承式桥。桥面布置在主要承重结构之上者称为上承式桥。桥面布置在承重结构之下的称为下承为下承式桥。桥面布置在桥跨结构高度中间的称为中承式桥。

上承式桥的构造简单，施工方便，而且其主梁或拱肋等的间距可按需要调整，以求得经济合理的布置。一般来说，上承式桥梁的承重结构宽度可做得小些，因而可节约墩台圬工数量。此外，在上承式桥上行车时，视野开阔、感觉舒适也是其重要优点。所以，公路桥梁一般尽可能采用上承式桥。上承式桥的不足之处是桥梁的建筑高度较大。

在建筑高度受严格限制的情况下，以及修建上承式桥必须提高路面（或轨顶）标高而显著增大桥头路堤土方量时，就应采用下承式桥或中承式桥。对于城市桥梁。有时受周围建筑物等的限制，不容许过分抬高桥面标高时，也可修建下承式桥。

按特殊的使用条件分有开合桥、浮桥、漫水桥等。

三、桥梁的设计荷载

1. 规范中有关设计荷载的规定

根据使用任务，桥梁结构除了承受本身自重和各种附加恒载成气候，主要是承受桥上各种交通荷载，例如各种汽车、平板挂车、履带车、电车以及各种非机动车和人群荷载。

通常可以将作用在公路桥梁上的各种荷载和外力归纳成三类：永久荷载；可变荷载；偶然荷载。

（1）永久荷载

永久荷载亦称恒载，它是在设计使用期内，其作用位置和大小、方向不随时间变化，或其变化与平均值相比可忽略不计的荷载。永久荷载包括结构物自重、桥面铺装、及附属设备的重量、作用于结构上的土重及土侧压力、基础变位的影响力、水浮力、长期作用于结构上的人工预施力以及混凝土收缩和徐变的影响力。

结构物的自重和桥面铺装的重量，可按实际体积乘以材料的容重计算。公路桥结构物的自重往往占全部设计荷载的大部分，占30%～60%以上，跨径愈大所占比例愈高。

（2）可变荷载

可变荷载为在设计使用期，其作用位置和大小、方向随时间变化，且其变化与平均值相比不可忽略的荷载。按其对桥涵结构的影响程度，又分为基本可变荷载（亦称活载）和其他可变荷载。

桥梁设计中考虑的基本可变荷载有汽车、平板挂车和履带车的车辆荷载和人群荷载。同时，对于汽车荷载应计及其冲击力和离心力。对于所有车辆荷载尚应计算其所引起的土侧压力。

规范中规定的其他可变荷载包括：汽车制动力、支座摩阻力、温度影响力、风力、流水压力和冰压力等。

①车辆荷载的影响力

车辆荷的影响力包括汽车荷载的冲击力、离心力、车辆荷载引起的土侧压力（以上属基本可变荷载）和汽车制动（属其他可变荷载）。

A 汽车荷载的影响力

车辆以较高速度驶过桥梁时，由于桥面不平整、车轮不圆以发动机抖动等原因，会使桥梁结构引起振动，这种动力效应通常称为冲击作用。在此情况下，汽车荷载（动荷载）对桥梁结构所引起的应力和变形，要比同样大小的静荷载所引起的大。冲击作用是根据在现成桥梁上所做的振动试验结果分析整理出来的，在设计中可按不同结构种类选用相应的冲击系数。下表6-2-2是钢筋混凝土、混凝土和石砌桥涵等的冲击系数。

表6-2-2 钢筋混凝土、混凝土和石砌桥涵等的冲击系数

结构种类	跨径或荷载长度（m）	冲击系数（1+）
梁、	l≤5	1.30
拱桥的主拱圈或拱肋	l≤20	1.20

冲击系数（1+）是随路径或荷载长度 l 的增大而减小的，当 l 在表列数值之间时，可用直线内插法求得。

鉴于结构物上的填料能起缓冲和扩散荷载的作用，故对于拱桥、涵洞以及重力式墩台，当填料厚度（包括路面厚度）等于或大于 50cm 时，可以不计冲击作用。

B 汽车荷载的制动力

制动力是汽车在桥上刹车时为克服其惯性力而在车轮与路面之间发生的滑动摩擦力（摩擦系数可达 0.5 以上）。鉴于一行汽车不可能全部同时刹车，制动力就并不等于摩擦系数乘桥上全部车辆荷载。《桥规》规定：对于 1～2 车道，制动力按布置在荷载长度内的一行汽车车队总重量的 10% 计算，但不得小于一辆重车重量的 30%；对于 4 车道的桥梁，制动力按上述规定数值增加一倍。

制动力的方向是行车方向，其着力点在桥面以上 1.2m 处。在计算墩台时，可移至支座中心（铰或滚轴中心）或滑动支座、橡胶支座、摆动支座的底板面上；计算刚架桥、拱桥和木桥时，可移至桥面上，但不计因此而产生的力矩。

C 离心力

位于曲线上的桥梁，当曲率半径等于或小于 250m 时，须考虑车辆离心力的作用。离心力等于车辆荷载（不计冲击力）乘以离心力系数 C，即

H=CP 式中：——计算车速，以 km/h 时计；R——弯道半径，以 m 计。

为了计算方便，车辆荷载 P 通常就采用均匀分布的等代荷载。多车道桥的等代荷载亦按规定折减。离心力的着力点在桥面以上 1.2m（为计算简便也可移至桥面上，但不计由此引起的力和矩）。

D 车辆荷载引起的土侧压力

车辆荷载在桥台或挡土墙后填土的破坏棱体上引起的土侧压力，可按换算的等代的均布层厚度来计算。有关桥台的计算宽度或挡土墙的计算长度可按《桥规》的相应规定来确定。

②人群荷载

设有人行道的桥梁，在以汽车荷载计算内力时，应同时考虑人行道上人群荷载所产生的内力。一般公路桥梁的人群荷载规定为 $300kg/m^2$（$3000N/m^2$）；城市郊区行人密集地区一般为 $350kg/m^2$（$3500N/m^2$）。

（3）偶然荷载

偶然荷载包括地震力和船只或漂流物的撞击力。这种荷载在设计使用期内不一定出现但一旦出现，其持续时间较短而数值很大。

2．荷载组合

根据各荷载重要性的不同和同时作用的可能性，《桥规》规定了下述五种荷载组合：

组合Ⅰ：基本可变荷载（平板挂车或履带车除外）的一种，或几种与永久荷载的一种或几种相组合。

组合Ⅱ：基本可变荷载（平板挂车或履带车除外）的一种，或几种与永久荷载的一种或几种与其他可变荷载的一种或几种相结合。

组合Ⅲ：平板挂车或履带车与结构自重、预应力、土重及土侧压力中的一种或几种组合；

组合Ⅳ：基本可变荷载（平板挂车或履带车除外）的一种，或几种与永久荷载的一种或几种与偶然荷载中的船只或漂流物撞击力相组合；

组合Ⅴ：结构自重、预应力、土重及土侧压力中的一种或几种与地震力相组合。

第三节　桥梁规划设计

一、桥梁的总体规划

1．桥梁设计应遵循以下基本原则：

（1）安全可靠：设计好导流设施，防止桥梁基础底部被高度冲刷。

（2）适用耐久：满足当前与今后交通量的需求。

（3）经济合理：因地制宜、就地取材和方便施工。

（4）技术先进：采用新材料、新技术和新工艺。

（5）美观大方：结构简练，空间比例和谐，与周围环境协调。

（6）环境保护与可持续发展。

2．野外勘测与调查研究（设计资料的调查收集）

（1）使用任务：确定桥梁的规模。

（2）选择桥位：确定路桥的关系等。

（3）桥位的详细勘测和调查：

①桥位地形：测绘地形图。

②桥位地质：工程地质报告。

③桥位水文：确定桥梁跨径和净空。

（4）调查其他有关情况建材来源、供应及运输、拆迁、地震资料，施工单位及现场情况，气象资料，上、下游老桥等。

3．桥梁纵、横断面设计和平面布置

（1）桥梁纵断面设计包括总跨径、分孔、桥面标高、桥下净空、纵坡、基础埋深等。

①桥梁总跨径的确定：满足水文计算要求依具体情况调整。

②桥梁分孔包括桥型（跨越能力），经济跨径，通航要求，地质、地形，各孔径间比例，战备考虑，上、下游老桥影响，施工能力以及美观方面。

③桥面标高的确定

A 主要考虑三个因素（总前提）：路线纵断面设计要求、排洪要求和通航要求。（保证排洪、通航和桥下行车安全及桥梁自身安全）。

B 有关的具体规定：流水净空—跨河桥、通航净空—跨河桥以及车辆净空—跨线桥。

④桥梁纵坡布置

纵断面线形将桥梁纵断面设计成单向或双向坡度，有利于交通、美观，又便于排水。

⑤基础的埋置深度

（2）横断面设计

①桥梁宽度依据《公路工程技术标准》中规定的各级公路行车道宽度、中间带宽度、路肩宽度确定。

②桥面净空应满足《公路工程技术标准》中关于建筑界限的规定。

（3）桥梁平面布置——确定路、桥、水流的关系原则：平顺、车辆平稳通过。

①高速、一级公路上的大、中桥及所有的小桥一依路线。

②二、三、四级公路上的大、中桥一般为直线。

③由经济和施工而言，避免斜交，否则，φ≤450，通航河流 φ≤50。

二、桥梁设计的基本要求

1. 使用上的要求

桥梁必须适用：要有足够的承载能力和桥面净空，既能保证车辆和行人的安全畅通，又能满足将来交通里程增长的需要；建在通航河流或需跨越其他路线的桥梁，桥下净空应满足泄洪、安全通航或通车的要求；靠近村镇、城市、铁路及水利设施的桥梁，应适当考虑综合利用，满足其他工程设施的需要（如管线工程等）；建成的桥梁要保证使用年限，并便于检查和维修。

2. 经济上的要求

桥梁设计应体现经济上的合理性：一切设计必须经过详细周密的技术经济比较。使桥梁的总造价和材料等消耗为最小；选用的桥梁结构形式要便于制造和架设，应尽量采用先进工艺技术和施工机械，以减少劳动强度。加快施工进度，保证工程质量和施工安全；采用的建筑材料应因地制宜，就地取材，并具有良好的耐久性，尽可能降低日后营运养护费用，取得最佳经济效果。

3. 安全上的要求

保证整个桥梁结构及其各个构件在制造、运输、安装和使用过程中具有足够的强度、刚度、稳定性和耐久性。桥梁结构的强度应使全部构件及其连接构造的材料抗力或承载能力具有足够的安全储备。对于刚度的要求，应使桥梁在荷载作用下的变形不超过规范规定的容许值，以免挠度过大而影响行驶、危及桥梁结构的安全。结构的稳定性，是要使桥梁结构在各种外力作用下，具有能保持原来的形状和位置的能力。结构的耐久性，是要使桥梁结构在正常的使用年限内不过早地发生破坏而影响正常使用，例如桥梁裂缝宽度不超过规范规定的容许值等。

4. 美观上的要求

桥梁建筑不仅是交通工程中的重点建筑物，而且也是美化环境的点缀品。一座桥梁应具有优美的外形，既能达到桥梁自身和谐，又能与周围环境协调。对城市桥梁和游览地区的桥梁，更要考虑桥梁美学的要求。设计者应结合自然环境精心比选方案、精心设计、精心施工，以期在增加投资不多的条件下，取得桥梁美观的效果。

5. 环保上的要求

桥梁设计必须考虑环境保护和可持续发展的要求，包括生态、水、空气、噪声等各方面，应从桥位选择、桥跨布置、基础方案、墩身外形、施工方法、施工组织设计等多方面全面考虑环境要求，采取必要的工程控制措施，并建立环境监测保护体系，将不利影响减至最小。

三、桥面布置与构造

1. 桥面铺装

（1）桥面铺装的作用

桥面铺装直接承受车辆轮压的作用，既是保护层，是受力层，主要是保护行车道板或主要承重结构不直接承受轮载的磨耗以及雨雪和大自然的侵蚀，并具有均匀分布车轮集中荷载和作用。

（2）桥面铺装的类型和要求

桥面铺装根据材料的不同可分为沥青表面处置、沥青混凝土和水泥混凝土等类型。

《桥规》规定：高速公路和一级公路的特大桥和大桥的桥面铺装采用沥青混凝土桥面铺装，其厚度 ≥70mm；二级及二级以下的公路铺装厚度 ≥50mm；水泥混凝土桥面铺装厚度 ≥80mm，混凝土强度不宜低于 C40。

2. 桥面排水设计

（1）桥面排水主要分为横向排水和纵向排水。通常当桥面纵坡大于2%而桥长小于50m 时，可以不设泄水管，当桥面纵坡大于2%而桥长大于50m 时，每隔 12 ~ 15m 设置一个泄水管。

（2）《桥规》规定，桥面纵坡不宜大于4%，引桥纵坡不宜大于5%；桥面横坡一般采用 1.5% ~ 3%。

3. 人行道设计要求

我国每条人行道宽度取 0.75m 或 1.00m，其通行能力均为 800 ~ 1000 人 /h，大于 1.00m

时按 0.5m 的倍数增加，其高度至少高出行车道 0.2 ~ 0.25m。同时人行道板有 1.5% 的坡度坡向行车道板。

4. 栏杆设计

栏杆在设计时既要考虑车辆和行人安全过桥，又要考虑造型的美观。公路与城市道路桥梁上的栏杆高度不得小于 1.10m。同时车道边缘至栏杆内边缘之间的安全距离不小于 250mm。

四、桥梁纵、横断面设计及平面布置

1. 桥梁纵断面设计

桥梁纵断面设计主要确定桥梁的总跨径、桥梁的分孔、桥面标高与桥下净空，桥上与桥头的纵坡布置以及基础的埋置深度等。

（1）桥梁总跨径的确定

跨河桥桥梁总跨径一般根据水文计算，并结合桥位地形、断面形态、河床地质、桥头引道填土高度等综合分析确定。由于桥梁墩台和桥头路堤压缩了河床，使桥下过水断面减少，流速加大，引起河床冲刷，要求桥梁总跨径必须保证桥下有足够的排洪面积，使河床不致遭受过大的冲刷。另一方面，为了使总跨径不致过大而增加桥梁的总长度，以节省总投资，又允许有一定的冲刷。因此，桥梁的总跨径应根据具体情况经过全面分析加以确定。例如，对于非坚硬岩层上修筑的浅基础桥梁，总跨径应该大一些，以避免路堤压缩河床，造成较大冲刷；对于深埋基础，一般允许较大的冲刷，总跨径就可适当减小。

（2）桥梁的分孔

桥梁总跨径确定以后，还需进行分孔布置。对于一座较大的桥梁，应当分几孔，每孔的跨径应当多大，通航孔如何布置。这些问题要根据通航要求、水文情况、地形与地质条件、施工技术以及美观等具体情况。通过技术经济等方面综合分析后加以确定。

对于通航河流，首先要确定通航孔跨径以满足通航要求。当通航净宽大于按经济造价所确定的跨径时，一般将通航孔的跨径按通航净宽来确定，其余的桥孔跨径则选用经济跨径。但对于变迁性河流，鉴于航道位置可能发生变化，则需多设几个通航孔；在平原地区的宽阔河流上修建多孔桥时，通常在主槽部分按需要布置跨径较大的通航孔，而在两旁浅滩部分则按经济跨径进行分孔。

桥梁分孔是一个非常复杂的问题，各孔跨径的确定需要综合考虑各种因家。通常标准设计或新建桥涵，当跨径在 100m 以下时，宜采用标准跨径。为了避开不利的地质段（如岩石破碎带、裂隙、溶洞等），可将桥基位置移开，也可适当加大跨径。在有些体系中，为了结构受力合理和用材经济，分孔布置时要考虑合理的跨径比例。在山区欢在水深流急的江河上建桥时，往往采用大跨径桥梁跨越深谷，以便减少中间桥墩。从战备要求出发，需要将全桥各孔的跨径做成一样，并且跨径不能太大，以便于抢修和互换。各孔跨径的选择还与施工能力有关，有时选用较大跨径虽然在技术上和经济上是合理的，但由于缺乏足够的施工技术机械设备，也不得不将跨径减小。除此之外，桥梁的分孔既要自身和谐又要与自然环境协调，在整体规划桥梁分孔时还必须重视美观上的要求。

（3）桥面标高与桥下净空的确定

桥面的标高主要根据桥梁所在路线纵断面设计中的规定，按照计算水位或最高流冰水位加安全高度、桥下通航（或通车）净空、两岸接线标高需要来确定。无铰拱桥的拱脚允许被设计洪水淹没，但不宜超过拱圈高度的 2/3，且拱顶底面至计算水位的净高不得小于1.0m。当河流有形成流冰阻塞的危险或有漂浮物通过时，应按实际调查的数据。在计算水位的基础上，结合当地具体情况酌留一定富余量，作为确定桥下净空的依据。对于有淤积的河流，桥下净空应适当增加。在不通航和无流筏的水库区城内，梁底面或拱顶底面离开水面的高度不应小于计算浪高的 0.75 倍加上 0.25m。在通航或流放木筏的河流上，必须设置保证桥下安全通航的通航孔，桥下净空应符合通航标准，即桥跨结构下缘的标高，应高出自设计通航水位算起的通航净空高度。任何结构构件或设施均不得伸入其内。

2. 桥梁平面设计及横断面设计

（1）城市桥梁的平面上宜做成直桥，这对于加快设计周期，便于施工、保证工程质量，降低工程造价等都较为有利。但由于城市原有道路系统并非十分理想，已有建筑比较密集，交通设施布设复杂，如将桥梁平面布置为直桥，可能会遇到相当大的困难，或是满足不了道路线路上的技术要求；或是增加大量的拆迁；或是较严重地影响已有的重要建筑及重要设施的使用等等。为此，可以在平面上做成弯桥，以避免上述的一些不利因素。弯桥布置的线形尚应符合《城市道路设计规范》（CJJ37-90）中有关道路线形的规定。

（2）主要强调对桥梁结构薄弱而要害部分的安全。

（3）"桥面车道路幅宽度，宜与所衔接道路布置得一致"，这是为了不致使桥上车道路幅与道路车道路幅交接不顺。

当道路现状与规划断面相差很大时，如桥梁一次按规划车道做成，既造成兴建困难，又引起大的浪费，则可按远、近结合的原则，分期兴建。有些城市道路车行道的横断面按三幅或四幅布置，中间有较宽的分隔带或很宽的绿化带，整个路幅非常宽，此时，线路上的桥梁宽度布置要分别对待，妥善解决。

小桥的车道路幅宽度（指路缘石之间）取其与两端道路相同，目的是保证路、桥连接顺直，不使驾驶员在视野和行车条件的适应上发生变化，从而达到过桥交通与原道路一样舒适通畅，且投资增加不多。

在一般情况下，桥卜不应设绿化分隔带，因绿带土层薄，树木易枯萎；土层厚则对桥梁增加不必要的荷重（汽车荷载也仅相当于几十厘米的土荷载），现代国外桥梁也不见桥上设绿化带。

对大桥、中桥，如果两端道路有较宽的分隔带，若桥面缘石间宽度与道路缘石间的宽度相同，将会使桥梁上、下部结构工程量增加，大大增加工程费用。因而，大、中轿车行道宽度取相当于两端道路的车行道有效宽度（即不计分隔带或绿化带宽度）的总和。这样做，桥面虽然收窄了，但并不影响车流通行。

桥面人行道宽度，除按人群流量计算外（算出的值往往较小），还需按周围环境考虑。桥上人行道与道路人行道不完全相同，其道旁不需绿化，而且又无可浏览的商店。据了解，大桥，尤其是特大桥，大多乘车过桥，步行过桥的人为数不多。根据现建成的特大桥来看，桥长与人行流量成反比。

（4）城市特大桥、大桥造价大

为节约起见，大多采用混合行驶车道。这类桥一般比较宽，可能会出现车流量达不到理论饱和值；机动车、非机动车流量高峰不在同一时间；或双向交通流量高峰不在同一时间；机动车设计车速较小。而这些桥一般均属交通要道，交通管理部门均派民警驻守、值勤，并限速，故在使用中无明显不恰当处，因此提出本条。

（5）桥梁纵断面布设若不恰当，对适用、安全、经济、美观都有影响。

桥面的纵坡和竖曲线原则上宜与道路的要求一致。过去在中、小桥设计中，大多采用定型构件，这无疑有许多优点。当需设置竖曲线时，往往以多边折线代替。在多跨中、小桥上，在相邻梁端的凸形交点处，大多采用其两坡度之代数差小于或等于1%。特大桥、大桥采用单独设计，桥面车道竖曲线可结合梁体布设。

我国1956年版的《公路工程设计准则》第1216条中曾提出"凡路线纵坡度变更之处，在凸形交点处，其两坡之代数差，在Ⅰ级路中，大于1%，其他各级路中，大于2%时，应设置竖曲线"。

以上说明过去公路桥，纵坡用直折线代替在凸形交点处容许有一代数差，现随着交通事业的发展，车速将提高，故稍严一些，按不同城市道路等级，提出不同要求。

（6）平原地区道路纵坡都比较小

当桥上必须设置纵坡时，由于各地非机动车情况不尽相同，但从城市来看，大量的非机动车还是自行车，《城市道路设计规范》（CJJ37-90）中对非机动车道纵坡及坡长限制的规定：自行车行驶采用2.5%的纵坡时，推荐坡长可达300m。

《公路桥涵设计通用规范》（JTJ021-89）第1.5.1条中规定"桥上纵坡不宜大于4%，位于市镇混合交通繁忙处的桥面纵坡不得大于3%"。实践表明，纵坡不大于3%，对机动车行驶基本上无影响；纵坡不大于2.5%，一般人骑自行车体力无大困难，达到3%时若坡长就很吃力，且在下坡时容易发生事故。故本条提出：机动专用车道纵坡不宜大于4%，非机动车道纵坡不宜大于2.5%。

对山区城市，本着桥梁的纵坡应与道路要求一致的原则，无须过高的要求，故文中提出"原则上桥面坡度及坡段长度不应大于两端道路的坡度和坡段长度"。

（7）桥面横断面布置。

①桥梁越高或越长，其人行道外侧的人行道栏杆宜采取较高的数值。如果过桥的行人比较稠密，或是周围景观易于吸引行人倚栏眺望时，外侧人行道栏杆更宜采用较高值，以

保证安全，故条文中采用设计中常用的 1.0 ~ 1.2m。

②除快速路外，桥面机动车道与非机动车间具有永久性分隔带时，非机动车道对机动车冲上人行道起缓冲作用，而紧靠人行道的非机动车道上非机动车，车速较低，不易冲上人行道，即使出现冲上人行道，其危险性也较小，故规定非机动车道外侧人行道缘石高出车行道 0.15 ~ 0.20m，便于行人上下。

③主干路、次干路、支路桥面为混合行驶车道，或机动车专用桥，规定人行道高出车道面 0.25 ~ 0.40m，这是根据多年来积累的实践经验来考虑的。60 年代初，在×××大桥公路桥面上，因当时有雾，桥面有薄冰，曾发生过一辆满载的无轨电车（当时车速很低），刹车时打滑冲上对面人行道的严重交通事故，电车车头撞毁栏杆，近半辆悬出桥外，因车下一气泵（开、关车门用）被栏杆残余部分卡住，才免坠入江中，一车乘客幸免于难；70 年代末，××××大桥，××××桥，曾发生过卡车冲上人行道（人行道缘石高仅 0.15m），撞断栏杆翻入江中；×××大桥 1980 年通车后，也曾先后发生过二起汽车冲上人行道，撞坏栏杆，只因设计的路缘石较高（0.40m），车辆后轮被挡住，得以避免翻车落江的严重后果。

④快速路桥：若有非机动车道，对中间机动车道上机动车越出车道时可起缓冲作用，故人行道或安全道缘石可按 0.25 ~ 0.40m 设置，外侧采用加强栏杆；若无非机动车道，则两侧人行道或安全道缘石高度宜用 0.40m，并须在缘石处加设防护栏。为维持安全道作用，提出防护栏与外侧栏杆之间净宽为 0.75m。

（8）必须充分重视桥梁车行道排水问题

桥面积水既有碍观瞻，也影响行车安全。因排水不畅在桥面车道形成薄层水，当车速较高，制动时会导致车轮与路面打滑，易发生事故。

泄水孔一般均在车道路缘石处，故不论纵坡多大，均需有横向排水坡度。城市桥常较公路桥宽，从理论上讲，其横向排水要求应比公路桥高。《苏联铁路、公路、城市道路桥涵设计技术规范》（CH200-62）第 84 条"公路及城市道路桥梁桥面铺装层的顶面，通常应具有纵坡及一切情况下不受纵坡影响的 1.5% ~ 2.0% 的横向坡"。

《公路桥涵设计通用规范》（JTJ021-89）第 1.7.3 条规定"桥面应根据不同类型的桥面铺装设置 1.5% ~ 3% 的横坡，并在行车道两侧适当长度内设置泄水管。较长桥梁的桥面必要时可设置纵坡（或设置竖曲线）""人行道宜设置向行车道倾斜的 1% 横坡"。

美国《公路桥梁标准规范》及欧洲国家的标准规定，横坡均为 2%（不论在一般道路桥或高速道路桥）。近年来，凡世界银行，亚洲银行贷款的桥梁工程横坡都必须用 2%。结合我国的实际情况，较大的横坡特别对较宽的城市桥，若由预制构件组成的上部构造，将给设计与施工带来不便。由于过去无快速道路，一般道路车速不高，大都采用 1.5% 的横坡，尚未产生大问题。随着交通发展，车速势必增加，故文中提出分别对待：在车速高的快速路和主干路桥上，横坡为 1.5 ~ 2%；在车速较低的次干路和支路桥上，横坡为 1.5 ~ 2%。人行道因较窄，只要能满足排水要求即可，设置斜向车道 1% 横坡。缘石旁有足够数量的泄水孔。

桥梁中很多纵向为平坡（中心线坡），为便于排水，要求在泄水孔间应有不小于 0.3 ~ 0.5%纵坡（排水需要的最小坡）。

五、基于 BIM 大型桥梁项目设计

1. 传统设计中的问题

现阶段对于大型的桥梁工程项目，传统的设计仍然是基于二维的 CAD 系统，所有的工程信息由二维图纸表达，平面图纸储存的基本信息仅仅局限于点、线、面等，计算机无法直接计算 CAD 平面图纸包含的有限地构件数据信息，这导致依照使用 2D 图纸进行方案设计和结构受力分析的工作量非常大。如果出现需要修改完善的地方，需要反复调整模型和图纸，效率低下，很容易疏忽出现错误。并且，传统设计理念缺少协同设计，各个设计专业彼此都有自己的设计主线，呈现明显的线性关系，容易出现大量的结构件的碰撞，如配筋冲突、连接构件冲突等。一般情况下参照传统桥梁设计流程进行设计，桥梁设计师基于相关地理信息资料和沿线的道路交通设计资料展开工作，从而确定桥梁的轴线、跨径、接线方案等，然后在进一步通过结分析，确定具体各项参数，包截面尺寸等，并绘制相关图纸，目前常用的是利用 AutoCAD 和 Microstation 开展设计工作。但是大型桥梁工程的设计涉及大量的构件，需要考虑结构安全、设计使用寿命、荷载分布等众多因素。在传统设计流程中，桥梁设计师主要依靠自身的经验以及相关的知识和规范进行设计。但是这种方式面临着如何进行方案优化和快速进行设计变更管理等诸多困难，容易遗漏信息和传达错误，容易造成信息的破碎化，形成信息孤岛，影响设计进度、质量及后续施工任务的开展。

与此同时，传统深化设计一般是由各专业的深化设计工程师来实现。一般在设计方出施工图后，业主组织设计方向施工方进行设计交底，向施工方全面的传达设计理念和设计方案。各专业深化设计工程师根据掌握的设计资料开始编写深化设计说明、构件详图和节点详图等，比如钢结构的深化设计，预制构件的加工图，节点的大样图。之后，对存在问题进行优化，最终完成深化设计，但是这种方式有明显滞后性。

2. 基于 BIM 技术的协同设计研究

（1）协同设计工作方式

协同设计，就是各专业设计人员根据统一的设计目标，各自完成自己的设计任务，主要是指基于 BIM 的参数化建模。BIM 模型是由各种参数化的构件"组装"而成的，这些构件就是欧特克公司提出的族概念，每个族都包含的必要的信息属性，例如材质、尺寸、形状等信息。这种族的好处就是，如果要修改某个构件的参数，其他相关构件的信息属性也会随之修改，大大减少的相关图纸和模型修改的工作量。同时，基于 BIM 平台可以实现协同设计，各个参与方可提前介入，根据需求优化设计成果，减少施工中设计变更。

桥梁工程各专业设计人员利用 reⅥt 系列软件建模，并利用链接功能将各自建立的模型进行合并。在这个过程中，不同专业设计人员能够在权限范围内查看其他专业的模型，

131

同时也可以基于模型进行数据文件共享，沟通交流。设计成果中文件也形式存在 BIM 平台中，并且文件可实时提资平台到的共享区，实现信息共享，从而实现协同设计。

此外协同设计强调各参与方提前介入，基于模型进行沟通协调。根据当前新的 IPD 综合管理模式，即让各个参与方更早的介入项目，尤其是在设计阶段各参与方提前介入。传统的设计模式很难和这种模式匹配，而 BIM 技术恰能与之匹配。

业主和其他各参与方代表一起组建相应的协同工作团队，并利用匹配的合同条款让成员组成利益共同体，有利于设计阶段的协同工作的实施。

项目参与方通过基于 BIM 平台专题会议和信息共享，避免信息的破碎化，提前发现问题，完善和更改，从而将损失降到最低。目前有很多基于云技术的 BIM 的协同平台，例如 buzzsaw 平台，广联云、BIM360 等，平台有设计文件和办公文件管理、设计成果审核流程、项目状态查询、访问权限管理等工能。项目的设计方、业主、施工方等众多参与方可以通过平台对 BIM 三维模型进行查看、基于模型进行沟通，使业主和施工方能直观地理解成果，完成进行协同管理工作，提高协同设计成果有效性。

（2）协同设计流程

传统设计理念不重视协同设计，同时缺乏协同设计技术环境造就了目前常见的设计流程。而正因为这种设计流程，协同设计的发展进一步地延缓了。在这样设计流程下，各个设计专业彼此都有自己的设计主线，呈现明显的线性关系。同时，不同专业的设计者又在不同图纸上绘制模型，他们之间的信息交流主要靠对关键节点的提资来实现。在不同的设计阶段只是基于二维图纸来交流设计意见。导致设计进度控制难，信息交流难度大，设计效率低等问题。

随着 BIM 技术的应用，改变传统的设计流程，不再单一的 3D 图纸为设计成果文件，而是将阶段性的 3D 信息模型和 2D 图纸一起作为设计成果文件。通过事前确定一个设计标准，然后各个专业利用 BIM 软件各自建模，规模大的项目再按专业进行分区建模，然后基于模型协同工作，消除设计错误。

BIM 模型成为一个信息纽带，将不同专业设计人员和参与方连接在一起。他们通过 BIM 模型来协同和交流，提高设计质量和效率，减少不必要的建模等复杂工作。

3. 基于 BIM 设计管理解决方案设计

（1）基于 BIM 的碰撞分析

桥梁工程的设计中涉及大量的构件，为了满足结构安全的要求，桥梁工程设计一般比较复杂，特别是在结构件的连接处往往更为复杂，因此在结构设计中容易出现一些冲突问题，如配筋冲突、连接构件冲突等。

设计方利用 re VI t 等系列软件，依照《中国市政行业 BIM 应用指南 2015》及美国建筑师协会提出的 LOD（LeveLofDetails）标准件，创建桥梁工程项目的 BIM 模型，后导入 na VI sworks 中，利用该软件碰撞检查功能对桥梁模型结构件进行碰撞检查，获得含有项目的碰撞点及标离冲突等方面信息的碰撞报告，然后由设计方根据碰撞报告对各专业模型进行修改，在导出修改后的图纸，形成设计变更文件业主对修改后的模型进行再次检查，如有问题，可以与设计单位在 BIM 信息管理平台上进斤商讨，直至桥梁模型满足合同要求。

之后由设计方组织业主和与施工方、参与方图纸和模型的会审，在图纸会审时可对设计结果进行动态的可视化展示，相比基于二维图纸的会审，业主和施工方能直观地理解设计方案。继而检验设计的可施工性，在施工前能预先发现存在的问题，并与设计方共同解决。相关图纸会审是利用三维模型和 2D 设计图进行会审，相比传统的 2D 图纸会审更加形象和具体。通过利用三维模型的漫游审查功能，可看到各个结构件的空间位置关系。同时，在三维审图时，利用钢筋及预应力束等模型在 na Ⅵ sworks 中进行碰撞检查，可提前发现内部碰撞问题，从而达到对设计图纸的三维校审的效果。BIM 模型所见即所得的特点，提高了与设计方交涉的效率。此处，由业主与设计方、施工方完成基于 BIM 设计检查协同管理工作。

（2）基于 BIM 的设计变更管理

在项目实施过程中，经常会出现因为设计单位与施工单位的不协调、业主与设计单位的不协调等问题产生的设计变更。基于 BIM 技术在协同化的特点，设计方，施工方，业主等参与方基于 BIM 平台进行沟通和协同解决设计变更问题从源头减少因变更带来的工期和成本的增加。

另外，施工方可根据经验，提前提出一些施工中常见的设计变更点，并由王方针对性地查看模型。若存在问题，可以由设计方或则施工方及时再次利用完善模型和信息。例如，管道安装预留间距过小无法进行管道安装问题，需要修改原设计管道的位置。在 BIM 平台上将设计变更单与设计方和业主共享，经各方同意后签字后，将设计变更单保存在 BIM 信息管理平台的数据库中，作为变更依据，便可实施设计变更，同时监理可定期导出设计变更统计表格。

具体来说，BIM 在云端进行变更协调管理，打破了传统的变更模式，使工作高效快捷。BIM 技术做到真正意义上的协同修改，大大节省开发项目的成本，改变以往"隔断式"设计方式、依赖人工协调项目内容和分段交流的合作模式。通过 BIM 应用的协调综合功能解决设计各专业之间的不协调、设计和施工之间的不协调。通过共享 BIM 模型，用 BIM 进行管理，就可实现对设计变更的有效管理和动态控审，通过设计模型文件数据关联和远程管理更新，建筑信息模型随设计变更而即时更新，减少设计师与业主、管理、承包商、供应商之间的信息传输和交互时间，从而实现造价的动态控制和有序管理，以及资料的扫描件录入到模型数据库中。

此外，基于 BIM 的设计变更可以实现模型的参数化修改，可对比变更前后构件或则建筑结构的具体变化，具有信息可追溯性。

此后施工方可将修正的结果在经过业主相关图纸会审或设计变更流程审批后修改进入 BIM 模型中，并将修改后的 BIM 模型由监理单位组织专业设计单位对修正后的 BIM 模型进行书面确认，并将书面确认资料的再由施工方输入到平台的数据库中，达到无错设计后方可施工。施工方通过这类方式实现与业主、监理、设计方等的协同管理，完成设计变更管理的各项工作。

（3）基于 BIM 的深化设计管理

基于 BIM 进行深化设计，可提高深化设计的效率，保证了深化设计成果的质量。深化设计工作的开展可提前，也就是在模型细度等信息达到深化设计要求时，就可以开展深化设计任务，从而避免了传统线性设计流程的弊端。

施工方编制深化设计方案和实施细则，交给业主和设计方进行审核，设计方将相关的信息添加到 BIM 模型中，并利用相关 BIM 软件，如 tekla 软件进行专业深化设计。

之后向施工方进行深化设计交底，施工方确认成果后，从模型中导出设计成果模型和相关图纸，并交给设计方和施工方审核，确认后形成的深化设计模型，最终生成可指导施工的三维图形文件及二维深化施工图。此外，基于 BIM 可视化的特点，深化后的模型和深化前的模型可以清晰地对比，从而更加明确深化结果的正确性。

钢结构深化设计即钢结构详图设计，在钢结构施工图设计之后进行。利用 tekla 软件，发挥 BIM 的可视化、信息化管理的作用，使得深化设计变得更加轻松和快捷。

通过调节各个视图在基准线的视图深度可以显示各轴线和各高程的视图，利于方便快捷创建布置图。通过使用旋转和自动旋转功能，可以从不同方向和角度观看模型中任意零部位。

在模型中可以给不同构件设置不同的等级和不同的颜色表，相同名称或功能的构件设置相同等级和颜色，根据检查图纸需要或者绘制图纸需要，隔离或隐藏或半透明化选定构件。

Teklastructures 将平面的设计图与三维模型结合，对各个阶段进行实体模拟，把需要的框架深化出图。加工厂根据深化图纸加工制作，项目施工根据深化图纸施工，可在模型中解决许多前期遇到的问题，节省很多后期施工的时间，减少对整体施工组织和进度控制的影响。

第四节　桥梁工程结构设计

一、桥梁下部结构设计

进行合理的桥梁下部结构设计，可以使桥梁的上下结构协调一致，从而共同保证桥梁的整体质量。如果设计得不好，将会使桥梁的上部和下部无法进行有效的协调，从而就增加了桥梁的不稳定因素。为桥梁的安全和质量事故埋下了很多的隐患。在进行桥梁的下部结构设计时，一定要考虑到各种影响因素，保证桥梁的下部结构设计符合质量要求。

1．桥梁下部结构选用

（1）对于钢筋混凝土的选用，如果薄壁墩台的填土很低时，并且河床又很窄时，为了节省成本，使桥梁的长度减少，不使台前锥坡压缩河床，可以选择在离河比较近的地方的桩基薄壁墩台，在墩台的下方设置支撑，使得桥梁形成框架结构的支撑体系，同时还利用两端台后的土压力来使桥梁保持稳定。

（2）选择柔性的排架式的墩台。

（3）选择埋置式的桥台，这种桥台设置在河岸上，同时将台身埋进锥形坡里。可以分为单排和双排桩柱式。

（4）选择柱式的桥墩，这种桥墩的使用比较广泛，同时施工时十分方便简单。这种桥墩还包括以下几种形式，首先是带盖梁的桩柱式桥墩，这种桥墩大多在简支桥梁中使用，另外一种是不带盖梁是单排桥墩，这种桥墩大多在连续现浇箱梁中使用。

（5）在进行桥墩台的选择时应该注意以下几点，首先是要尽量地减少超静定个数，这样可以减少软基位移对于结构的影响，增加桩距，使桩的数量减少，这样还可以使工程的成本降低。其次是在桩底接近基岩时，承载力接近设计的要求时，就不需要再深入基岩获得保险，如果承载力不够，可以加大桩径。

2．下部结构内力计算

为方便施工，减少软土地基位移对超静定结构的影响，整个工程的计算工作主要集中于下部结构，故下部结构内力计算方法的选用是否正确，考虑因素是否全面，直接关系到工程的安危，为此做以下几点分析。

（1）墩台盖梁内力计算

墩台盖梁内力计算可先画出各截面内力影响线，再对影响线用杠杆法及偏心法进行最不利横向布载，求出各截面内力最大、最小值，然后根据内力包络图进行结构配筋。也可采用如下简化计算：对多支座的板、T 梁、箱梁桥的盖梁计算，按活载直接作用于由墩台简化成的连续梁上进行计算，不考虑活载及二期恒载的横向分布作用。两种计算方法均可保证结构的稳定性。太长高速公路大部分桥墩盖梁均采用了第 2 种计算方法，事实证明第 2 种计算办法更简便适用。

（2）桥墩内力计算

墩桩顶的最大竖向力计算同上；墩桩顶水平力计算，运用柔性墩理论中的集成刚度法，将桥面汽车制动力及梁体混凝土收缩、徐变、温差、地震产生的水平力在全联墩台进行分配；最后根据不同组合的墩桩顶水平力、弯矩及对应桩顶竖向力进行桩基各截面内力计算。

（3）桥台内力计算

除了桥墩内力计算项目外，桥台竖向荷载还要：增加土压力、负摩阻力、搭板自重等项；水平荷载要增加七压力，其影响复杂，需注意以下几点。

①钢筋混凝土薄壁台土压力计算

软土地基上带基桩的薄壁台土压力计算要按深层考虑。

②埋置式桥台土压力计算

土压力一般是以填土前原地面（冲刷线）起算的，对较差土质需根据实际土质验算，确定是否考虑地面以下台后深层土对桩水平压力的影响。台后一定要选用透水、强度高、稳定性好的材料，否则，渗水后擦角及黏结力下降，自重增加，台实际受土压力远大于设计值，使桥台失稳。为减少台后土压力，防止桥台失稳，可采用以下 4 种处置办法：

A 增加桥长，降低桥台标高，减少台后填土高度从而减小土压力。

B 用压力分散法（如竹筏、土工布、整板基础等）加大底面，分散受力，使基底压力小于软基允许承压力，可避免深层处理，既可保证质量，又可缩短工期，节省造价。

C 减轻台背荷载法，即台后用轻质材料或中间设空箱减少台后路基重量。

D 平衡压重填土法，先在台前填土压重，然后再进行台背填土。

③地震土压力计算

地震土压力随着桥梁等级的提高而加大，计算时不考虑活载作用。太长高速公路大部分路段地震烈度为Ⅶ，地震组合力对桥台影响不如对桥墩的影响大。

④搭板对土压力影响

设置搭板的桥台应考虑搭板作用后活载土压力改变对桥台有利的影响。

⑤桥头路基沉降、滑动验算

A 路基沉降过大会导致桥头跳车，台背和梁端过早损坏；加大竖向土压力及负摩阻力，桥台盖梁开裂及桩基不均匀下沉；路面开裂及路基渗水，促使路低、强度高、透水性好的材料。

B 挤（压）密法。用如砂桩（粉喷桩、木桩、振冲碎石桃等）使土密实脱水，减少土体中的孔隙，从而减少的压缩性，增加复合地基的抗剪和竖向承载力。

C 超载预压法。用预加法使土压密脱水，增加软基的抗剪及竖向强度，使桥台软基位移提前发生，从而减少桥台的位移量。在工期不急的情况下采用该方法，效果较好，而且造价较低。

D 塑料排水板法加固效果好，工期较短，施工简单，经验较为成熟，是目前处理软基较为常用的方法。

以上各种方法要根据当地实际情况加以应用，使地基承载能力满足设计要求。受造价约束。一般情况可设置过渡性路面，加强养护补强措施，待沉降后再改铺原设计路面，常用过渡性路面有预制水泥砼块、沥青过渡层等，都是解决路基沉降，防止桥头跳车的有效办法。

二、桥梁上部结构设计

建筑结构常规设计是将上部结构、基础与地基三者分离出来作为独立的结构体系进行力学分析。分析上部结构时用固定支座来代替基础，并假定支座没有任何变形，以求得结构的内力和变形以及支座反力；然后将支座反力作用于基础上，用材料力学的方法求得线形分布的地基反力，进而求得基础的内力和变形；再把地基反力作用于地基或桩基上来验算承载力和沉降。

但是这种方法忽视了地基、基础和上部结构在接触部位的变形协调条件，其后果是底层和边跨梁柱的实际内力大于计算值，而基础的实际内力则比计算值小很多。因此，合理的设计方法应将三者作为一个整体，考虑接触部位的变形协调来计算其内力和变形。随着理论研究的深入和计算机技术的发展，人们对上部结构—基础共同作用的受力机理得到深入研究，自20世纪70年代以来，有限元法日趋成熟，可以对大型结构进行整体计算，即将上部结构—基础的共同作用来分析。

由于上部结构—基础的共同作用的计算较为复杂，在建筑物较小、结构比较简单时，常规设计方法引起的误差一般不至于影响结构安全或增加工程造价，故而不需要考虑上部结构与基础的共同作用。然而对于那些规模较大、承受荷载较多、上部结构较为复杂、所处地质条件较差的结构，在设计时将上部结构与基础简单分开，仅满足静力平衡条件而不考虑两者之间的共同作用，则常常会引起较大的误差。例如，对于高层建筑来说，不考虑上部结构的刚度贡献，将会低估基础的整体性，很可能会导致错误的基础变形规律，这会造成基础设计在某些局部偏于不安全，而在另一些局部又可能存在不必要的浪费。此时，在设计时需要考虑上部结构与基础的共同作用来满足其在接触部位处的变形平衡条件。

三、常规桥梁结构设计问题

1. 国内桥梁结构设计现状

在桥梁设计整体上分析，当前国内桥梁设计理论与结构构造体系尚不完善，在桥梁设计领域，尤其是针对桥梁施工与使用期安全性问题仍存在着诸多需要改进的地方。桥梁结构设计者首先需要考量的问题是选择经济合理且符合安全标准的结构设计方案，其次是结构分析与构建以及连接的设计，并选择合规范规定的安全系数或可靠性指标，确保桥梁结构的安全性。普遍设计人员更多的关注于规范对结构强度的计算上的安全性需求，但是却缺少了从结构体系、结构材料、结构维护、耐久性等方面去对结构安全性的考量。综合以上，可以总结为当前国内普遍桥梁结构设计存在着片面性的问题，桥梁结构设计考量因素缺乏全面性。

2. 常规桥梁结构设计注意事项

常规桥梁结构设计需要关注三个方面的问题，首先，桥梁结构的耐久性问题。耐久性也就是桥梁的使用寿命，从桥梁结构设计方面考量也就是整体结构设计是否能够确保桥梁未来投入应用中符合预期的耐久性标准。其次，桥梁疲劳损伤问题。桥梁投入应用过程中需要承载车辆荷载以及风荷载，在长期应用中可能在结构内部产生损坏变化盈利，影响到桥梁的稳定性，基于此，在桥梁设计期间，需要考虑到整体结构设计是否能够承受多种客观环境所形成的荷载量。第三，桥梁的超载问题。桥梁的超载一方面能够引发疲劳问题，另一个反面由于长期超载导致桥梁内部损伤不能够及时回复，或长久不能恢复，将会导致桥梁在正常负荷载下的工作状态发生改变。

3. 常规桥梁结构设计所存在的问题分析

（1）桥梁设计耐久性问题

桥梁结构设计的耐久性问题，一方面来自初期设计的影响，另一个方面来自于施工期间环境与操作的影响。耐久性是评价桥梁建设质量的重要指标之一，在设计与建设期间是否考虑到耐久性原则，将对后期应用效果产生重要影响，一旦耐久性受损，则为后期修复带来一定难度。例如，近几年所发生的大桥坍塌事故，便是由于桥梁使用年限较为久远，导致结构材料的力学性有所弱化，结构整体承载能力下降，由此致使大桥出现坍塌。基于此，需要设计人员在设计初期对机构设计中的细节问题加以重视，同时对施工期间可能出现的多种影响因素进行综合考虑，完善桥梁结构的耐久性设计。

（2）桥梁设计疲劳损伤问题

在不同的地区，桥梁具有不同的应用价值，但是承受车辆的荷载是所有桥梁需要具备的基础功能。车辆荷载属于动荷载，将会在桥梁结构内部形成循环盈利，而桥梁长期受到这种循环盈利的作用，必然会导致其内部结构产生疲劳损伤。另外，在桥梁建设期间，受到多种不确定因素的影响，而桥梁结构的内部材料会存在不均匀或不连续的情况，因此，设计人员在进行桥梁结构设计期间，需要全面的认识到建设期间不确定因素的存在，且这些因素对桥梁耐久性的重要影响。但是，显然当前国内普遍设计师对这一点原则的关注度不足，导致其不能够在设计上予以更多的考量。

（3）桥梁结构设计的超载问题

在桥梁投入到实际应用期间，可能存在着多数数据不在原有的桥梁结构设计范围内，出现荷载超出原定值的情况。超载对桥梁的影响为，加大了桥梁负载应力的幅度，导致桥梁结构的疲劳损伤等问题。而当前普遍桥梁结构设计是不能够充分认识到这一点问题，或不将其考虑在设计范围内，可能对桥梁结构造成不可恢复的损坏，影响到桥梁的整体质量，甚至是在应用期间出现严重的安全事故。例如，武夷山公馆大桥坍塌事件、哈尔滨机场高速大桥坍塌事件等，都是由于超载问题考虑不到位所导致。

（4）桥梁结构设计的抗震性能问题

就我国地理环境来看，存在着地势多样、山地面积广、处于环太平洋地震带上的特征，基于此，针对我国地势环境在进行桥梁设计期间，需要考虑到桥梁的抗震功能。地震对桥梁的破坏力非常强烈，尤其是震中地带，可能会导致毁灭性的伤害。需要桥梁设计者充分考虑到抗震原则，在进行结构设计期间参与抗震工艺设计，同时需要考虑到桥梁施工期间材料的选择或施工工艺的选择等。但是，国内普遍桥梁设计仅按照常规桥梁设计原则进行桥梁结构方案的设计，只有针对特殊要求的桥梁才会考虑到抗震设计，因此，多数桥梁结构设计中并未参与到抗震设计。

4. 常规桥梁结构设计优化建议

（1）优化桥梁结构设计的耐久性

针对桥梁的耐久性，国内之前的技术规范中并没有明确做出规定，设计人员在进行桥梁设计过程中对桥梁的耐久性功能也没有过多的关注，也就没有针对耐久性设计的相关方案。在桥梁投入到应用期间，日常维护与检修也没有针对耐久性做出具体规范，导致桥梁在应用期间可能基于耐久性不足而出现坍塌等事故。为改善这一问题，最新推出的桥梁设计规范中，对桥梁的应用年限进行了明确的规定，要求设计人员结合应用期限参与到实际设计中，加强对桥梁耐久性设计的关注。

（2）改善桥梁结构设计的超载问题

当前，国内多数桥梁会在实际应用期间出现不同程度的超载问题，其主要表现为桥梁超出应用年限而导致的超龄负载以及车流量过大所导致的桥梁超载问题。以上所述超载现象都会导致桥梁结构出现疲劳损伤，影响到桥梁的整体质量与运行效果，极大地降低了桥梁同行的安全性。针对此，需要设计人员在实际设计期间，结合桥梁工程所处的环境与地质条件等，准确地对桥梁运行中可能出现的因素进行分析，应用相关科技手段对桥梁的运行进行模拟操作，以便于对整个设计方案进行调整与优化，确保桥梁结构的设计质量能够满足桥梁运行的实际需求。

（3）解决桥梁结构设计的疲劳损伤问题

桥梁在实际应用期间所受到的荷载主要来自车辆荷载动态荷载，桥梁设计人员需要充分认知到这一点。动态荷载能够直接对桥梁结构产生作用，为桥梁结构带来循环变换的作用力，价值桥梁运行期间所出现的超载现象，导致桥梁在长期应用下出现结构疲劳损伤，而这种损伤可能形成桥梁裂缝或断裂等。基于此，需要桥梁设计人员在设计阶段变成充分考虑到桥梁在长期应用下会出现的疲劳损伤问题，经由对桥梁应用地区车流量与其他环境指标的分析，掌握准确的数据，将其考虑到桥梁的实际设计过程中。确保设计流量能够符合此地区的最大符合量，并有针对性地对整个桥梁结构的设计进行优化，避免或降低其可能出现的疲劳损伤情况，如此才能够避免桥梁结构在实际应用期间出现严重的不良事故。

（4）优化桥梁结构设计的抗震性

虽然并不是每个地区都会面临地震的威胁，但是基于地震对桥梁所产生的重要影响，需要将抗震因素考虑到整个桥梁设计中。桥梁是抗震救灾期间的主要通道，其抗震性能必须要提升，在整个桥梁设计期间，需要关注避开地震带与板块活跃地带，在桥梁建设地区进行地震动力学分析，根据其分析结果，对结构抗震的薄弱环节予以强化，提升桥梁的整体连贯性。另外，桥台的设计需要尽量选择在稳定地带，加强桥墩的基础；关注桥梁施工质量，做好细节处理，确保桥梁连接处的稳固性；针对特殊环境在桥梁上架设减震设施。

第五节　梁式桥设计

梁式桥是指用梁或桁架梁作主要承重结构的桥梁。其上部结构在铅垂向荷载作用下，支点只产生竖向反力。梁式桥为桥梁的基本体系之一。制造和架设均甚方便，使用广泛，在桥梁建筑中占有很大比例。

一、梁式桥分类

1. 按截面

根据实腹梁的截面形式可分为板梁、形梁、T形梁或箱形梁等。

2. 按静力

梁桥又可分为简支梁桥、连续梁桥和悬臂梁桥，固端梁。

（1）简支梁桥：主梁简支在墩台上，各孔独立工作，不受墩台变位影响。实腹式主梁构造简单，设计简便，施工时可用自行式架桥机或联合架桥机将一片主梁一次架设成功。但简支梁桥各孔不相连续，车辆在通过断缝时将产生跳跃，影响车速的提高。因此，趋向于把主梁做成为简支，而把桥面做成连续的形式。简支梁桥随着跨径增大，主梁内力将急剧增大，用料便相应增多，因而大跨径桥一般不用简支梁。

（2）连续梁桥：主梁是连续支承在几个桥墩上。在荷载作用时，主梁的不同截面上有的有正弯矩，有的有负弯矩，而弯矩的绝对值均较同跨径桥的简支梁小。这样，可节省主梁材料用量。连续梁桥通常是将 3 ~ 5 孔做成一联，在一联内没有桥面接缝，行车较为顺适。连续梁桥施工时，可以先将主梁逐孔架设成简支梁然后互相连接成为连续梁。或者从墩台上逐段悬伸加长最后连接成为连续梁。近一、二十年，在架设预应力混凝土连续梁时，成功地采用了顶推法施工，即在桥梁一端（或两端）路堤上逐段连续制作梁体逐段顶向桥孔，使施工较为方便。连续梁桥主梁内有正弯矩和负弯矩，构造比较复杂。此外，连续梁桥的主梁是超静定结构，墩台的不均匀沉降会引起梁体各孔内力发生变化。因此，连续梁一般用于地基条件较好、跨径较大的桥梁上。1966 年建成的美国亚斯托利亚桥，是跨径最大的钢桁架连续梁桥，它的跨径为 376m。

（3）悬臂梁桥：又称伸臂梁桥。是将简支梁向一端或两端悬伸出短臂的桥梁。这种桥式有单悬臂梁桥或双悬臂梁桥。悬臂梁桥往往在短臂上搁置简支的挂梁，相互衔接构成多跨悬臂梁。有短臂和挂梁的桥孔称为悬臂孔或挂孔，支持短臂的桥孔称为锚固孔。悬臂梁桥的每个挂孔两端为桥面接缝，悬臂端的挠度也较大，行车条件并不比简支梁桥有所改善。悬臂梁一片主梁的长度较同跨简支为长，施工安装上相应要困难些。对预应力混凝土悬臂梁桥多采用悬臂拼装或悬臂浇筑的方法施工。为适应悬臂施工法的发展，保证主梁的内力状态和施工时一样，出现一种没有锚固孔，并把悬伸的短臂和墩身直接固结在立面上，形成预应力混凝土 T 形刚架桥，这种桥在 20 世纪 50 年代后发展起来。

3. 按材料

有木梁桥、石梁桥、钢梁桥、钢筋混凝土梁桥、预应力混凝土梁桥以及用钢筋混凝土桥面板和钢梁构成的结合梁桥等。木梁桥和石梁桥只用于小桥；钢筋混凝土梁桥用于中、小桥；钢梁桥和预应力混凝土梁桥可用于大、中桥。

4. 按结构

有实腹梁桥和桁架梁桥两大类。实腹梁桥的截面积主要由弯矩决定，而弯矩大致与跨度的平方成正比（均布荷载条件下），当跨度大时，梁的腹板上的平均法向应力颇小，不能使材料充分利用，所以跨度不宜做得太大；桁架梁桥的杆件承受轴向力，材料能充分利用，自重较轻，跨越能力大，多用于建造大跨度桥。但实腹梁桥构造简单，制造与架设均较方便。由于这两种梁式桥的受力性质不同，实腹梁桥以用于预应力混凝土桥为主，而桁架梁桥则多用于钢桥。

二、梁式桥设计方法

1. 梁式桥内力计算

（1）精度与安全性

把具有相当宽度的桥梁简化为单根细梁计算总内力，当集中力作用于宽桥上时，桥面发生双向挠曲，集中力作的功，成为两个方向上的变形能耗散掉了；对于单根无限细梁，同样集中力作的功，只变为一个方向上的变形能，因此算得的变形要稍微大些，内力是从变形算变形算来的，所以内力也稍微大些。

（2）梁式桥荷载横向分配理论只适用于开口截面的直梁桥

对于开口截面的直梁桥，每个主梁分配到的荷载的横向比例，与主梁分配到的弯矩、剪力的横向比例基本一致，主梁分配到的扭矩可以不考虑。对于直线形箱型梁桥和任何截面形式曲线梁桥，每个主梁分配到的弯矩、剪力的横向比例完全不同，主梁分配到的扭矩也必须考虑。

（3）内力横向分配理论

以平面曲线形，横截面左右不对称的箱型梁桥为对象（当底板厚度为 0 时，即成为开口截面）。把横截面假想地划分成若干工字形，每个工字形主梁用具有同样抗弯、抗剪、抗扭刚度的细梁模拟，细梁的平面位置与工字形主梁形心位置一致；悬臂板和顶、底板用具有同样横向抗弯、抗剪、抗扭刚度的扇形单向厚板模拟。这个模型称为平面板梁力学模型。用等作用量半波正弦荷载依次作用在各节线上，可算出每个主梁的挠度和扭转角，进而可算出每个主梁的弯矩、剪力。各主梁弯矩除以总弯矩，得弯矩的横向分配影响线。剪力类同。若横截面上总的内扭矩等于 1，它在箱型截面上产生的各个环形剪力流。每个工字形主梁分配到的是左、右环形剪力流。对于开口截面，每个工字形主梁分配到的较小的扭矩，这种左、右环形剪力流或较小的扭矩，可以作为扭矩的横向分配系数。由于温度变化产生的平面弯曲内力，可分解为各工字形主梁的轴向力。这样，各种设计荷载产生的内力，全部分解为各主梁的弯矩、剪力、左、右环形剪力流或扭矩以及轴向力。弯矩的不均匀横向分配，一定程度上反映了双力矩的效应，左、右环形剪力流一定程度上反映了截面翘曲剪力的效应。可以说，内力横向分配理论不但全面地反映了箱型梁、曲线梁的主要力学现象，而且极大地简化了它们的设计计算。它是开口，闭口截面、直线、曲线梁式桥在各种设计荷载下的统一算法，是荷载横向分配理论的重要发展。

（4）曲梁桥的支座设计

由于桥梁在水平面内一般具有很大的弯曲刚度，若温度变化发生的弯曲变形受到约束，往往会产生很大的水平力，严重时会导致结构破坏，桥越宽、水平弯曲半径越小，这种现象越显著。曲梁桥承受制动力的墩台上，一般只应有一个支座是制动支座；沿水平弯曲半径方向，若能够允许梁有微小位移，例如采用板式橡胶支座，或者墩身较细柔，可以使得沿水平弯曲半径方向的温度力大大减小。

（5）点铰式独柱墩预设偏心改善桥台支座受力及梁的内力

桥台（一般采用抗扭支座）和抗扭或固接的中墩，预设偏心对扭矩包络图影响较小。

扭矩包络图对于判断曲梁桥扭转性状的重要参考。近年出事故的曲梁桥，其所用软件（包括进口软件）都不输出扭矩包络图，设计带有盲目性。扭矩包络图还要计算正确。有两点被某些软件忽略了：①必须正确计算各种形状截面的剪力中心；②必须正确计算恒载对剪力中心的偏心（即使是左右对称的截面，其恒载对剪力中心也有偏心）。

2．钢筋混凝土曲梁配筋计算

（1）公路桥规关于"受扭构件"的条文有以下缺点：①对纯剪、纯扭、剪扭构件无定义、无分类；②未提及剪扭共同作用构件的强度折减；③对剪扭构件的适筋范围简单地沿用了纯剪构件的适筋范围，似欠科学；④所指的受扭构件是矩形截面，不便于桥梁应用。我国混凝土结构设计规范是我国众多科研单位十几年实验研究的总结，具有很高水平。

（2）"受扭构件"条文的相关优点：①对构件分类，当构件受到的扭矩小于一定值，定义为纯剪构件，当受到的剪力小于一定值，定义为纯扭构件，当剪力、扭矩的联合效果大于一定值，定义为剪扭构件，非常科学；②对每类构件按其受力的大小分为四类；③对剪扭共同作用构件的强度折减系数有详细的规定；④所指的受扭构件是工形截面，并且引入了抗扭塑性抵抗矩的概念对工形截面的扭矩进行再分配，便于桥梁应用。

任何国家的混凝土结构设计规范中的公式都是从大量实验归纳出来的。混凝土是非均质脆性材料，小构件与大构件的实验结果会有很大差异。像桥梁这样大构件套用从小构件得来的规范公式，误差大小很难把握。作者提出的内力横向分配理论，每一步都有严格的力学依据和严格地验证，当内力分解到每个工形截面后还要再分解到每个小矩形截面，然后套用规范公式，是很可以放心的。

3.曲梁桥预应力计算

（1）曲梁桥预应力计算中与直梁桥的不同点

①曲梁桥摩擦损失计算

空间转角＝钢索各微段相对前段的竖向偏角增量平方与水平偏角增量平方的总和再开平方；

摩擦系数：取公路桥规推荐值。

局部偏差系数：比公路桥规推荐值略大；假如钢绞线、波纹管的平面弯曲半径约70M，局部偏差系数可取 0.0035（公路桥规推荐值 0.003）。

②连续曲梁桥各主梁的预压力一般不等于其中钢索的预拉力

如果曲梁在平面内可以自由变形，它在预应力作用下，除发生轴向缩短，还发生弯曲，平面弯曲半径变小，但墩台的约束一般不允许半径变小，于是曲梁的外主梁受到额外压力，内主梁受到额外拉力，使得每个主梁的预压力一般不等于其中钢索的预拉力。这一现象要求必须计算曲梁桥在预应力作用下的平面弯曲变形，计算每主梁每截面的预压力，这一现象给曲梁预应力带来一个方便：尽管外主梁的弯矩比内主梁大，但是在许多情况下，内外主梁的钢索可以设计得一样多，甚至内外主梁钢索的竖坐标也设计得完全相同。

③线性变换定理不适用曲梁桥

曲梁桥预应力钢素的竖坐标只要发生变动，其预应力效果必须重新计算。

（2）混凝土徐变、收缩、分批张拉应力损失的合理算法

除了纯粹以科研为目的的程序外，国内外所有的预应力结构分析程序都是要先把钢索转化为等效力然后再进行结构变形计算。转化为等效力之前必须把所有的预应力损失扣除掉。有些损失与结构变形、与时间有关，只有当随时间发展而发生的变形知道以后，才能把这些损失正确扣除。因此混凝土徐变、收缩、分批张拉应力损失的合理算法是采取循环迭代算法，即：先近似地把钢索转化为等效力，计算结构变形，再重新把钢索转化为等效力，再计算结构变形，……多次循环（一般三次）后，可达精确结果。除此之外的算法必然是近似的。

第七章　桥梁下部结构施工技术

第一节　桥梁下部结构

下部结构是桥梁的重要组成部分，又通常称为桥梁墩台，它主要由桥墩、桥台和基础三部分组成。下部结构承担着桥梁上部结构所产生的作用，并将作用有效地传递给地基；桥台还与路堤相连接，承受着桥头填土的土压力。墩台主要决定着桥梁的高度和平面上的位置，受地形、地质、水文和气候等自然因素影响较大。

一、基础工程

在桥梁工程中，通常采用的基础形式有扩大基础、桩基础、沉井基础、管柱基础等，其施工方法大致可分为如下几类。

1. 扩大基础

所谓扩大基础，是将墩台及上部结构传来的荷载由其直接传递至较浅的支承地基的一种形式，一般采用基坑的方法进行施工，故又称之为明挖扩大基础或浅基础。

扩大基础施工的顺序是开挖基，对基底进行处理（当地基的承载力不满足设计要求时，需对地基进行加固）。然后砌筑圬工或立模、绑扎钢筋、浇筑混凝土。其中开挖基坑是施工中的一项主要工作。而在开挖过程中，必须解决挡土与止水的问题。

当土质坚硬时，对基坑的坑壁可不进行支护，仅按一定坡度进行开挖。在采用土、石围堰或土质疏松情况下，一般应对开挖后的基坑坑壁进行支护加固，以防止坑壁坍塌。支护的方法有挡板支护加同、混凝土及喷射混凝土加固等。扩大基础施工的难易程度与地下水处理的难易有关。当地下水位高于基础的设计底面标高时，则施工时须采取止水措施。如打钢板桩或考虑采用集水坑用水泵排水、深井排水及井点法等他地下水位降低至开挖面以下，以使开挖工作能在干燥的状态下进行。还可采用化学灌浆法及帷幕法（冻结法、硅化法、水泥灌浆法和沥青灌浆法等）进行止水或排水。

2. 桩基础

桩是深入土层的柱形构件，其作用是将作用于桩顶以上的荷载传递到土体中的较深处。按成桩方法不同，桩基础可以分为沉入桩和灌注桩两种。

（1）沉入桩

沉入桩是将预制桩用锤击打或振动法沉入地层至设计要求标高。沉入桩施工方法主要有：锤击沉入桩、振动沉入桩、静力压桩法、辅助沉桩法、沉管灌注法以及锤底沉管法等。

（2）灌注桩

灌注桩是在现场采用钻孔机械（或人工）将地层钻挖成预定孔径和深度的孔后，将预制成一定形状的钢筋骨架放入孔内，然后在孔内灌入流动的混凝土而形成桩基。灌注桩因成孔的机械不同，通常采用旋转锥钻孔法、潜水钻机成孔法、冲击钻机成空法、正循环同转法、反循环回转法、冲抓钻机成孔法及人工挖扎法等。

3.沉井基础

沉井基础是一种断面和刚度均比桩大得多的筒状结构，施工时在现场重复交替进行构筑和开挖井内土方，使之沉落到预定的支承地基上。若为陆地基础，在地表建造，由取土并排土以减小刃脚土的阻力，借自重下沉；若为水中基础，可用筑岛法或浮运法建造。在下沉过程，如侧摩阻力过大，可采用高压射水法、泥浆套法或井壁后压气法等加速下沉。

4.管柱基础

管柱基础因其施工的方法和工艺相对较复杂，所需的机械设备也较多，一般的桥梁极少采用这种形式的基础，仅当桥址处的水文地质条件十分复杂，应用通常的基础施工方法不能奏效时方采用这种基础形式。因此，对于大型的深水或海中基础，特别是深水岩面不平、流速大的地方采用管柱基础是比较适宜的。

管柱基础的施工一般包括管柱预制、围笼拼装浮运和下沉定位、下沉管柱，在管柱底基岩上钻孔，在管柱内安放钢筋笼并灌注水下混凝土等内容。管柱有钢筋混凝土、预应力钢筋混凝土和钢管三种。其下沉与前述的沉入桩类似，大多采用振动法并辅以射水、吸泥等措施。管柱的下沉必须要有导向装置，浅水时可用导向架，深水时则用整体围笼。

二、承台

位于旱地或浅水河中的承台施工方法与明挖扩大基础的施工方法相类似。对于深水中的承台，一般采用钢板桩围堰、整体套箱围堰或双壁钢围堰等止水，以实现承台的避水施工。

三、墩（台）身

对结构形式较简单、高度不大的中小桥墩（台）身，通常采用传统的方法立模现浇施工。高桥墩施工多采用缆索吊机进行水平和竖向运输，少量工地采用了置于墩旁或空心墩内的井架进行施工。高桥墩施工的模板近年来多采用爬升式模板、翻板式模板和滑升式模板。

第二节　基础工程施工

一、扩大基础施工

1. 施工方法

（1）前期准备

基坑底端尺寸相较于设计平面每一边均需增大不小于 0.5m 的富余量，以方便进行支撑、排水和立模板，若为坑壁垂直无水基坑，则无须采取加宽处理，可直接选用坑壁充当基础模板。

（2）基坑开挖

针对部分在坑壁处未加支撑的基坑，黏土处于半干硬或是硬塑状况，基坑顶端没有活动荷载力，较为松散的土质基坑其深度 ≤0.5m，密实度一般的土质基坑深度通常 ≤1.25m，密实性较强的土质基坑深度 ≤2.0m，无论土质硬度如何均可选用垂直坑壁基坑。基坑深度 ≤5m，土质湿度处于正常水平，可选用斜坡坑壁进行挖掘或是依坡度比值来挖掘为阶梯状的坑壁，每一级阶梯高度应确定为 0.75m 左右较为适宜，可将之用作人工运土出坑台阶。在基坑深度 >5m 以上的情况下，应将坑壁坡度适当减缓或是增修为平台。若土质湿度将会对坑壁的稳定性造成影响时，则应当选用在这一湿度条件下的天然坡度或是选用对坑壁进行加固处理的措施方法。在基坑上层土质适宜采用敞口斜坡坑壁条件，下层土质为密实性黏土或是岩石之时，可选用垂直坑壁挖掘方式，于坑壁坡度转换位置至少留存不小于 0.5m 的平台空间。

在坑壁包含有支撑的基坑当中，基坑壁坡稳定性较差同时存在地下水，或是放坡开挖场地受限、基坑深度较大、放坡开挖工程量较大、难以满足于技术经济标准需求等状况时，可依据实际状况来选用适当的加固坑壁措施，例如钢木结合支撑、挡板支撑、混凝土护壁和锚杆支护等措施。

（3）基坑排水

在桥梁基础施工过程当中所经常采用到的排水方法具体包括如下几种。

①井点排水法。在土质状况相对偏差而且还存在着严重的流沙情况之时，地下水位往往相对偏高，基坑挖掘深度也较大，坑壁很难保持良好的稳定性，对此便可利用井点排水法将渗水排出。

②集水坑排水法。这一方法不仅适用于严重的流沙情况，其他一般性的排水需求均可有效满足。

③其他排水法。针对土质本身渗透能力强、挖掘深度大的基坑可选用沉井法或是板桩法来进行处理。

另外，依据工程本身的实际特征状况，并结合以施工现场情况与工期进度要求可供选择的排水方法还包括了水泥灌浆法、帷幕法、沥青溜浆法、冻结法等多种方法。

（4）基底检验与处理

①基底检验

这一部分的工作内容具体有：对基底平面位置予以检验，确定其基底的标高及尺寸；检验基底土质的匀称性、地基稳定性与承载能力；对基底处理与排水状况加强检查验证；验证施工日志与相关试验资料，依据以下方法来实施：

A针对小桥涵地基通常选用直接接触探或是观察的方法，若实际情况需要还可实施土质试验。针对存在特殊设计部位的小桥涵对于地基沉陷也有着十分严苛的标准要求，同时在土质状况较差的情况下需实施荷载检验。针对实施了加固处理后的特殊地基，通常选用触探或是采取密实度验证的方法来进行处理。

B中型及大型桥涵的地基处理通常需要检验人员能够通过观察、触探、试验坑挖掘与钻探检验等多种方式来明确其土质最大允许承载力是否与设计标准相一致。

②基底处理

针对常规性的软弱地基土层加固主要可采用以下几种方法：胶结土法、换填土法、土工聚合物法，以及把基层下部软弱土层全部挖出，更换为力学物理形状更加优异的土质。

2．施工技术控制措施

在扩大基础施工当中其施工技术控制措施主要就包括了浆砌块石基础施工控制与片石混凝土基础施工两部分内容，对于基础施工过程当中所需应用到的材料均应在基础开挖前便准备完成。

（1）浆砌块石基础施工控制点

首先在应用砌块前应进行浇水湿润处理，使其表层泥土、水锈等物质能够得以有效清洁；其次，严禁处于无水状况下开展砌筑施工处理；再次，要避免带水作业以及采用混凝土把水排除出模板之外的灌注方式；最后，在基础边缘处应做好严密的防水处理。对于水下部分应确保水泥砂浆或混凝土完全凝固后方可允许浸水。

（2）片石混凝土基础施工

在开展片石混凝土基础施工时，若基底为非黏性土或是干土之时，应确保其完全夯实且湿润；在基层为岩石之时还需保持湿润，铺筑层厚度为25mm的水泥砂浆，之后再在水泥砂浆完全凝结前对首层混凝土实施浇筑处理，针对采用混凝土做基底的情况，需首先对基底层进行清洁处理，确保其达到良好的湿润性，而后再实施砌筑施工；若采用土质为基底，则可直接进行砌筑施工，在混凝土填放片石之时必须确保满足于以下几项标准要求。

①石块抗压强度 >25MPa。

②所埋放的石块量应少于混凝土结构体积的1/4，若设计成片石混凝土砌体之时，石块还可新增1/2左右。

③需选用未经锻炼同时也没有裂缝、夹层，高度。

147

二、沉井基础施工

沉井基础施工，是指以井内挖土，依靠自身重力克服井壁摩阻力后下沉到设计标高，然后经过混凝土封底并填塞井孔，使其成为桥梁墩台或其他结构物的基础。它广泛应标高，用于研奖、烟筒、水塔的基础。技术上比较稳妥可靠，挖土量少，对邻近建筑物的影响比较小，稳定性好，能支承较大的荷载。

沉井施工工艺的优点是，埋管深度可以很大，整体性强、稳定性好，有较大的承教面积，能承受较大的垂直荷裁利水平简载；沉井既是基础，又是施工时的挡土和挡水结构物，下沉过程中无须设置坑壁支撑或板柱图壁，简化了施工；沉井施工时对邻近建筑物影响较小。

1. 沉井施工技术原理

沉井基础是一个井筒状的结构物，它是从井内挖土、依靠自身重力克服井壁摩阻力后下沉到设计标高，然后采用混凝土封底并填塞井孔，使其成为建筑物的基础，沉井基础由于埋置深度可以很大，整体性强、稳定性好，有较大的承载面积，能承受较大的垂直载荷和水平载荷；沉井既是基础，又是施工时的挡土和挡水的围堰结构物。施工工艺并不复杂。沉井施工顺序包括施工前的准备工作——三通一平（地基处理）、开挖基坑、沉井制作、沉井下沉、沉井封底、封顶等主要施工工序，下面将详细介绍沉井的施工技术：

2. 沉井制作

（1）准备工作

首先沉井施工场地要平整，平整范围要大于沉井外侧面 1m ~ 3m，场地整平后进行放线定位，定位要准确，并经验收合格后才能正式施工。

（2）铺垫木、立底节沉井模板和绑扎钢筋

沉井通常是在原位制作，可采用如下不同方法：

①垫木法

先在场地上铺一层厚约 0.5m 的砂垫层（以方便抽取垫木）。在砂垫层上的刃脚处对称的铺设适当的垫木，再在垫木之间添实砂土，然后按照设计的尺寸立模、浇筑第一节底节沉井。

②无垫未法

在均匀土层上，可采用无垫木法。浇筑一层与沉井井壁等厚的混凝土，代替垫木和砂垫层。浇的混凝土位于刃脚的下方，其作用是保证沉井在制作过程中和开始下沉时处于垂直方向。

③土模法

如地基为均匀的黏性土。则可采用土模法制作沉井。土模法分两种，填土内模：即先用黏土、粉质黏土按照刃脚及隔墙的形状和尺寸分层填筑夯实，修整表面使之与设计相符。挖土内模：当地下水位底，土质较好时，可采用挖土内模。在刃脚部位，按照设计的尺寸，开挖基槽，以地基土作为天然模板。

（3）浇筑混凝土

浇筑沉井混凝土时，应对称、均匀地进行，以免地面不均匀沉降而引起沉井破裂，最好一次连续浇筑完成。

（4）拆除模板和垫木

当沉井混凝土的强度达到设计强度的25%以上时，可拆除内外侧模板；达到设计强度75%时，可拆除隔墙底面和刃脚斜面模板。当混凝土达到设计强度时，就可拆除垫木。垫木中最后拆除的4根，称为定位垫木，常用红油漆标明。拆除垫木的顺序是：先内壁，后外壁，先短边，后长边。长边下的垫木是隔一根撤一根，以定位垫木为中心，由远而近对称地撤除。在撤垫木前，可先撬松垫木下的地基土，每撤除一根，在刃角处随即用砂土回填捣实。

3. 沉井下沉

沉井下沉，就是通过在沉井内用机械或人工的方法均匀除土，消除或减小沉井刃脚下土的正面阻力，有时也采用减小井壁与外侧土体的摩阻力的方法，使沉井依靠自身的重量，逐渐地从地面沉入地下，其下沉施工方法有：排水下沉、不排水下沉或中心岛式下沉等。

对于陆地上的沉井是以排水下沉为主，可采用机械抓土，人工配合，或人工挖土，机械做垂直运输的排水明挖法施工，以及用水力机械来代替人工挖土的排水法下沉。也可用空气吸泥潜水员配合或机械抓土潜水员配合的不排水下沉。对于在河流中人工筑岛上的沉井、浮运沉井或者水边滩地粉砂层地段的沉井，应以水下除土的不排水法下沉为主。可见沉井下沉究竟采取排水下沉还是不排水下沉，这要根据沉井所处的位置和沉井穿过土层的情况来决定。

对于深度较深，平面尺寸较大的沉井，下沉后期，沉井外壁的摩阻力将增加到很大，或者沉井井壁较薄，自重较轻，以及沉井下沉系数较小的沉井，下沉到一定深度后，由于外井壁摩阻力的增大，沉井下沉困难，有时可能就沉不下去。在设计和沉井制作之前，就应考虑在井壁外侧设置泥浆润滑套，或者在井壁（外侧）内埋没管道。以便用高压射水或喷射压缩空气等方法来降低沉井外壁的摩阻力，以及在沉井下沉过程中采用在井壁旁压重或在井壁内降低地下水位等措施，帮助沉井下沉，使沉井能顺利下沉到位。

4. 沉井封底施工

当沉井下沉至设计标高的要求范围内，经沉降观测，其沉降率（待8h内沉井自沉累计不大于10mm）在允许范围内，即可进行封底，封底分干封底和水下封底两种。下面将详细介绍干封底施工技术：

（1）准备工作

①沉井封底前，在井壁底部凹槽内和隔墙预留钢筋处，需要进行凿毛，将刃脚处凹槽内的污泥清理干净。

②在井点降水条件下施工的沉井，在封底前应用大石块或其他砌块将刃脚斜面下垫实，同时要检查井点降水设备是否完好，并能保持连续抽水。采用触变泥浆护壁下沉的沉井，

当下沉到设计标高。立即准备进行置换触变泥浆工作。

③准备好封底时所需的各种材料和机具（包括混凝土），以及制定出封底方案。当沉井下沉到设计标高前（还应预留一定的抛高度），应及时进行封底，若拖延时日，有可能发生条件变化，产生偏差，或有大量土体涌入井内等，给干封底带来很大的困难，因此，应抓紧做好封底的准备工作。

④封底前，还应做好井内集水井筒，以便封底时预放在井底的一定（各仓）位置，便于封底后抽除地下水之用。其深度、大小应满足水泵吸水要求。

（2）干封底施工

封底前按照设计规定，一般先铺一层碎石(或砾石砂)。整平后，再浇筑素混凝土封底(也称为垫层)。浇筑混凝土时均需沿井壁四周向中央进行。素混凝土封底应一次浇筑，分格、分批、逐段、对称进行，不得中途停顿，避免产生施工缝而造成渗漏，浇筑封底混凝土时，不得堵塞集水井，保证井内排水工作能继续进行，以保证混凝土在终凝以前不浸水。素混凝土封底后表面要平整。当强度达到设计强度的25%以上时，才允许在上面绑扎底板钢筋。钢筋要绑扎好。

三、管柱桩基础施工

管柱基础适用于各种土质条件，尤其是在深水、岩面不平、无覆盖层或覆盖层很厚的自然条件下，不宜修建其他类型基础时，可采用管柱基础。当地基浅层土质较差，持力土层埋藏较深，需要采用深基础才能满足结构物对地基强度、变形和稳定性要求时，可用桩基础。桩基础是常用的桥梁基础类型之一。

1. 沉入桩基础

沉入桩所用的基桩主要为预制的钢筋混凝土桩和预应力混凝土桩。断面形式常用的有实心方桩和空心管桩两种，方桩尺寸为 30×30、30×35、35×35、35×40、40×40cm，桩长为 10 ~ 24m。管桩（包括普通的和预应力的）一般由工厂以离心成型法制成，目前成品规格：管桩外径40cm与55cm两种，分为上、中、下三节，管壁厚度为 8 ~ 10cm，力混凝土管桩的技术数据。钢筋混凝土桩的预制要点为：制桩场地的整平与夯实；制模与立模，钢筋骨架的制作与吊放；混凝土浇筑与养护。间接浇筑法要求第一批桩的混凝土达到设计强度的30%以后，方可拆除侧模；待第二批桩的混凝土达到设计强度的70%以后才可起吊出坑。

预制桩在起吊与堆放时，较多采用两个支点。较长的桩也可用 3 ~ 4 个支点。支点位置一般应按各支点处最大负弯矩与支点间桩身最大正弯矩相等的条件来确定，起吊就位多采用 1 个或 2 个吊点。堆放场地应靠近沉桩现场，场地平整坚实，并备有防水措施，以免场地出现湿陷或不均匀沉陷。当预制桩长度不足时，需要接桩。常用的接桩方法有：法兰盘连接、钢板连接及硫黄胶泥（砂浆）连接等等。沉桩顺序应根据现场地形条件、土质情况、桩距大小、斜桩方向、桩架移动的方便等来决定。同时应考虑使桩入土深度相差不多，土壤均匀挤密。沉桩前应处理空中和地面上下的障碍物，平整场地或搭设支架、平台，做好准备工作。沉入桩的施工方法主要有：锤击沉桩、振动沉桩、射水沉桩、静力压桩以及钻孔埋置桩等。

（1）锤击沉桩

锤击沉万般适用于中密砂类土、黏性土。由于锤击沉桩依靠桩锤的冲击能量将桩打入土中，因此一般桩径不能太大（不大于 0.6m），入土深度在 40m 左右，否则对沉桩设备要求较高。沉桩设备是桩基施工的质量与成败的关键，应根据土质、工程量、桩的种类、规格、尺寸、施工期限、现场水电供应等条件选择。

（2）射水沉桩

射水施工方法的选择应视土质情况而异：在砂夹卵石层或坚硬土层中，一般以射水为主，锤击或震动为辅，在亚黏土或黏土中，为避免降低承载力，一般以锤击或震动为主，以射水为辅，并应适当控制射水时间和水量，下沉空心桩，一般用单管内射水。当下沉较深或土层较密实，可用锤击或震动，配合射水；下沉实心桩，将射水管对称地装在桩的两侧，并能沿着桩身上下自由移动，以便在任何高度上射水冲土。必须注意，不论采取任何射水施工方法，在沉入最后阶段 1 ~ 1.5m 至设计标高时，应停止射水，单用锤击或震动沉入至设计深度。

（3）振动沉桩

振动沉桩适用于沙质土、硬塑及软塑的黏性土和中密及较松散的碎卵石类土。对于软塑类黏土及饱和沙质土，当基桩入土深度小于 15m 时，可只用振动沉桩机。除此情况外，宜采用射水配合沉桩。

（4）静力压桩

静力压桩系采用静压力将桩压入土中，即以压桩机的自重克服沉桩过程中的阻力。沉桩速度视土质状况而异。适用于高压缩性黏土或砂性较轻的亚黏土层。同一地区、相同截面尺寸与沉入深度的桩，其极限承载能力与锤击沉桩大体相同。

（5）钻孔埋置桩

钻孔埋置桩系指利用就地灌注混凝土桩的钻孔方法钻孔．将预制的钢筋混凝土有底管桩埋入，并在管会周边压注水泥砂浆固结形成的桩。适用于枯性土、砂类土、碎石类土等土层中埋置不深的大直径管桩。

（6）水中沉桩

在河流水浅时，一般可搭设施工便桥和各种类型笼攀手架，其上安置桩架等进行水中沉桩工艺。在较宽阔的河中，可将桩安设在组合的浮体上，亦可使用专用打桩船。此外还可采用：

①先筑围堰后沉基桩法：一般在水不深，临近河岸的桩基采用此法。

②先沉入桩后筑围堰法：一般适用于较深的水中桩基。此法包括拼装导向围笼，浮运

至墩位，抛锚定位，围笼下沉接高；在围笼内插打定位桩，下沉其余基桩，然后插打钢板桩，组成防水围堰；以及其后的吸泥、水下混凝土封底等等工序组成。

③用吊箱围堰修筑水中桩基法：一般适用修筑深水中的高桩承台。悬吊在水中的套箱，在沉桩时用作导向定位，沉桩完后封底抽水，浇筑水中混凝土承台。

2. **管柱制作**

管柱按材料可分为钢筋混凝土管柱、预应力钢筋混凝土管柱和钢管柱三种。钢筋混凝土管柱适用于入土深度不大于25m的管柱基础，常用直径有1.55m、3.0m、3.6m、5.8m几种。预应力钢筋混凝土管柱可用于下沉深度大于25m的管柱基础，常用直径有3.0m、3.6m两种。钢管柱的直径有1.4m、1.6m、1.8m、3.0m、3.2m几种。管柱可根据其类型、施工条件分节预制。分节长度视运输设备、起重能力及构件情况而定。管柱节间的连接一般采用法兰盘连接。管柱最底一节下口设有刃脚，以便于管柱下沉时能穿越覆盖层或切入基底风化岩中，故要求刃脚具有足够的强度和刚度。

（1）检查成孔质量合格后应尽快灌注桩。在灌注桩前，应进行清孔工作，要求孔壁、孔底必须清理干净，孔底无浮渣，孔壁无松动。孔底沉渣厚度应符合端承桩50mm、摩擦端承桩和端承摩擦桩100mm、摩擦桩300mm。

（2）当有地下水而渗水量不大时，则应抽除孔内积水后，用串筒法灌注桩，串筒末端离孔底高度不宜大于2m，桩宜采用插入式振捣器振实。如果渗水量过大，积水过多不便排干，则应用导管法水下灌注桩。

（3）桩的粗骨料可选用碎石或卵石，其最大粒径不宜大于50mm，并不大大于主筋净距的1/3。

（4）坚持按配合比投料，桩坍落度不宜过大，以5～8cm为宜，每50cm为一层及时振捣，桩灌注要保持连续。坍落度损失大于5cm/h时，要调整配比。

（5）桩拌和料质量控制，每盘桩的拌和时间不得少于90秒，开始搅拌时必须做一次坍落度检测，调整好流动性，且具有较好的粘聚性，灌注时作坍落度损失的观察，以指导桩配合比的调整，拌好的桩应立即使用，有离析现象严禁灌入桩孔。

（6）注意桩头桩的标高，应适当超出设计标高，以保证在凿除浮浆层后，桩头进入承台内50～100mm。

（7）桩身桩必须留有试件，对直径大于1m的桩，每根桩应有1组试块，且每100m³桩及每个灌注台班不得少于1组，每组3件，试件的制作必须客观真实，严禁"开小灶"。

（8）气温高于30℃时注意缓凝，气温低于0℃时注意抗冻。

第三节　钻孔桩基础施工

一、桩型的选用原则

桩基础的选用工作必须根据桥梁的特性，以及所处的地质水文状况进行选择。经过专家的调查研究发现，桩基础的选用有以下几点需要注意：首先，根据桥梁桩基础所处的位置的地下水位的深浅、地质条件、土质特性和土体持力层的深度等，同时，还要结合桥梁工程施工设计的基本要求，对不同类型的桩基础结构的承载力和经济指标参数进行综合对比，从而确定最合适的桩基础类型；其次，按桥梁的上部结构的承载能力以及正常运行后，桥梁所承受的交通荷载的重量，初步估算桥梁结构桩基础的荷载情况，并且根据不同的桩基具有的不同承载能力，然后选择合适的桩类型；最后，根据桥梁基础施工的工期，以及当地的环境方面等综合因素的影响。对施工时间比较充足的情况，适合选用人工挖孔桩或机械挖孔桩；如对于施工时间比较紧时，可采用预制桩，从而加快施工进度。

综上所述，桥梁桩基施工时，必须深入调查施工现场，要考虑基础所处位置的工程地质状况、桩基础的施工工艺、地下水位的因素以及施工机械设备，并对整个施工总造价进行综合性的比选，确定一个最优的桩基础施工方案。

二、桥梁工程钻孔灌注桩施工技术原理

所谓的钻孔灌注桩指的是：利用机械钻孔、人力挖孔、钢管挤土等形式，在基础位置形成一定尺寸、深度的孔，并在孔内放置钢筋笼，然后灌注混凝土，最后形成桩。在灌注混凝土时，导管一定要埋置在混凝土一定深度，以防止再次灌注混凝土时在相接处流入泥浆和水，然后随着混凝土的灌注，不断地向上提导管，以便于混凝土的灌注。

钻孔灌注桩基础在施工中的特点如下说明：施工过程中，产生的噪声较小，振动也较小，避免对周围地质的影响；可以根据需要，建造不同直径大小的桩，比预制桩更具有应用性；可以应用在不同地质状况中，使其更具有普遍应用性；钻孔灌注桩的质量的优良，直接决定于桩的承载能力；在钻孔灌注桩的施工过程中，工期相对较长，成孔的速度较慢，用于护壁的泥浆对环境的污染较大。

三、桥梁基础钻孔灌注桩施工工艺步骤

1. 施工放样

在钻孔灌注桩施工前，由测量队用全站仪根据复测无误的导线点坐标实地放出桩位，并设置好定位控制桩，报监理工程师复测核准。

2. 施工准备

钻孔桩施工场地范围内进行清理，整平并夯实。根据工程地质情况、钻机性能和工程规模大小，做好泥浆循环系统的设置（包括制浆池、储浆池和沉淀池）。泥浆循环系统的设置必须满足施工要求。

3. 机械设备的选择和要求

（1）根据设计文件的要求，综合考虑结构类型（桩的孔径、孔深）、工程地质、水文地质、机具设备、材料供应以及劳力来源等因素，结合当地具体情况，通过分析研究，拟选用冲击钻及其配套设备。

（2）钻孔灌注桩所需的混凝土由项目部混凝土拌和站集中拌和供应，拌和能力满足要求，混凝土的运送采用混凝土搅拌运输车运送。

（3）储料斗容量应能满足首批灌注混凝土所需要的储备量要求。

（4）主要机具设备使用前进行全面检查、维修和调试，确保正常使用。

4. 护筒埋设

（1）护筒采用钢护筒，高 3 ~ 4m，特殊情况下采用双层护筒。

（2）护筒内径比桩径大 300mm 左右。

（3）护筒中心竖直线应与桩基中心线重合，平面允许误差 20mm，竖直度偏差不大于 1%。

（4）护筒顶端高出地面 0.3m 及地下水位或扎外水位 1.0 ~ 2.0m。

5. 泥浆制备

钻孔泥浆由水、黏土（塑性指数大于 25）（或膨润土）和添加剂按适当配合比配制，其性能指标应符合《桥规》表 8.7.3 规定。

6. 钻孔

（1）钻机就位前，对主要机具及配套设备进行检查、维修。

（2）开始钻进时，要轻压慢钻，适当控制进尺，使初期成孔竖直、圆顺，防止钻杆过分抖动，造成孔位偏斜。

（3）钻进过程中每进尺 0.5m 或每 2 小时捞取一次渣样，同时经常注意地层的变化，在地层的变化处均应捞取渣样，判断地质的类型，记入记录表中，并与设计提供的地质剖面图相对照，钻渣样品编号保存于现场制作的留样盒内，渣样盒应写明桥梁名称、桩基编号、桩长、取样日期等基本信息，渣样分小袋存放，小袋外粘贴标签标明取样位置以便分析备查。钻进过程中经常检查桩径、垂直度、钻机位置是否正常等，每钻进 2 ~ 3m 检查一次。

（4）正常钻进中，在砂土和较厚的夹砂层中成孔时，控制钻进速度，加强泥浆护壁，泥浆相对密度应控制在 1.1 ~ 1.3；在穿过砂夹卵石层或容易坍孔的土层中成孔时，泥浆的相对密度应控制在 1.3 ~ 1.5。

（5）当钻孔深度达到设计要求时，对孔深、孔径、孔位和倾斜度等进行检查，孔深用测绳下挂 0.5kg 铁砣检查，检孔器用钢筋焊接而成，高为孔径的 4 ~ 6 倍，直径与桩径相同。确认满足设计要求后，立即填写终孔检查表，并经监理工程师认可，方可进行孔底清理和灌注水下混凝土的准备工作。

7. 清孔

采用换浆法进行首次清孔，安放导管后，为确保清孔质量，采用反循环工艺进行二次清孔。清孔标准符合设计及规范要求，即：孔内排出或抽出的泥浆手摸无 2～3mm 颗粒，泥浆比重不大于 1.1，含砂率小于 2%，黏度 17～20s，浇筑水下混凝土前孔底沉渣厚度不大于 250px。严禁采用加深钻孔深度方法代替清孔。

8. 终孔

每座桥梁第一根桩基钻进深度达到设计终孔标高后，业主代表、设计代表、桥梁（或地质）专业监理工程师、施工单位桥梁工程师（或以上）四方现场根据渣样特征、钻孔记录、钻进速度及地质资料等综合判断能否终孔。管理处、总监办和设计单位的代表中任何一方对终孔有不同意见时均不能进行终孔。

（1）摩擦桩终孔条件

①浇筑桩基混凝土前，桩基孔底清孔后沉渣厚度要求小于 150mm。

②实际地质与设计相符时，按设计桩底标高终孔；桩位处无地质钻孔资料时，应参考相邻墩台的地质钻孔，结合桩基施工钻渣情况，经管理处、总监办、设计单位、施工单位四方代表经现场勘查后商定桩基终孔标高；实际桩基施工过程中渣样揭示的地质情况与设计地质资料两者出入较大时，设计单位应根据实际揭示的地质情况，重新核算桩长，必要时进行补钻，由设计单位根据补钻地质资料对桩长进行核算，重新确定桩长及桩底设计标高。

③摩擦桩根据计算得出所需桩底标高与中、微风化岩层顶距离不超过 2m 时，宜调整桩底标高进入中、微风化岩层 0.5m，按端承桩要求清孔。

（2）端承桩终孔原则

①浇筑桩基混凝土前，桩基孔底清孔后沉渣厚度要求小于 50mm。

②当桩底岩石单轴极限抗压强度大于等于 30Mpa、小于 40Mpa 时，最小端承深度取 3D。

③当桩底岩石单轴极限抗压强度大于等于 40Mpa 时，最小端承深度取 2D。

④有效桩长不小于 15m。

9. 钢筋笼加工及安装

（1）钢筋笼由钢筋加工厂采用滚焊机集中加工，笼长按设计图纸要求制作，单节钢筋长度不超过 20m，当总长超过 20m 时，分段制作。钢筋笼几何尺寸严格按设计图纸制作。钢筋笼主筋接头采用直螺纹套筒连接，分段钢筋笼在孔口下放时按上下节钢筋编号——对应，采用直螺纹套筒连接。

（2）制好的钢筋笼报现场监理进行检验，验收合格后下放钢筋笼，利用吊机在现场吊装钢筋笼。施工时上下钢筋笼的位置正确，轴线一致，防止笼身弯折，以避免上提导管时钩挂钢筋笼，造成施工困难。钢筋笼孔口连接时严格控制时间，以免操作时间过长造成坍孔。

（3）钢筋笼加设加强筋，以保证在搬运、吊放过程中不致变形，并每隔 2m 设 4 根定位筋以保证钢筋笼位置正确，且有一定保护层。为防止钢筋笼偏位和上浮，每个钢筋笼下放完毕后用四根直径为 Φ20 的钢筋加工成"7"字形状焊接在护筒壁上，在混凝土浇筑过程中，采用加压等措施防止钢筋笼上浮。

（4）按设计要求，对于桩径不大于 1.5m 的桩基，在每根桩的钢筋骨架内按正三角形布设 3 根管径为 Φ54×1.5mm 的热轧无缝声测管，对于桩径大于 1.5m 的桩基，在每根桩的钢筋骨架内按正方形布设 4 根管径为 Φ54×1.5mm 的热轧无缝声测管，声测管接头采用长 80mm 的 Φ60x2.75mm 的热轧无缝钢管，声测管底口必须密封。起吊过程中小心谨慎不得有变形、松动，更不允许有钢筋笼触地造成钢管严重变形等现象，钢筋笼安装好后，声测管顶口采用木塞封闭。

10. 导管

混凝土灌注采用直径为 300mm 导管，导管吊装前先试拼，并经试压确保不漏水。

11. 灌注水下混凝土

（1）灌注混凝土前，现场技术人员协同监理对泥浆指标、孔底沉淀层厚度进行检测，合格后立即灌注，如果超出规定范围，再次清孔直到符合要求。

（2）混凝土按照经过批准的配合比由拌和站集中拌和，混凝土采用混凝土运输车运输至施工现场直接灌注，对于混凝土运输车难以到达的桩位，采用混凝土输送泵直接输送到料斗里。

（3）在灌注现场经常检查混凝土的和易性及坍落度，如果混凝土和易性及坍落度不能满足要求，及时通知拌和站调整用水量及混凝土拌和时间。在现场制作混凝土试件，24 小时后及时送往养护室养护。

（4）灌注首批混凝土时，导管下口距孔底距离保持在 30 ～ 1000px，保证首盘混凝土的用量，确保导管下口埋入混凝土深度不小于 1m。首批混凝土方量根据计算确定。

（5）混凝土灌注过程中，随时控测混凝土顶面高程，导管埋深控制在 2 ～ 6m。当导管内混凝土不满时，应徐徐灌注，防止在导管内形成高压空气囊。

（6）当混凝土面接近钢筋笼时，使导管保持较大的埋深，并放慢灌注速度，以减小混凝土的冲击力，防止钢筋笼上浮。当混凝土进入钢筋笼一定深度后，适当提升导管，使钢筋笼在导管下口有一定的埋深。

（7）在混凝土灌注后期，导管内混凝土要保持一定的高度，以增加混凝土的压力，提高混凝土的密实性，同时桩顶超灌 1m 左右的混凝土，现场配备长度 3m 左右的 Φ16 钢筋，端头焊接一块 250px×250px 的钢板用于准确探测混凝土浇灌面，以防混凝土浇筑面过低或过高。在拔出最后一段长导管时，拔管速度要慢，以防止桩顶沉淀的泥浆挤入导管下形成泥心。

（8）为了减少后期桩头破除的难度，灌注桩混凝土灌完后及时用吸泥泵对超灌混凝土上的泥浆抽出一部分，但要注意桩顶以上1250px内混凝土不得挠动。

12．桩基检测

成桩12天后采用超声波进行无破损检测，凿除和清理桩顶混凝土，保证截面处混凝土具有良好的质量，检测前在声测管中提前加满水，作为超声波检测介质。Ⅰ类桩应达到90％以上，杜绝Ⅲ类桩。

四、桩基检验问题及成因

一般在桩基检验工作经常遇到如下问题：桩基倾斜度过大、断桩、单桩承载力不足、灌注桩顶标高不足等问题。

1．桩倾斜度过大

桩基施工过程中经常出现的问题，影响桩基倾斜度的因素比较多，其中，最主要的原因是钻孔出现倾斜，然后再放钢筋笼时也有一定的倾斜。如果倾斜过大，则应重新打桩。

2．断桩

断桩，桩基施工出现部分裂开或者断开的现象。断桩是桩基施工中比较严重的现象，一旦出现断桩现象将会严重影响其他后续的施工工序，进而降低施工进度。出现断桩的原因很多，通常是由于浇筑混凝土的过程中有一段桩夹杂泥土，使得桩的断开，不能正常使用。

3．单桩承载力不足

桩基验收检验过程时，单桩承载力不足的问题也经常出现，并且危害极其严重。因为桩基出现承载力不足，不能支撑设计的压力，则会影响周围其他桩基，进而影响整个桩基础的施工进度。由此可见，桩基的承载力检验是道桥桩基施工质量验收的主要工作。

第四节　桥梁承台施工

一、承台

承台是桩与柱或墩联系部分。承台把几根，甚至十几根桩联系在一起形成桩基础。承台分为高桩承台和低桩承台：低桩承台一般埋在土中或部分埋进土中，高桩承台一般露出地面或水面。高桩承台由于具有一段自由长度，其周围无支撑体共同承受水平外力。基桩的受力情况极为不利。桩身内力和位移都比同样水平外力作用下低桩承台要大，其稳定性因而比低桩承台差。

高桩承台一般用于港口、码头、海洋工程及桥梁工程。低桩承台一般用于工业与民用房屋建筑物。桩头一般伸入承台0.1m，并有钢筋锚入承台。承台上再建柱或墩，形成完整的传力体系。

近年来由于大直径钻孔灌注桩的采用，桩的刚度、强度都较大，因而高桩承台在桥梁基础工程中已得到广泛采用。

二、承台施工工艺

1. 桩基检测

桩基浇筑 14 天后，对桩基进行超声波检测，桩身检测合格后方可进行下道工序施工，否则进行返工处理。

2. 测量放样

测量人员用坐标法定出承台基坑各控制点的平面位置，并洒出白灰线。用水准仪测出控制点标高，根据设计标高计算出开挖深度。

3. 基坑开挖

人工配合挖掘机分级开挖基坑，坡度按 1：1 进行放坡，基坑底部宽度较承台外边线放宽 1.0m。机械开挖至距承台设计底标高 20cm 左右时，改由人工开挖至承台设计标高下 10cm，避免超挖后回填。基坑四周距基坑边缘不小于 1m 处设置钢管护栏、挂密目式安全网，靠近道路侧设置安全警示标志和夜间警示灯带。

基坑排水采用基坑四周设集水坑、集水沟、抽水泵抽水。

4. 桩头凿除

基坑开挖完成后对桩头混凝土进行凿除，凿除深度为 0.5 ~ 1.0m，并保证桩基伸入承台 10cm（适用于桥墩承台），桩头凿除采用风镐人工凿除，严禁使用破碎锤。桩头凿除后，其桩顶面应平整，并清除松散的碎渣。

5. 浇筑垫层

清除坑底的浮土，整平夯实，基础底处理完毕后，浇筑 10cm 砂浆垫层，垫层顶面高程为承台底部高程，宽度较承台四周外边线放宽 20cm，由测量人员恢复承台控制点，测量基底标高，经报验合格后进入下道工序。

6. 钢筋加工及安装

钢筋在钢筋加工厂按设计尺寸集中进行加工，加工完成后运输至施工现场进行安装。钢筋安装前由测量人员放出承台纵横向中线、边线以及墩台身边线，以确保钢筋位置的准确性。钢筋安装前，将桩顶钢筋搬弯，内倾角度符合设计图纸。

承台钢筋骨架主筋采用焊接时，焊接符合《公路桥涵施工技术规范》（JTG/TF50-2011）要求，单面焊接长度不小于 10d，双面焊接长度不小于 5d，要求焊缝饱满、无焊渣、焊接不得烧伤主筋；采用机械连接时，应符合《钢筋机械连接技术规程》（JGJ107-2016）要求，钢筋端部应采用带锯、砂轮锯，或带圆弧形刀片的专用钢筋切断机切平，钢筋丝头长度应满足产品设计要求，极限偏差应为 0 ~ 2 倍螺纹螺距；安装接头时可用管钳扳手拧紧，钢筋丝头应在套筒中央位置相互顶紧，安装后的单侧外露螺纹不宜超过 2 倍螺纹螺距，对无法对顶的接头，应附加锁紧螺母、顶紧凸台等措施紧固。承台骨架钢筋同一断面的接头错开布置，接头数量不超过该截面钢筋总数的 50%。为满足保护层的要求，钢筋与模板之间设置垫块，垫块的厚度不应出现负误差，正误差应不大于 1mm，垫块应相互错开、分散设置在钢筋与模板之间，但不应横贯混凝土保护层的全部截面进行设置，垫块在结构或构件侧面和底面所布设的数量应不少于 3 个 /m²，垫块与钢筋绑扎牢固，且其绑丝的丝头不应进入混凝土保护层内。

根据桥墩承台图纸要求，紧贴承台主筋下方设一层 C14@10cm 钢筋网，不可截断，承台四周及顶面设一层 D6 带肋防裂钢筋网，网片钢筋间距 10cm。

承台钢筋安装完成后，根据测量人员放出的墩台身边线，预埋墩台身钢筋，墩台身钢筋与承台钢筋采用电焊焊接牢固。若伸入承台的桩基、墩柱钢筋与承台钢筋有干扰时，可适当挪动承台钢筋的位置。

钢筋安装完成后应报检，经监理验收合格后方可进行下道工序施工。

7. 模板安装

模板采用定型钢模，模板进场后进行试拼，将模板间的接头处打磨平顺，将整个模板面进行打磨，打磨至面板呈现金属亮色为止，涂刷脱模剂，并复核模板尺寸，经监理验收合格后方可投入使用。模板安装采用人工配合吊车进行安装，模板加固采用对拉杆进行加固，水平间距 1m，竖向设置三道。模板安装完成后，先自行检查模板的支撑、平面位置、高程、垂直度、保护层厚度等各项指标是否符合要求，自检合格后，上报监理工程师检查合格并签证后，准备浇筑混凝土。

8. 混凝土浇筑

混凝土前将模板内杂物、积水、钢筋上的污垢等清理干净。混凝土由拌和站集中拌制，混凝土运输车运输到位，入仓方式采用搭设溜槽或汽车泵进行浇筑，混凝土浇筑时，分层厚度不大于 30cm，在下层混凝土初凝或能重塑前浇筑完成上层混凝土。插入式振捣器振捣，振捣时遵循"快插慢拨"的原则，振点间距不大于振捣棒有效作用半径的 1.5 倍，每点振捣时间一般为 20 ~ 30s，与模板保持 5 ~ 10cm 间距，插入下层混凝土 5 ~ 10cm，直到混凝土停止下沉、不冒气泡、泛浆为止。

9. 模板拆除

当混凝土强度达到 2.5MPa 时，利用吊车配合人工直接拆除，拆除时注意模板的拆除顺序，不得生拉硬拽损坏构造物，严禁撬、敲打模板，拆除的模板应及时清理打扫干净，有序码放以利于下一次使用。

10. 混凝土养生

混凝土初凝后，及时洒水养护，并用浸湿的粗麻布或土工布覆盖保湿，随时保持混凝土表面处于湿润状态，养护时间不少于 7 天。

三、特殊季节及夜间施工措施

1. 冬季施工措施

当室外日平均气温连续 5 天稳定低于 5℃起，至当室外日平均气温连续 5 天稳定高于 5℃止为冬季施工期。

（1）钢筋施工

钢筋下用方木垫起，集中堆放，防止受潮生锈；

钢筋焊接时，采用搭设保温棚等防雪、挡风、保温措施，其最低焊接操作温度不得低于 -20℃减少焊件温度差；焊接后的接头严禁立即解除冰雪，防止接头降温过快而影响质量，在室内冷却至室温后，逐渐降温移至室外，确保接头质量。

冷拉钢筋时的温度不得低于 -15℃，一般选择中午气温较高时进行钢筋冷拉。

（2）混凝土拌制、运输、浇筑、养护

拌和站砂石骨料料仓均设置有雨棚，防止骨料带有雪团和冰块；优先选用硅酸盐水泥、普通硅酸盐水泥，水泥的强度等级不宜低于 42.5，水灰比不宜大于 0.5；拌和时的气温要求不低于 0℃，砂石料温度不低于 0℃；拌和用水如果温度不能满足要求时，进行加热，水泥强度等级小于 42.5 时，拌和水温 < 80℃，水泥强度等级大于 42.5 时，拌和水温 < 60℃，其最低水稳不低于 20℃。

冬期搅拌混凝土时，应严格控制混凝土的配合比和坍落度，集料不得带有冰雪和冻结团块。投料前，应采用热水或蒸汽冲洗搅拌机。加料顺序应先为集料、水，稍加搅拌后再加入水泥，且搅拌时间应比常温延长 50%。混凝土拌和物的出机温度不宜低于 10℃，入模温度不低于 5℃。

混凝土采用罐车运输，多装快运，少停留，少倒运，混凝土罐采用特制材料包裹保温。混凝土灌注前进行检查，不得有表层冻结、混凝土离析、水泥浆流失、坍落度损失等现象。

混凝土浇筑时要保证混凝土的均匀性和密实性，要保证结构的整体性，尺寸准确，钢筋、预埋件位置，拆模后混凝土表面平整、光洁。在浇筑前，应清除模板和钢筋上的冰雪和污垢。浇筑时，拌合物由挡板、料斗、漏斗或各类使用工具在浇筑混凝土时容易与容器冻结，故在浇筑前应采取防风、冻结保护措施，一旦发现混凝土遭冻必须做出退场处理。施工缝的位置宜留在结构剪力较小，且便于施工的部位，在施工缝处接着浇筑混凝土时，应先除掉水泥薄膜和松动石子，湿润冲洗干净，并使接缝处原混凝土的温度不低于 5℃，然后铺抹水泥浆或与混凝土砂浆成分相同的砂浆一层，待已浇筑的混凝土强度高于 1.2Mpa 时，允许继续浇筑。

混凝土强度达到设计强度的 40% 之前不得受冻，因此凝土养护措施十分关键，正确的养护能避免混凝土产生不必要的温度收缩裂缝和受冻。在冬施条件下必须采取冬施测温，监测混凝土表面和内部温差不超过 25℃。混凝土养护可以采取多种措施，可根据情况选用蒸汽加热、暖棚加热等方法进行养护。混凝土养护采用塑料薄膜加盖保温草帘养护，防止受冻并控制混凝土表面和内部温差。

2．雨季施工措施

（1）进入雨季，应提前做好雨季施工中所需各种材料、设备的储备工作。

（2）施工期间，施工调度要及时掌握气象情况，遇有恶劣天气，及时通知项目施工现场负责人员，以便及时采取应急措施。重大吊装，高空作业、大体积混凝土浇筑等更要事先了解天气预报，确保作业安全和保证混凝土质量。

（3）工程现场道路必须平整、坚实，两侧设置排水设施，纵向坡度不得小于0.3%，主要路面铺设矿渣、沙砾等防滑材料，重要运输路线必须保证循环畅通。

①对不适宜雨季施工的工程要提前或暂停安排，土方工程、基础工程、地下构筑物工程等雨季不能间断施工的，要调集人力组织快速施工，尽量缩短雨季施工时间。

②根据"晴外、雨内"的原则，雨天尽量缩短室外作业时间，加强劳动力调配，组织合理的工序穿插，利用各种有利条件减少防雨措施的资金消耗，保证工程质量，加快施工进度。

③现场临时用电线路要保证绝缘性良好，架空设置，电源开关箱要有防雨设施，施工用水管线要进入地下，不得有渗漏现象，阀门应有保护措施。

④配电箱、电缆线接头、箱、电焊机等必须有防雨措施，防止水浸受潮造成漏电或设备事故。

⑤所有机械的操作运转，都必须严格遵守相应的安全技术操作规程，雨季施工期间应加强教育和监督检查。

⑥工人员要注意防滑、防触电，加强自我保护，确保安全生产。

⑦各单项工程施工现场要组织防汛小组，遇有汛情及时、有组织地进行防汛。

（4）土方与基础工程

①雨季进行土方与基础工程时，土方开挖前备好水泵。

②雨季施工，人工或机械挖土时，必须严格按规定放坡，坡度应比平常施工时适当放缓，多备塑料布覆盖，必要时采取边坡喷混凝土保护。地基验槽时节，基坑及边坡一起检验，基坑上口3m范围内不得有堆放物和弃土，基坑（槽）挖完后及时组织打垫层，基坑周围设排水沟和集水井，随时保护排水畅通。

③施工道路距基坑口不得小于5m。

④坑内施工随时注意边坡的稳定情况，发现裂缝和塌方及时组织撤离，采取加固措施并确认后，方可继续施工。

⑤基坑开挖时，应沿基坑边做小土堤，并在基坑四周设集水坑或排水沟，防止地面水灌入基坑。受水浸基坑打垫层前应将稀泥除净方可进行施工。

⑥回填时基坑集水要及时排掉，回填土要分层夯实，干容重符合设计及规范要求。

⑦施工中，取土、运土、铺填、压实等各道工序应连续进行，雨前应及时压完已填土

层，并做成一定坡势，以利排除雨水。

⑧混凝土基础施工时考虑随时准备遮盖挡雨和排出积水，防止雨水浸泡、冲刷、影响质量。

（5）模板工程

①各施工现场模板堆施要下设垫木，上部采取防雨措施，周围不得有积水。

②模板支撑处地基应坚实或加好垫板，雨后及时检查支撑是否牢固。

③拆模后，模板要及时修理并涂刷隔离剂。

（6）钢筋工程

①钢筋应堆施在垫木或石子隔离层上，周围不得有积水，防止钢筋污染锈蚀。

②锈蚀严重的钢筋使用前要进行除锈，并试验确定是否降级处理。

（7）混凝土工程

①混凝土浇筑前必须清除模板内的积水。

②混凝土浇筑前不得在中雨以上进行，遇雨停工时应采取防雨措施。待继续浇灌前应清除表面松散的石子，施工缝应按规定要求进行处理。

③混凝土初凝前，应采取防雨措施，用塑料薄膜保护。

④浇灌混凝土时，如突然遇雨，要做好临时施工缝，方可收工。雨后继续施工时，先对接合部位进行技术处理后，再进行浇注。

3．高温季节施工措施

（1）原材料

采取必要的措施对水泥和砂、石集料等避阳防晒，或对砂、石料堆喷水降温，降低原材料进入搅拌机的温度。

对拌和水采用冷却装置或其他方法降温；对水管及水箱应设置避阳或隔热设施。

（2）混凝土工程施工

①配合比的设计应考虑高温对混凝土坍落度损失的影响。混凝土可掺加高效减水剂或惨用粉煤灰等活性材料取代部分水泥，减少水泥用量；混凝土宜选用水化热较低的水泥，当惨用缓凝型减水剂时，根据气温适当提高坍落度；

②搅拌站的料头、储水器、皮带运输机及搅拌筒等采取避阳措施。在搅拌和浇筑混凝土过程中，增加混凝土坍落度的检测次数；当不满足施工需要时，及时对配合比进行适当调整；

③混凝土宜在棚内或气温较低的夜间进行搅拌，混凝土的入摸温度控制在30℃以下；

④混凝土带有搅拌装置的运输车运输混凝土，且搅拌筒上设有防晒设施。在运输过程中应慢速不间断搅拌混凝土，不得在运输过程中加水搅拌，并最大限度地缩短运输时间。

⑤混凝土浇筑前，做好充分准备，配备足够的施工机具设备，保证混凝土连续不间断浇筑。浇筑前在模板、钢筋、和地基上喷水降温，浇筑时模板内不得有积水或附着水。

⑥混凝土浇筑完成并对表面修整后尽快开始养护，在其表面立即覆盖清洁的塑料薄膜，

使混凝土表面保持水分；初凝后增加覆盖浸湿的粗麻布或土工布，继续洒水保湿养护，混凝土保湿养护时间不得少于7天。

（3）施工人员安全

①加强与气象部门的沟通，密切关注天气变化情况，积极应对强对流天气造成自然灾害。

②广泛宣传中暑的防治意识，使职工掌握防暑降温的基本常识。

③对有心血管器质性疾病、高血压、中枢神经器质性疾病、明显的呼吸、消化或内分泌系统疾病和肝、肾疾病患者应列为高温作业禁忌症。

④在夏季高温作业中，做好职工防暑降温工作，提供含盐0.3％清凉饮料、消暑降温药品发放要及时到位，教育作业人员不饮生水，保证职工身体健康。

⑤根据夏季高温施工特点，结合实际，组织编制有针对性的夏季施工方案，采取有效的防暑降温措施，合理安排工作时间，避开中午高温时段高空及露天作业，根据条件在作业场所增设遮阴设施；长时间露天作业的要发遮阳帽，防止作业人员中暑。

⑥改善作业区、生活区的通风和降温条件，确保作业人员宿舍、食堂、厕所、淋浴室等临时设施符合标准要求和满足防暑降温工作需要。

⑦加强夏季高温期间施工安全监管。

A严格加强各类易燃、易爆物品管理，合理配置消防器材，防范火灾、爆炸事故的发生。

B现场设安全员、电工负责检查电机械设备及露天架设的线路，防止由于暴晒引起过热、自燃等安全隐患。

C在夏季高温期间项目部管理人员定期到生产现场进行巡回检查，发现有关问题及时进行解决和处理。

D高温时段发现有身体感觉不适发作业职工，及时按防暑降温知识急救方法处理或请医生诊治。

⑧切实做好施工现场的卫生防疫工作，加强对饮用水、食品的卫生管理，严格执行食品卫生制度，避免食品变质引发的中毒事件。要加强对夏季易发疾病的监控，现场作业人员发生传染病、食物中毒时，应及时向有关主管部门报告。

⑨合理安排夏季高温期间的施工作业时间。根据气温变化及时调整夏季高温作业的劳动和休息时间，减轻务工人员劳动强度，减少高温时段作业时间，严格控制加班加点。气温达到35度以上时，中午11点至下午3点间应暂停在阳光直射下作业，并安排务工人员午休，每天工作时间原则上不超过8小时，保证务工人员有足够的休息时间。

4. 夜间施工措施

（1）夜间施工措施

①夜间施工必须照国家及市安全和生产管理条例，严禁盲目施工，不准安排由年老体弱带病、疲劳及一切不适合夜间作业的工人进行施工。

②夜间施工人员在施工前必须进行夜间施工安全教育和危险告知，所有参加施工的人

员必须熟知保证夜间施工安全的措施。

③白班施工人员下班前必须由安全员带头检查临边防护是否完善。

④及时了解天气预报，对天气的变化做到心中有数，工作上早做准备。

⑤对于工期较紧的工序及不能中途停止施工的工序，需对施工作业人员进行日、夜分班，并适当缩短夜间作业班组的作业时间，安排夜间作业人员适当的休息时间，并提供夜餐，减轻夜间作业人员的劳动强度。

⑥夜间高空作业时，作业人员必须戴好安全帽、系好安全带、穿好防护鞋并设置安全网，大雨、大风、大雾天气不得进行高空作业。

⑦技术员，安全员，工长夜间配备照明手电，对讲机，随时监查指导现场，防止不安全事故发生。

⑧充分考虑施工安全问题，尽量不安排交叉施工的工序同时在夜间进行。

⑨夜间施工时，各项工序或作业区的结合部位在夜间施工时要有明显的发光标志，各道工序夜间施工除当班的工长、技术员必须到位外，还要必须安排安全员、司机值班。

⑩夜间施工时，所有施工道路必须及时清除杂物，采取防滑措施。

⑪夜间动火作业，作业人员必须确认动火点周围有没有易燃易爆物，采取安全防范措施，避免发生着火事故，作业结束后必须确认有没有火灾隐患后，方可离开作业地点。

⑫塔吊及其他吊装作业必须由专人进行操作，专人进行指挥，并保证足够的照明，定期进行检查维护，发现隐患问题应立即暂停工作，处理好后才能正常施工。

⑬夜间进入有限空间作业至少安排两个人，起到监护的作用。

⑭夜间施工严格实行"交接班"制，对施工过程中出现的质量安全问题及时解决或者汇报到下一接班人员处，下一接班人员未到，不准漏岗。

⑮管理人员加强施工信息交流，及时发现施工进程中存在的问题，发现并排除安全隐患，防止因质量事故引发安全事故。

⑯实施具有重大危险源的工程项目时，必须根据重大危险源的应急救援预案措施，做好随时启动应急预案的准备。

（2）夜间施工人员措施

①项目部安全部：夜间施工人员在施工前必须进行夜间施工安全教育和危险告知，所有参加施工的人员必须熟知保证夜间施工安全的措施。

②现场生产经理：对施工现场全局把控，协调组织各部室人员落实安全问题，及时坚决由各部室反应处理的现场安全问题。

③安全员：做好施工前的准备工作、安全确认、隐患排查、施工工序安全控制、收尾工作，清点所有参加施工的人员，并对现场安全进行全过程控制。每天对施工中容易出现的安全问题反复强调。

④技术员：现场技术干部做好相关夜间施工技术交底资料，配合安全员指出每天当晚施工中的容易出现结构安全问题，对夜间晚上的不规范操作技术制止。

⑤现场工长：各岗位人员按职责进行设备、工具、线路、环境的安全检查，确保夜间施工安全。

⑥警卫：施工驻地，栈桥平台均安排警卫夜间值班，防止夜间偷盗及行人闲逛，制止一切不安全违章行为。

（3）夜间施工照明措施

在一切有人员作业的工作区域必须保证充足的照明，拒绝照明盲点。如作业场所、料具堆场、道路、仓库、办公室、食堂和宿舍等均设一般、局部照明或混合照明，以保障作业和生活安全。

①本项目室外主要采用钠灯作为主要照明灯，固定布置在场地适当位置，保证整个施工场地均有较好的照明。

②采用碘钨灯作为临时可移动照明灯具，为重要施工部位照明，作为对固定式照明的补充，镝灯做固定施工照明。

③通航通道的两侧栈桥必须设置灯带，航道警示灯齐全，施工作业船舶也需保证警示灯。当跨航道作业时，需设计巷道顶部的警示灯。

（4）夜间施工设备措施

①各种机械设备操作人员，必须取得操作合格证，不准操作与证不相符的机械设备，不准将机械设备交给无本机操作证的人员操作，对机械设备操作人员要建立档案，专人管理。

②操作人员必须按照本机说明规定，严格执行工作前的检查制度和工作中注意观察及工作后的检查保养制度。

③驾驶室或操作室要保持整洁，严禁存放易燃、易爆物品。严禁酒后操作，严禁机械设备带病运转或超负荷运转。

④对机械设备进行检查和维修时，机械设备停放在安全地点。机械设备在施工现场存放时，应选择安全停放地点，并应明确规定指挥联络信号。

⑤机械设备在作业过程中，应派专人进行监督指挥，严禁盲目和违章操作，以免造成机械损坏和人身伤害。

⑥定期组织机械设备安全大检查，对检查中查出的安全问题或隐患，按照"三不放过"的原则进行调查处理，制定防范措施，防止事故的发生。

⑦起重作业严格按照《建筑机械使用安全技术规程》和《建筑安装工人安全技术操作规程》规定的要求执行。

⑧使用钢丝绳的机械，在运转中严禁用手套或其他物件接触钢丝绳，用钢丝绳拖、拉机械或重量物时，人员要远离钢丝绳。

（5）夜间用电安全

照明器具的形式和防护等级必须与使用环境条件相适应，其质量应符合规范、标准的规定，室外灯具采用防水型。施工现场必须配备有足够的照明设施。

①用电作业人员必须持证上岗，保证有电工跟班作业。

②设专业叫工负责检查电线、电源、用电设备等，对老化电线及时更换，不符合节电标准的用电设备严禁使用，进行更换。

③用电设备使用完毕后应时切断电源。

④电箱一律采用铁质电箱，电箱应有严密的防雨措施，安装位置合适，安装牢固，进出线整齐，拉线牢固，熔丝不得用金属代替，箱内不得放其他物品。

⑤灯具金属外壳和金属支架应作接零保护。

⑥采用安全电压照明线路应清晰，布线整齐，接头处用绝缘布包扎。

（6）夜间行车安全

①夜间施工的车辆，施工前认真检查车辆灯光证明系统是否正常，确保车辆在夜间安全运输。

②强化驾驶员安全责任意识，严禁车辆驾驶员酒后驾车、疲劳驾驶、无证驾驶；坚决杜绝车辆带病行驶、车速不得超过 10Km/h，夜间车辆转弯上坡时需鸣笛警示，除特别情况，一般车辆不得驶入栈桥。

③车辆会车时需及时变光，不得使用远光或强光影响来车视线；如车辆损坏在栈桥上无法移动，必须打双跳灯，同时在车辆前后设置夜间反光的安全警示标志。

④摩托车、电瓶车、行车停在规定的停车区域，严禁随意停车，妨碍夜间施工。

第五节　桥梁墩台施工

一、桥梁墩台

桥墩和桥台的合称，是支撑桥梁上部结构的建筑物。桥台位于桥梁两端，并与路堤相接，兼有挡土作用；桥墩位于两桥台之间。桥梁墩台和桥梁基础统称为桥梁下部结构。

中国周代以前，在河中堆集石块供涉水。秦代在咸阳渭水上架了一座用石柱作桥墩的横桥，"广六丈，南北三百八十步，六十八间，七百五十柱，百二十二梁"。唐代长安中桥"岁为洛水冲注，……李德昭创意积石为脚，锐其前以分水势，自是更无漂损"，这种类端桥墩形式沿用至今。近代，墩由石砌向混凝土浇筑发展。同时，随着桥梁技术的发展，有些桥梁的桥墩桥台成为桥梁上部结构的组成部分。例如 T 型刚构桥、斜腿刚构桥的上部结构同桥梁墩台的上部是连为一体的；悬索桥锚索的锚固部分一般是同桥台结合在一起的；开启桥的衡重部分常设置在桥墩台体之内；斜拉桥的索塔架往往包括基础以上的墩身部分等。

在墩台工程方面，中国古代有创造性的成就，如汉代长安灞河桥采用了卯榫相连结构，并应用若干节叠置的石鼓做成具有柔性墩性质的石柱墩。宋代泉州洛阳桥用船上起吊工具悬吊大石块砌筑石墩，石块有重达 10 吨者，实为用水上浮吊进行墩台施工的最早实例。近代，各种类型混凝土墩台和预制装配式墩台逐步向机械化拼装施工方向发展。随着施工装备的改进和施工技术的提高，桥梁墩台深水施工，峡谷中高墩台建造，以及受复杂应力的空间结构的墩台建造，不断获得发展。国内外对中等跨径桥梁多采用施工便捷、圬工量省的排架桩柱式桥墩。美国路易斯安那州跨越庞恰特雷恩湖的大桥全长约 39 km，有跨径为 25.6m 的基本桥孔 1526 个，其中 1500 余座双桩柱（直径为 1.64m 的桩节段用 12 根预应力钢丝束串联）桥墩在 15 个月内完成，全桥在 26 个月内完成，创世界最长桥快速施工的纪录。

1. 桥墩

由帽盖（顶帽、墩帽）和墩身组成。帽盖是桥墩支承桥梁支座或拱脚的部分，其作用是把桥梁上部结构荷载传给墩身，并加强和保护墩身顶部。桩柱式墩的桩柱靠帽盖联结为整体。墩身是桥墩承重的主体结构，其作用是把桥梁上部结构荷载传给桥梁基础和地基。

（1）实体墩

也称重力式墩，依靠自身重量保持稳定的桥墩。它的整体性和耐久性好。实体墩的墩身常用抗压强度高的石料砌筑或混凝土浇筑。当墩身较大时，可在混凝土中掺入不超过墩身体积 25% 的片石，以节省水泥。实体墩也可用预制的块件在工地砌筑，各块件用高强度钢丝束串联施加预应力。砌筑时，块件要错缝。用这种方法建造的实体墩又称为装配式桥墩。

（2）薄壁墩

用钢筋混凝土制作的实体薄壁桥墩或空心薄壁桥墩。实体薄壁桥墩适用于中小跨径桥梁。空心薄壁桥墩多用于大跨径桥和高桥墩桥。

（3）柱式墩

在基础上灌筑混凝土单柱或双柱、多柱所建成的墩。中国通常采用两根直径较大的钻孔桩作基础，在其上面建立柱做成双柱墩，并在两柱之间设横系梁以增加刚度。此外，也常用单桩单柱墩。

（4）排架桩墩

由单排桩或双排桩组成的桥墩。一排桩的桩数一般同上部结构的主梁数目相等。将各桩顶联系一起的盖梁可用混凝土制作。这种桥墩所用的桩尺寸较小，因此通常称这种桥墩为柔性桩墩。它按柔性结构设计可考虑水平力沿桥的纵轴线在各墩上的分配。构架式桥墩以两桯或多桯构架做成的桥墩，多用钢筋混凝土制作。构架式桥墩轻型美观，但不宜在有漂流物或流冰的河流中建造。

2. 桥台

由帽盖（顶帽、台帽）和台身组成。台身有前墙和侧墙（冀墙）两部分。前墙是桥台的主体，它将上部结构荷载和土压力传达至基础。侧墙位于前墙的侧后方，主要支挡路堤土方并可增加前墙的稳定性。前墙和侧墙均可用石料或混凝土砌筑。当上部结构为拱式体系时，除在桥面系同前墙相会处需设置台帽之外，在台身支承拱脚之处需另设拱座。和台帽相连的胸墙同桥面系端部之间应留伸缩缝。

（1）重力式桥台

依靠自重来保持桥台稳定的刚性实体，它适于用石料砌筑，要求地基土质良好。重力式桥台的平面形状有 U 形、T 形以及山形等。U 形的整体性好，施工方便，但是台背易积水，故在台后填土中应设盲沟排水，以免发生土的冻胀。在土质地基上，翼墙同前墙相会合处应设置隔缝，将两者分开砌筑，以避免两者沉降不均，产生破坏。

（2）埋置式桥台

埋置于路堤锥体护坡中的桥台，它仅露出台帽以上的部分以支承桥梁上部结构。由于是埋置土中，所以这种桥台所受的土压力很小，稳定性好。但是锥体护坡往往伸入河道，侵占了泄水面积，并易受到水流冲刷，因此必须十分重视护坡的保护；在设计中应验算护坡万一被冲刷毁坏时的桥台稳定性和强度。

（3）薄壁桥台

以 L 形薄壁墙做成的桥台。这种桥台有前墙和扶壁，前墙是主要承重部分，扶壁设于前墙背面，支撑于墙底板上。扶壁有若干道，其作用是增加前墙的刚度。台帽置于前墙顶部。底板上方的填土有助于保持桥台的稳定。

（4）木墩台

主要用于木桥。仅在一些易于取材的林区采用这类墩台，其他形式桥梁在维修抢险时也用木墩台或木垛作为临时支承。

二、桥梁墩台施工技术

1. 墩台施工方法的分类

桥梁墩（台）施工的方法主要有两类：一类是就地浇筑与砌筑；一类是拼装预制混凝土砌块、钢筋混凝土或预应力混凝土构件。

大多数的公路桥梁施工现场主要采用就地浇筑与砌筑，这种方法的施工期限较长，需耗费较多的劳力与物力。近年来，随着起重机和运输设备的发展，采用拼装预制构件建造各型墩（台）的施工方法有了一定的发展。

拼装式墩（台）适用于山谷架桥、跨越平缓无漂流物的河沟、河滩等的桥梁。特别是在工地施工干扰多、施工场地狭窄、缺水与砂石料供应困难的地区，效果尤为显著。装配式桥墩（台）具有结构形式轻便、建桥速度快、圬工省、预制构件质量可得到有效保证等优点。常用的有砌块式、柱式、管节式或环圈式墩（台）等。

2. 墩台施工方法

（1）石砌墩台施工

①石料与砂浆。石砌墩台用片石、块石、粗料石、水泥砂浆砌筑，浆砌片石适用于高度不大于 6m 的墩台身、基础、镶面及各式墩台身填腹；浆砌块石用于高度不小于 6m 以

下的墩台身、镶面或应力要求不小于浆砌片石砌体强度的墩台；浆砌粗料石用于磨耗及冲击严重的分水体的镶面工程及有整齐美观要求的桥墩台身等。

②墩台砌筑施工。砌筑前应按设计图放出实样，挂线砌筑；砌筑基础的第一层砌块时，如基底为土质，只在已砌石块的侧面铺上砂浆即可，不需坐浆；如基底为石质，要把它的表面清洗、润湿后，坐浆再砌石；砌筑斜面墩台时，斜面要逐层放坡，保证规定的坡度；砌块间用砂浆黏结并保持一定的缝厚，所有砌缝要求砂浆饱满。形状比较简单的，要根据砌体高度、尺寸、错缝等，先行放样配好料石再砌。

③砌筑方法。同一层石料及水平灰缝的厚度应均匀一致，每层水平砌筑，砌石灰缝互相垂直。砌石顺序为先角石，再镶面，后填腹。填腹石的分层高度要与镶面相同；圆端、尖端及转角形砌体的砌石顺序，应自顶点开始，按丁顺排列接砌镶面石。圆端形桥墩的圆端顶点不可有垂直灰缝，砌石要从顶端开始先砌，再依丁顺相间排列，按砌四周镶面石。

（2）装配式墩台施工

装配式墩台构件是在预制场施工，可以和基础施工同步进行，缩短施工时间，提高工作效率。装配式墩台适用于山谷架桥、跨越河沟、河滩等公路桥梁，特别是在施工场地狭窄、砂石供应困难、缺水的地区。装配式墩台多用于中间有横隔板的空心墩、Y 型墩和 V 型墩。

①装配式墩台施工工序为预制构件、构件转场、安装连接、混凝土填缝养护等

A 预制场预制构件时，为预制的构件编号，构件按照设计的形状、尺寸、强度等要求完成。

B 构件转场时按照编号依次进入施工场地，在转场途中须避免构件受到损坏，尤其是拼装接头。

C 安装连接是整个施工工序中最重要的一环，构件连接即要牢固安全，又要结构简单便于施工。

②常用的拼装接头方式有承插式接头、钢筋锚固接头、焊接接头、扣环式接头等。

A 承插式接头是将构件插入相应的预留孔内，插入长度一般为构件宽度的1.2 ~ 1.5倍，四周用混凝土填充，此种方法常用于墩柱于基础的接头连接。

B 钢筋锚固接头是构件上预留一定长度的钢筋或型钢，插入另一构件的预留槽内，或钢筋相互焊接，再浇筑混凝土。此种方式多用于墩柱与顶帽处的连接。

C 焊接接头是将预埋在构件中的钢筋和另一构件的钢筋用电焊连接，外部用混凝土填充。常用于横隔板与墩柱的连接。

D 扣环式接头是相互连接的构件在预定位置预埋环式钢筋，安装时，构件环式钢筋相互错开连接，四周绑扎钢筋，立模浇筑混凝土。这种方法对预埋的钢筋接头要求较高，施工较为复杂。接头方式的选择要根据墩型、施工的经济性等因数。

③接缝混凝土养护按照一般洒水或蒸汽养护方法即可。

（3）钢筋混凝土墩台施工

①在承台顶面准确放出墩台中线和边线，标出主钢筋就位位置。

把加工好的钢筋运至施工现场绑扎，在配置第一层垂直筋时，要使它有不同的长度，符合同一断面筋接头的有关规定。随着绑扎高度的增加，用圆钢管搭设绑扎脚手架，做好钢筋网片的支撑并系好保护层垫块。

事先加工成钢筋网片或骨架，整体吊装焊接就位。把标准钢模组合成分块模板片，板片高度及宽度视墩台身尺寸和吊装能力确定。用夹具把钢立柱和板片竖向连接，横向用销钉和槽钢横肋，把整个模板连成整体，安装到位，用临时支撑支牢，等另一面模板吊装就位后，用圆钢拉杆外套塑料管并加设锥形垫，外加垫块螺帽，内加横内撑，把两面模板横向连成整体，校正定位。端头模板要和墙面模板牢固连接，采取支撑、加固措施，避免跑模、漏浆。为保证模板的使用性能和吊装时不变形，模板要有足够的强度、刚度和稳定性。

②施工脚手架用螺栓连接在立柱上，立柱下部设置可调斜撑，以确保模板位置的正确。安装直坡式墩台模板，为便于提升，要有 0.5% ~ 1% 模板高度的锥度，在制作模板时可根据锥度要求加工一定数量的梯形模板，为适应空心墩台，还要制作收坡式模板。使用拼装式模板修筑圆形、方形墩时，可视吊装能力，分节组拼成整体模板，以加快进度，保证质量及安全。

③安排混凝土拌和站的位置，拌和站的拌和能力要能满足施工需要，原材料质量、混凝土施工配合比、坍落度等一定要符合设计要求。

④混凝土浇筑前要把模板内杂物、已浇混凝土面上泥土清理干净，模板、钢筋检查合格后，进行混凝土的浇筑。混凝土的水平运输视运距远近和方量大小可选用手推车、轻便轨道活底斗车、自卸汽车或混凝土拌和车。混凝土垂直运输常用各种吊机、扒杆、吊架、混凝土泵、混凝土泵车及皮带输送机等进行高墩台的混凝土浇筑。

⑤墩台身高度不大时，要搭设木板坡道，中间钉设防滑木条，用手推车运输混凝土浇筑。在墩台身高度较大，混凝土下落高度超过 2m 时，应使用漏斗、串筒。拼装式模板用于高墩台时，要分层支撑、分层浇筑，在浇筑第一层混凝土时，在墩台身内预埋支承螺栓，支承第二层模板的安装和混凝土的浇筑。浇筑墩台混凝土可搭设普通外脚手架，浇筑高墩台混凝土时，要采用简易活动脚手或滑动脚手。浇筑空心高墩台混凝土要搭设内脚手，并兼作提升吊架。

⑥混凝土应分层、整体、连续浇筑，振捣密实，轻型墩台需设置沉降缝时，缝内应填塞沥青麻絮或其他弹性防水材料，并和基础沉降缝保持顺直贯通。混凝土浇筑要随时检查模板、支撑是否松动变形、预留孔、预埋支座钢板是否移位，如果有问题应及时补救。

⑦混凝土浇筑完成要覆盖洒水养生，预松模板拉杆透水养生，拆模后也可采用喷洒养生剂、圈套塑料养生。

⑧浇筑轻型薄壁墩台，为避免出现混凝土裂缝，要认真进行混凝土配合比设计，严格计量投料，精心施工。保持墙体的稳定，混凝土浇筑后，应抓紧安排支撑梁混凝土的施工

及上部构件的吊装，使整个构件造物早日形成受力框架。

高大的后仰桥台，为平衡偏心，要在浇筑台身混凝土后，填筑台后路堤土方，避免桥台后倾或前滑。未填土的台身露出地面的高度不可超过 4m，避免由于偏心导致的基底的不均匀沉陷。

第八章　桥梁上部结构施工技术

第一节　钢筋混凝土简支梁桥施工

一、梁体的定位与桥体模板的构造

1. 梁体的施工程序

挂篮前移前检查→前移挂篮→调整挂篮→立端头模绑扎钢筋、腹板钢筋，安装预应力管道→安装内膜→测量复核→绑扎顶板钢筋，安装预应力管道→测量复核→浇筑混凝土前系统检查→浇筑混凝土→混凝土强度→预应力束张拉，压浆→下一梁段施工，重复上述过程。

2. 梁体的定位于轴线的测定方法

桥梁墩的定位于轴线的测定都是由测量班控制的，用全站仪和水准仪控制，通过基准点和转点，测出定位点。通过实践，熟练地掌握了全站仪和水准仪的使用方法，测量的方法如下：开始建站，先输入站点坐标，然后根据提示输入后视点坐标，把仪器对准后视点，然后按测距，测好后站就建好了，这时候要反测下后视点，看测量出的后视点坐标和你输入的坐标差多少，如在允许范围内，就可以进行下一步放样，在仪器前方另一人拿棱镜对准仪器，那持棱镜人就按照操作仪器人的提示前进或后退，等精确好了，这点也就放好了。

3. 桥体模板的构造

模板的外侧膜和底板模板采用钢模板，内侧模板采用木模板，施工工艺为现浇梁挂篮施工。底模前吊杆采用 4 根直径 32mm 的精轧螺纹钢为吊杆，前下横梁及翼缘板支架的荷载靠此吊杆传递给前上横梁，后吊挂系统将挂篮底模板与既有梁段底板锚固在一起，在混凝土浇筑时单根吊带承载较大。底模板横梁由槽钢焊接而成，在横梁上根据面板布设要求，分别焊接限位角钢，以确保面板定位准确、固定牢固。

挂篮施工安全，挂篮组拼后，要进行全面检查，并做静载试验；还应做施工平台，平台边缘设安全防护设施。挂篮使用时，应检查后锚固筋、千斤顶、手拉葫芦、张拉平台等是否完好可靠。挂篮在安装、行走及使用中，应严格控制荷载，防止过大的冲击、震动。挂篮拼装及悬臂组装中，危险性较大，在高处及深水处作业时，应设置安全网，满铺脚手板，设置临时护栏。操作人员规定佩戴安全防护用品，配备救生设施。

二、结构钢筋

钢筋因弯曲或弯钩会使其长度变化，在配料时根据混凝土保护层的厚度进行调整。

表 8-1-1 钢筋弯曲调整值

钢筋弯曲角度	30º	45º	60º	90º	135º
钢筋弯曲调整值	0.35d	0.5d	0.85d	2d	2.5d

钢筋的连接，钢筋的连接采用闪光对焊，为质量控制要点。本连续梁采用连续闪光焊。焊接前先检查焊机各部件的接地情况，调整好变压器级次，选择合适参数，开放冷却水，合上电闸，方可工作。焊接完毕，待接头处由白红色变为黑色，才能松开夹具，平稳取出钢筋，以免产生弯曲。

1. 钢筋焊接接头外观必须符合下列规定:

（1）接头周缘留有适当的镦粗部分，并呈均匀的毛刺外形。

（2）钢筋表面无明显的烧伤或裂纹。

（3）接头弯折的角度小于 3°。

（4）接头轴线的偏移小于 0.1d，并小于 2mm。

焊接接头熔接良好，完全焊透，表面无伤痕及裂缝。焊接钢筋工人，必须持证上岗，每次改变钢筋类别、直径或调换工种时，为了保证焊接质量，必须检查既定的焊接参数，焊工预先焊接两组试件进行冷弯试验，合格后方可投入批量生产。

钢筋绑扎，梁体钢筋进行整体绑扎，先进行底板及腹板钢筋的绑扎，然后进行顶板钢筋的绑扎。

2. 绑扎要求

（1）在钢筋的交叉点，用 22# 铅丝绑扎，按逐点改变绕丝方向（8 字形）交错扎结。箍筋、桥面筋其两端交点都绑扎；钢筋弯折角与纵向分布筋交点都绑扎；下缘箍筋弯起部分与架立筋相交点绑扎；其余各交点采用梅花型跳绑；绑扎点拧紧，如有扭断的扎丝必须重绑；为保证绑扎后的钢筋骨架不变形，骨架所有绑扎点的绑扎方向为"8 字形"，绑扎铁丝的尾端不应伸入保护层内。

（2）梁中的箍筋与主筋垂直；箍筋的末端向内弯曲；箍筋转角与钢筋的交接点均需绑扎牢固。箍筋的接头（弯钩结合处），在梁中沿纵向方向交叉布置。

（3）当桥面钢筋与腹板钢筋相碰时，适当移动桥面钢筋或适当进行弯折，偏差控制在 15mm 内。

（4）所有梁体预留孔处均增设相应的环状钢筋；桥面泄水孔处钢筋可适当移动，并增设井字形钢筋进行加强；施工中为确保腹板、顶板、底板钢筋的位置准确，应根据实际情况加强架立钢筋的设置，可采用增加架立钢筋数量或增设 W 型或矩形的架立钢筋等措施。

（5）由于钢筋、管道密集，钢绞线与普通钢筋的位置冲突时，要进行局部调整。调整原则是调整普通钢筋，必须保证纵向预应力钢筋管道位置不动。

（6）钢束管道位置用定位钢筋固定，定位钢筋牢固焊接在钢筋骨架上，如管道位置与骨架钢筋相碰时，应保证管道位置不变，仅将钢筋稍加移动，定位筋基本间距不大于0.6m，在钢束曲线段适当加密到0.3m，并保证管道位置准确。锚具垫板及喇叭管尺寸应正确，喇叭管的中心线要与锚具垫板严格垂直，喇叭管和波纹管的衔接要平顺，不得漏浆，并杜绝堵孔道。

（7）钢筋绑扎、接头的其他要求按照施工大样图的要求施工。

（8）绑扎钢筋时，配置的钢筋级别、直径、根数和间距符合设计图纸要求

（9）在绑扎钢筋前，对照施工图核对钢筋直径、规格、数量和编号，备足材料，同时备足砼垫块、绑扎工具及扎丝。

3. 施工注意事项

梁体钢筋数量多，绑扎工序繁杂，施工过程中要从以下方面进行注意：

（1）控制梁体保护层的厚度，梁体表面保护层，除顶板顶面按净保护层30mm考虑，其余保护层均按35mm考虑。

（2）控制梁体保护层厚度的垫块应采用与梁体同强度的垫块，且不得对梁体的耐久性造成影响。

（3）梁体钢筋在施工过程中与预应力筋相碰，可适当移动钢筋位置；联系钢筋在施工过程中根据实际设置，采用梅花形布置，间距小于0.5m；架立钢筋根据实际情况可以增设或采用其他形式的架立钢筋。

（4）在施工过程中，应确保通风孔、泄水孔、预应力管道、吊点、支座、挡碴墙、电缆槽、接触网支柱基础、接触网拉线基础、防落梁等各预埋件的位置准确。

4. 预应力管道及预埋件的安装

预应力管道的埋设位置是决定下一步预应力筋的受力及分布，要求对管道的埋设必须严格按照设计图纸要求进行，要注意平面和立面的位置，最好用 ϕ 12～14 的钢筋焊成"#"支架夹住管道点焊固定在箍筋及架立筋上。

（1）安装时要严格逐点检查管道的位置，发现不对的要立即调整。

（2）浇筑前要检查波纹管的密封性及各接头的牢固情况，用灌水法密封性试验，试验后用高压风把管道内残留物的水吹出去。

（3）浇筑前认真核对图纸，注意支座预埋钢板、预应力设备、泄水孔、护栏底座钢筋、箱室通气孔、伸缩缝等预埋件的位置，千万不能遗漏。

三、混凝土浇筑

1. 混凝土开盘浇筑

（1）浇筑混凝土按施工方案顺序、一定厚度和方向分层进行，必须注意在下层混凝土初凝或重塑前浇筑完上层混凝土，上下层同时浇筑时，上层与下层前后浇筑距离应保持1.5 ~ 1.8m 以上。

（2）浇筑混凝土顺序：先底板、腹板、顶板、翼板。

（3）振捣采用插入振动棒，移动间距不超过振动棒作用半径的 1.5 倍，并与侧模保持 5 ~ 10cm 的距离。

振动棒插入下层混凝土 5 ~ 10cm，每一处振完后应慢慢地提出振动棒。使用插入式振动器应快插慢拔，插点要均匀排列，逐点移动，按顺序进行，不得遗漏，做到均匀振实。移动间距不大于振动棒作用半径的 1.5 倍（一般为 300 ~ 400mm）。振捣上一层时应插入下层混凝土面 50mm，以消除两层间的接缝。平板振动器的移动间距应能保证振动器的平板覆盖已振实部分边缘。浇筑混凝土应连续进行。如必须间歇，时间应尽量缩短，并应在前层混凝土初凝之前，将次层混凝土浇筑完毕。间歇的最长时间应按所有水泥品种及混凝土初凝条件确定一般超过 2 小时应按施工缝处理。浇筑混凝土时应派专人经常观察模板钢筋、预留孔洞、预埋件、插筋等有无位移变形或堵塞情况，发现问题应立即浇灌并应在已浇筑的混凝土初凝前修整完毕。

混凝土养护基本要求混凝土浇筑后，水泥在水化作用下逐渐硬化，而水化作用则需要适当的温度和湿度下，为了保证混凝土有适宜的硬化条件，确保其强度不断增长，必须对混凝土进行养护。

2. 砼的养护目的

（1）使水泥充分水化，保证砼的前期硬化。

（2）防止砼成型后暴晒、风吹、寒冷等条件下出现的不正常收缩、裂缝等破坏现象。

3. 混凝土自然养护机具

覆盖物：草帘、麻袋片、工程布等；浇水工具可以采用水管、水桶等保持砼的湿润度。

四、预应力管道张拉、压浆

张拉施工的工作顺序：穿束→安装锚具→安装千斤顶及张拉设备→张拉、锚固→拆除千斤顶及张拉设备→压浆→存梁。

预应力张拉就是在构件中提前加拉力，使得被施加预应力张拉构件承受拉应力，进而使得其产生一定的形变，来应对钢结构本身所受到的荷载，包括好屋面自身重量的荷载、风荷载、雪荷载、地震荷载作用等等。一般张拉用到钢绞线、千斤顶、锚板、夹片……

预应力筋张拉顺序应对称张拉；当两端同时张拉时，二端不得同时放松，先在一端锚固，再在另一端补足张拉力后进行锚固。两端张拉力应一致，二端伸长值相加后应符合设计规定要求。当张拉长束因千斤顶张拉活塞行程不足需多次张拉时，应分级张拉，中间各级临时锚固后，重新安装千斤顶，并重新读表和量测伸长值后再继续张拉，避免伸长质量监测累积误差。张拉伸长值控制：张拉采用的以张拉力为主，伸长值校验的方法。初应力时量取千斤顶活塞的伸长量 L1，张拉达 20% 时，再量取千斤顶活塞的伸长量 L2，二者之差为钢束的实际推算伸长量。张拉达 100%，再量取千斤顶活塞的伸长量 L3，L3 − L1 二者之差为钢束的实际张拉伸长量。实际张拉伸长量与实际推算伸长量之和，与理论伸长相比较误差不超过 +6%，-6%，否则应停机检查原因，予以调整后方可张拉，必要时进行处理。

预施应力之前，应对构件的外观和尺寸以及锚垫板后的混凝土密实性进行检查，并将孔道中的灰浆清理干净。预应力筋的张拉程序应符合设计要求。集中预制的混凝土箱梁宜按预张拉、初张拉和终张拉三个阶段进行，集中预制的 T 梁宜按初张拉和终张拉两个阶段进行。各阶段预施应力时的混凝土强度、弹性模量和龄期应符合设计要求。预应力筋的张拉顺序应符合设计要求。预应力筋张拉端的设置应符合设计要求。预施应力时，锚垫板、锚具和千斤顶应位于同一轴线上。采用两端张拉时，预施应力过程中应保持两端同步，并且两端的伸长量基本一致。预应力筋在张拉控制应力达到稳定后方可锚固。锚固完结并经检验合格后即可切割端头多余的预应力筋，切割端头多余预应力筋应符合第 7.5.2 条规定，切割后的外露长度不宜小于其直径的 1.5 倍，且不宜小于 30mm。后张法损应力构件的预应力筋断丝或滑脱数量不得超过预应力筋总数的 5%。，并不得位于结构的同一侧，且每束内断丝不得超过一根。

为保证孔道压浆密实，本工程采取二次压浆工艺。压浆前使用高压水冲洗管道，并用不含油的高压风将孔道内吹干。压浆前对锚具及夹片周围用原子灰进行认真封堵，防止从夹片周围漏浆，影响孔道压浆密实度。本工程采用预应力专用孔道压浆料，水胶比 0.28，采用高速搅拌机进行搅拌（转速不低于 1000 转 /min），拌和时间不低于 8 分钟，浆体各项指标应符合以下规定：拌和后 3h 泌水率不大于 2%、最终不大于 3%，24h 内浆体将所泌水全部吸干、稠度控制 14s ~ 18s（为保证孔道密实，实际控制在 20 ~ 23s）。压浆采用活塞式压浆泵进行，压浆前所拌制浆体必须满足一个孔道的用浆量，确保压浆连续完成。压浆从低一端向高一端进行，压浆控制压力为 0.5 ~ 0.7MPa，出浆口流出饱满浓浆后封闭出浆口阀门，保持不低于 0.5MPa 压力下稳压不少于 5min 后关闭进浆口阀门，进行下一孔道压浆。间隔 30 ~ 45min 后进行二次补压，确保孔内浆体密实。压浆完成后浆体强度达到 80% 前严禁震动或扰动梁体。浆体强度达到 80% 后采用无齿锯切除工作段钢绞线，锚具外预留长度 3 ~ 125px。箱梁预应力孔道压浆时按每片梁留置不少于 3 组标准养护试件，用以检测浆体强度。

端梁封锚应在吊装前完成。封锚时，必须采用定型钢模板支设，并加强混凝土振捣。封锚时，严格控制梁板长度。端梁伸缩缝预埋钢筋位置、高度、角度要符合设计要求，保证伸缩缝与预埋钢筋良好连接；模板支设牢固、不变形、不跑模；否则，必须返工处理。

五、钢筋混凝土简支梁桥加固施工技术

1. 桥梁建设的准备工作

在桥梁建设的准备阶段采用静载荷实验法对桥梁的结构进行模拟实验，有助于在一定程度上对桥梁的实际工作状态进行详细的了解和掌握，为桥梁加固施工技术措施的实施提供科学依据。在实验过程中主要的内容有：对主梁控制截面下部主梁钢筋的应力进行测定；对主梁控制截面的挠度与结构的相对挠度进行测验；对现有桥梁的承载力和主梁的使用承载力进行测定。

在实验中对桥梁结构的评价主要有：该桥梁上部主梁能够满足汽车对载荷标准的要求，在规定的 -15 级荷载标准下主梁的验算挠度能够符合相关标准；在理论上受拉钢筋的应变符合要求，在载荷实验后挠度的变化值也在理论上符合规定，但桥梁的裂缝在加载后出现了较大的变化，所以必须采取相关的措施对该桥进行加固处理，使该桥的使用寿命延长；对 3 号梁而言，其残余的应变较大，超过了 20%，不能满足安全储备的需要，在此处主梁的弯曲裂缝也较多，所以需要在该部位设置标志牌进行警示；现有桥梁的主梁在运行过程中不能达到二级公路对载荷的要求，同时结合静载荷试验结果，建议在该桥的加固过程中使用碳纤维加固施工技术。

1. 桥梁加固施工技术

（1）主梁抗弯加固及施工技术

在主梁的抗弯加固过程中采用粘碳纤维对其进行加固处理。在初步的加固设计过程中将桥梁加固后的标准提高到公路 I 级的载荷标准，在工作过程中将碳纤维的理论用于实践中，在对变形协调性的定性分析过程中指出要使纤维层变多，但在对加固后混凝土梁的整体效果进行研究后，指出在该桥梁的加固过程中采用 3 层碳纤维层即能满足加固的需要。

在主梁加固技术的实施过程中必须做好以下几个方面的工作：

①配置胶黏剂。先准确称量所需的各种原材料，同时将各种胶料配置好。在主料中加入稀释剂并搅拌均匀，后加入固化剂并使之均匀混合。

②处理基底。将混凝土路面总出现的剥落、腐蚀等部位进行剔除，对于面积较大的损伤层采用水泥聚合物砂浆进行修复处理。对裂缝部位的处理首先要进行封闭处理。使用角磨机等工具将混凝土表面的油污等处理干净，同时打磨构件基面的混凝土。在混凝土表面的清理过程中要使其表面保持干净同时使用占丙酮的脱脂棉进行擦拭。

③地胶的涂抹。在容器中将主剂和固化剂按照一定的比例进行配合，同时用搅拌器进行搅拌，根据施工所用的气温对其用量进行控制，同时要严格控制使用的时间。在混凝土表面使用滚筒刷或者毛刷均匀涂抹地胶，地胶涂抹的厚度必须小于 0.4mm，在此工作过程中不得漏刷或使气泡出现，在胶固结之后进行下一道工序的施工。

④整平胶料的使用。在混凝土浇灌过程中出现凹陷部位的，应当先用刮刀刮平整再用整平胶料填平；在模板接头出现高度高低不平时应用整平胶料填补整平，减少高度差。当出现转角时，应用整平胶料修补成半径大于 20mm 的光滑圆弧，待整平胶料凝固后，便可开始下一步工序。

⑤碳纤维布的粘贴。首先把碳纤维布按设计的尺寸剪好，再进行粘胶料的配置。待粘胶料搅拌好之后，用滚筒刷将粘胶料涂抹于粘贴位置，出现搭接和拐角等部位时，应当比其他地方多抹一些。

当碳纤维布粘贴上之后，在碳纤维布表面使用光滑的滚子，朝着同一方向反复滚压，待碳纤维布外表面出现胶料渗即可。多层粘贴时，待纤维表面手指触摸干燥时，即可进行粘贴下一层碳纤维布，粘贴方法同上。除此之外，多层粘贴应当在最外层的碳纤维布外表面涂一层粘贴胶料。

（2）主梁抗剪加固及施工技术

支座离主梁 5m 的区域内出现了显著差异的剪切裂缝，此时需要通过加固钢板措施进行处理。在梁的两端使用 U 型钢条对其剪刀区进行加固，使用的钢条规格为 -5×300×1940，U 型钢条与梁之间需要采用 4M8 膨胀螺栓进行连接，在梁两段的不同部位需要间隔 0.5m 设置 1 个，一共需要设置 4 个。在主梁剪刀区的施工技术如下所示：

①处理混凝土构件的表面。根据国家相关规定和行业标准的要求，在定尺之后需对粘钢加固的黏合面进行打磨处理，将混凝土碳化层处理掉，使之露出新鲜面，特别是要注意将凸出部位磨合平整。要对梁的高与宽方向的垂直度进行矫正，使其阴阳角方正，对梁底出现弧形弯曲的部位应将其凸出部位除去。使用压缩空气进行灰尘的处理，同时用丙酮擦洗干净。

②除去钢板粘贴面的锈迹。用砂轮对钢板的粗糙部位进行打磨，直至出现金属光泽时用丙酮擦拭。根据相关的标准和设计规定，微弯板两侧所使用的小梁钢板的厚度要符合规定即为 5mm 厚的 A3 钢板，在梁两端的剪刀区所用的钢板为 3mm 厚的 A3 钢板。在现场施工过程中需要用定尺对使用钢板的规格进行确定。在钢板的连接区域或受力区域不应设置焊缝。

③卸荷构建、建筑结构胶的配置、加压固定钢板。在加固工作的实施前需要将桥梁进行封闭，48h 之后才可投入使用。在处理好的混凝土表面和钢板表面涂抹已配置好的结构胶，接着将钢板贴于指定位置。结构胶的使用厚度通常情况下药在 3～6mm。在粘贴好钢板之后，必须用夹具和射钉对其进行固定，同时适当使用千斤顶进行加压处理，使胶液从钢板缝中挤出时为最佳。使用膨胀螺栓对钢低的钢条和立柱进行连接，在梁两端的剪刀区需要采用规格为 -3×100×1940 的钢条进行加固处理，同时使用 4M8 膨胀螺栓对 U 型钢条两端及梁进行连接。

④建筑结构胶的固化。在通常情况下需要使温度保持在 20℃ 以上使建筑结构胶固化，在满足 36h 后可以投入使用；在气温小于 5℃ 时，需要通过红外加温法进行固化。此外在

工作过程中必须保证环境温度小于60℃，同时湿度要在70%以下。在建筑构件的2m范围内不得使用水，同时不得在加固钢板上进行焊接工作，最后要做好钢板的防腐和防锈处理工作。

（3）微弯板加固施工技术

在对该桥梁的检测过程中发现，该桥梁的微弯板已出现了一定程度的损伤，大多数的损伤出现于板顶，甚至有些板顶的混凝土也出现了脱落。在本工程的实施过程中使用粘贴拱形预制方钢管对其进行加固处理。主要的施工技术如下：

①处理混凝土构件的表面。根据相关规定和设计规定需要对黏合面进行打磨处理，清除混凝土的碳化层2~3mm，使接触面保持干净。

②微弯型方钢管小梁的预制。首先需要取长度为1500m的钢管，该钢管的截面为 $80 \times 40 \times 4$，半径为2.16m，将其做成与微弯板相同的圆弧状。将方钢管两侧折成直角状，同时焊接 $-5 \times 1260 \times 100$ 的钢板，此外，要在方钢管上间隔300mm的地方钻M20个孔，共7个，最终实现对微弯板的加固和处理。

第二节　预应力混凝土桥梁施工

一、我国预应力混凝土梁桥的现状与发展

1. 预应力混凝土梁式桥的结构特点

各种形式的预应力混凝土梁式桥在桥梁建设中占有主导地位，而且有着广阔的发展前景。

按结构体系划分一般有：简支梁、连续梁、T形刚构、连续刚构、刚构连续组合梁以及V型墩刚构等。按截面形式划分有：I形梁、T形梁、形梁、槽形梁、箱形梁等，大跨度超静定梁桥绝大多数采用箱形截面。

预应力混凝土简支梁桥由于结构简单、受力明确、施工方便，仍将是我国量大面广的中小跨径桥梁的首选结构。一般认为，简支梁桥的合理跨径在50m以下，超出这一范围，梁高会急剧加大，失去其经济合理性。

与简支梁相比，其他超静定梁则具有较大的跨越能力，那就是预应力混凝土连续梁与连续刚构。预应力混凝土连续刚构桥对地形、地质和通航要求适应性强、施工方便、较经济，已成为国内大跨径桥梁的首选桥型。

预应力混凝土连续梁与连续刚构同为大跨度梁式桥，但受力上存在着一定的差异。与连续梁相比，连续刚构由于在墩顶处的墩梁固结，对梁跨形成附加约束，因而能够增加顺桥向的抗弯刚度和横桥向的抗扭刚度，从而提高桥梁的跨越能力；同时由于墩柱的约束，温度变化、收缩徐变等对连续刚构造成的内力影响，也比连续梁大得多；尽管在高墩桥位，

经常采用柔性墩结构，但桥墩的材料用量、设计难度要比连续梁大得多。

与连续刚构相比，连续梁桥在支座处仅提供竖向约束。所以，在正常"恒载＋活载"作用下的跨中截面弯矩要比连续刚构大，但由温度变化所产生的各种内力要比连续刚构小很多；大跨度连续梁对支座的承载能力要求很高，甚至需要特别设计（如南京长江大桥二桥北汊桥连续梁的支座吨位达到65000KN）。但它要求桥墩只承受竖向反力，在深水基础的情况下允许采用高桩承台，能够大大简化基础及桥墩的设计与施工。

刚构、连续组合梁桥的受力特点则介于连续梁桥和连续刚构之间；V型墩刚构则具有增加桥梁刚度的特点。总之，在大跨度桥梁的桥式方案中，应当结合具体的技术经济条件，权衡选择。

2. 我国预应力混凝土桥梁的现状与发展

桥梁跨越能力，也就是常说的跨径大小，是桥梁建设水平的一个重要指标，在一定程度上反映一个国家的工业、交通、桥梁设计和施工各方面的成就。

近二十年来，随着我国交通运输业的蓬勃发展，预应力混凝土桥梁的建设取得了很大的成就，其技术进步主要表现在：

在结构材料方面，高强、早强混凝土，又发展到高性能混凝土，以及在特殊使用要求下的特种混凝土正在得到推广应用，商品混凝土和泵送混凝土正在取代传统的施工方法；在预应力技术上，高强钢绞线、大吨位群锚技术日益普及，目前1860MPa级的高强低松弛钢绞线，几乎包揽了新建大跨度预应力混凝土桥梁天下（已研制出2000MPa的钢绞线）；各种预应力管道材料及成孔技术不断完善；大吨位新型支座、大位移量的伸缩缝也在推陈出新。

在结构设计方面，计算结构力学的发展和计算机的普及应用，使得大型复杂桥梁的计算绘图工作效率大提高；同时，一些复杂的力学分析，诸如温度、徐变收缩、剪滞效应、非线性、抗震等棘手的问题，可以通过电算算出较为符合实际的结果。

在施工技术方面，以悬灌、悬拼为代表的各种无支架施工方法走向成熟，施工机具现代化水平正在提高，施工管理的水平也上了新的台阶。

随着结构材料、设计水平及施工技术的提高，各类桥梁的跨度记录也会不断刷新，就目前来看，我国建桥综合技术已经达到国际先进水平。

我国目前有代表的预应力混凝土桥梁：公路简支梁是1985年建成的浙江飞云江大桥，跨径为62m；铁路简支梁桥是1999年建成的神延铁路秃尾河大桥，跨径64m；连续梁桥，公路最大跨径是南京长江二桥北汊桥，跨径165m；铁路最大跨径是内昆铁路花土坡大桥，跨径104m；连续刚构桥，公路最大跨径是广东虎门大桥辅航道桥，跨径270m；铁路最大跨是渝怀铁路黄草乌江大桥，跨径为168m（目前世界上最大跨度预应力混凝土连续刚构是挪威的斯托尔马桥，主跨301m）。

随着连续刚构桥跨度的不断增大，开裂、下挠病害也就随之逐渐增多，如湖北黄石长江大桥，建成后七年就开始大修，十年间跨中下挠33.5cm，产生严重裂缝3000多条，虎门大桥自建成后已下挠了 26cm。

通过科研设计人员和建桥者的不断努力和总结，已初步摸索出一些规律并采取相应措施，今后，大跨度连续刚构的工程质量会大大提高。跨径超过 200m 的预应力混凝土连续刚构桥，其结构对自重的贡献已达到 93% 以上，因此，减轻自重采用高强轻质材料或钢—砼组合是连续刚构改善受力、减小变形，走向大跨的必由之路。

二、大跨度预应力混凝土梁桥施工组织设计

大跨度预应力混凝土梁桥（连续梁桥、连续刚构），一般是为跨越江河、峡谷或其他障碍物而设计的，在制定上部结构悬臂灌注施工方案的同时，也要同时考虑下部结构的施工。总之，全桥要统一考虑，全面规划，统筹安排。

1. 编制施工组织设计的目的和意义

施工组织设计是桥梁施工准备的核心内容，是指导桥梁施工的基本技术经济文件，同时也是对施工实行科学管理的重要手段。对于一座大跨度预应力混凝土连续梁或连续刚构桥的施工，它是一项十分复杂多变的生产活动，其工作千头万绪，各种矛盾和问题层出不穷，影响因素较多，涉及的部门繁多，业务多种多样，特别是一座深水大桥，影响因素就更多。因此，面对如此复杂艰巨的施工任务，必须在施工前预先进行谋划、组织和安排，要将整个工程项目分解为各单项工程，将单项工程分解为单位工程，分出先后次序和轻重缓急，以免在施工过程中出现混乱现象。

实践证明，只要一座大桥的施工组织设计能正确反映客观实际和施工规律，并能认真贯彻执行，施工就可以有条不紊地进行，否则会出现盲目施工的混乱局面，不仅导致工程质量事故和其他安全事故的频繁发生，同时还将延误工期造成较大的经济损失。

因此，在承揽一座特大桥施工任务后，不要急于开工，一定要很好研究编制施工组织设计。

2. 施工组织设计的分类

（1）规划性施工组织设计

这是设计单位在设计阶段编制的，也称初步施工组织设计。规划性施工组织设计是为编制概、预算的需要而编制的，特别是大跨度预应力混凝土连续梁或连续刚构桥，结构设计与施工方法是密切相关的，不同的施工方法导致结构内力有着很大的差异；同时，施工方法不同，选择的施工机具也就不同，施工荷载也就不同。施工方法、施工机具就构成了结构设计和内力计算的基本条件，它也是编制概、预算的重要依据。

初步施工组织设计虽然只是桥梁施工的轮廓计划，不详细、具体，但它是把桥梁设计计算付诸实施的战略性决策，施工时想改变它是很困难的。

（2）指导性施工组织设计

中标以后开工以前，施工单位还必须进一步依据规划特性施工组织重新编制施工组织设计，这个阶段编制的施工组织设计称为指导性施工组织设计。

指导性施工组织设计是在施工单位进驻施工现场后，在深入了解和研究设计文件，以及调查复核了现场情况之后着手编制的。因此，指导性施工组织设计比规划性施工组织设计更详细、具体、完善，更具有全面指导施工全过程的作用。

指导性施工组织设计是组织桥梁施工的总计划。整个施工过程中所有工作都必须依据这个计划进行，项目经理和总工是执行这个计划的核心人物，应该按照这个计划指挥整个施工系统。职能部门是关键，必须围绕这个计划开展工作。

（3）实施性施工组织设计

在施工过程中还要根据各分部工程，如基础工程、墩台工程、梁部工程等，编制分部工程的施工方案或技术措施，称为实施性施工组织设计，习惯称专项工程的施工组织设计。

实施性施工组织设计是以指导性施工组织设计为依据，把指导性施工组织设计按年度、季度、月将分部工程分割后编制的。实施性施工组织设计基本上不改变指导性施工组织设计中所规定的施工方法、施工工序、施工工期。只不过更详细、更具体、更具有可操作性。

3. 施工组织设计的编制内容

桥梁施工组织设计的内容应该是两部分，一是施工技术，二是组织管理。这两者在内容上是有区别的，但在实际工作中关系是密切的。施工技术是保证工程按设计进行施工，而只有严格的组织管理才能圆满地按照承包合同完成工程任务。这里将指导性施工组织设计编制内容简述如下。

（1）编制依据

①合同文件

②技术规范

③设计文件

④施工经验及现场勘探、调查、咨询有关资料

（2）工程概况介绍

①工程项目特点

工程项目特点就是工程项目的概况，主要从以下几个方面来说明：建设地点；时间；工程性质（新建或改建）；工程规模（包括桥长、宽、工程数量、投资规模等）；工程期限（包括开、竣工日期等）；结构概况及复杂程度。

②工程所处地区特征

包括桥位附近地形特征、水文地质情况、气象条件等。

③施工条件

包括当地劳力情况、水电来源及交通状况、地材供应情况等。

通过对工程特点、地区特征和施工条件等内容的分析，找出施工中的关键性工程项目，以便在选择施工方案、组织物资供应和技术力量配备以及施工准备工作上采取措施。

（3）确定施工方案，制定施工部署

施工方案和施工部署是紧密相连的，过去我们编制施工组织设计时习惯将其分开来写，

这里暂放一起来简述。施工方案是施工组织设计的核心，施工方案选择的合理与否，在很大程度上决定了施工组织设计本身质量的好坏，也直接关系工程的成本、工期和施工质量，所以必须予以高度重视。

选择和确定施工方案，首先要考虑是否切实可行，即实用性，其次是技术先进性、经济合理性、施工安全性。

施工方案的内容应包括：施工顺序的确定；施工方法的选择；施工机械的配备；平行和流水作业的安排；施工力量的部署等。我们在编写投标书或中标后的施工组织设计时，习惯叫总体施工方案，总体施工方案应简明扼要地涵盖上述内容，使人看后反映你能干也会干这座桥，然后你再展开叙述。

①施工顺序的确定

施工顺序是指单位工程中各分部、分项工程施工的先后次序，它既是一种客观规律的反映，也包含了人为的制约关系。因此，确定施工顺序时，在保证工程质量和施工安全的前提下，力求做到充分、合理地利用空间，争取时间，实现缩短工期、降低成本、提高经济效益。

②选择施工方法

施工方法是施工方案的核心内容，它对工程的实施具有决定性作用。它是根据施工方案的基本要求，为桥梁各分部、分项工程在具体施工条件下拟订的战术措施。例如：钻孔桩施工选用哪种成孔方式；水上施工采用什么样的平台；承台施工采用什么样的围堰等。总之，我们的任务是从若干个可以实现的施工方法中，选择适合本项目需要的较先进合理而又最经济的施工方法，以达到成本低、效率高、工期短的目的。

③施工机械的选择

施工方法的选择必然要涉及施工机械的选择。选择施工机械时，首先考虑主导工程的施工机械，还要根据工程规模的大小，机械运行的可靠性等因素来选择。

④尽量组织平行、流水作业，缩短工期

有条件的工地，尽量组织平行、流水作业，这样可加快施工进度，使工程呈连续、均衡、有节奏地施工。工人连续施工，无窝工现象，工作面得到充分利用，合理利用资源配置。

⑤施工力量部署

施工力量部署是为实现桥梁工程施工目标所做的具体安排。施工力量的部署与施工速度估算反复比较确定的。施工力量的内容包括：劳动力的数量，特别是技工的种类及素质；施工机械设备的数量；技术人员的素质；管理部门及管理人员的素质等。

施工力量的部署是一项严密、细致的工作，它涉及战略的成败，工程项目目标特别是工期目标能否实现，对这项工作要认真对待。

（4）工程进度计划的编制

工程进度计划是以施工顺序、施工方法与机械选择、施工作业的方式、施工力量的部署为基础，根据规定的工期，遵循各施工过程合理的工艺顺序，统筹安排各项施工活动进行编制的。

①工程进度计划的表现形式有：

横道图法，这是常用的一种方法，因为它容易编制、简单、明了、直观、易懂。有时间坐标、各项工作的施工起讫时间、作业持续时间、工作进度、总工期以及流水作业的情况等都表示得清楚明确，一目了然。当然，也有缺点，如不能全面反映出各工序相互之间的关系和影响等。

网络计划法，它的优点就是能全面而明确地反映出各工序之间的相互制约和相互依赖的逻辑关系，它能够提供施工管理所需的许多信息等。

网络横道法，它汇集了横道图和网络计划两种方法的优点，剔除了二者的缺点。

②资源需要量计划的编制

资源需要量计划包括：劳动力、各种材料、各种施工机具及资金等需要量计划。

③采购、加工、运输计划

根据工程的需要，有计划采购，尽量减少资金占用，确保原材料的质量；认真签订加工订货合同，保证产品质量和及时供货。

（5）做好施工设计

施工设计是在施工方案确定之后，为完成施工所需的临时工程、临时设施、施工设施、必需的自制设备等所做的设计及许多技术性设计，如混凝土配合比、施工挂篮、支架、模板、工艺过程等。施工设计一部分是在施工前的准备阶段完成，而另一部分则在施工过程中完成。施工设计技术性强、责任重大，对施工起关键作用，故应引起足够重视，将此项工作做好。

（6）施工总平面图的设计

施工场地总平面图的设计，是施工组织设计的基本内容之一，合理的总平面图布置对于顺利执行施工进度计划，维持正常施工秩序，实现文明施工，保证桥梁工程实现目标的完成是非常重要的。

（7）拟订施工措施

对于施工难度大、技术复杂的桥梁工程项目，如深水基础、高空作业、大体积混凝土的浇筑等，过去无施工经验和四新工程项目，冬、雨季施工项目等，都要提出施工措施。

施工措施包括：技术组织措施、保证工程质量、工期与安全的措施等。在拟订这些措施时，要从本桥的实际情况出发，各项措施应具体明确、切实可行，并确定专人负责。

最后也可评价一下本施工组织设计在技术上的先进性和经济上的合理性，也可说明本施工组织设计尚存在的问题和有关建议。

三、大跨度预应力混凝土梁桥施工方法的选择

施工方法是根据前述总体施工方案的基本要求来选定的，虽然桥位所处市区、平原、山区、跨江河、跨海湾等，各方面的条件差别很大，运输条件及环境约束条件也不相同，施工方法很多，但对于采用悬灌法施工的大跨度预应力混凝土连续梁和连续刚构桥来讲，上部结构施

工方法基本上受到限制，不可能再采用悬臂拼装等其他方法，关键是基础的施工方法，特别是深水基础的施工方法很多，这里简要介绍综合考虑基础和上部结构的施工方法。

1. 深水基础施工

（1）水上施工运输方式

水上施工关键是要解决好运输通道，如何把设备、材料、混凝土等运送到要施工的部位，目前水上施工运输方式主要有三种：栈桥运输、船运输、综合运输等。

①栈桥运输

栈桥分为浮式栈桥和固定式栈桥两种。对于水位较深、流速较小，不受台风及潮水影响的河流、湖泊、水库等，可采用浮式栈桥作为运输便道。一般采用浮箱组拼，浮箱上架设军用梁或贝雷片，利用锚碇锚固定位；对于水深流急、受台风及潮汐影响的河流或海湾，可采用固定式栈桥。固定式栈桥一般采用钢管桩作为排架墩，在排架墩上架设军用梁或贝雷片。

无论浮式栈桥还是固定式栈桥，均要根据工程量的大小、工期的长短及运输吨位的大小选择桥面宽度、跨度、单侧或双侧栈桥。

②船运输

船运需要水上大型设备，如浮吊、混凝土拌和船、运输船等，需要一套技术完整和设备齐全的专业施工队伍。

③综合运输

深水基础施工中，通常情况下，不仅有深水区基础还有浅水区基础，同时还要受到通航运输的影响，采用两种运输方式互相配合满足施工的需要。

（2）钻孔平台的搭设

深水基础多为大直径钻孔灌注桩，必须在墩位处搭设工作平台，工作平台也有两种形式，固定式工作平台和浮动式工作平台。

①固定式工作平台

固定式工作平台一般采用打入钢管桩或利用护筒作支撑，在其上搭设型钢、军用梁、贝雷片等组成工作平台，也有利用围堰搭设的工作平台。如果河床覆盖层很浅甚至是基岩裸露，而必须搭设工作平台，那就要想其他办法解决。

②浮动式工作平台。

③钻孔桩施工

钻孔桩施工分为先桩后堰法和先堰后桩法两种。这两种方法要视具体情况而定，无论哪种方法，都要根据地质情况选择合适的钻机；埋设好护筒；调治好泥浆；要有比较好的成孔工艺和灌注工艺，才能保证钻孔桩的施工质量和施工进度。

④围堰施工

深水基础施工关键是桩基承台的施工，而承台施工必须要设置一个围堰，造成无水空间，便于人员作业。

深水基础施工用的围堰有：钢板桩围堰、钢套箱围堰、钢吊箱围堰、钢筋混凝土围堰及钢—砼组合围堰等。每种围堰都有自己的特点和适用条件，应根据桥位处的水文、地质、水上施工设备、造价情况等综合进行比较，最后选定一种经济实用又能满足工期的围堰结构形式。

2．上部结构施工

大跨度预应力混凝土连续梁和连续刚构桥的施工，在制定方案选择施工方法时，一定要上下兼顾，统一安排，在施工下部结构时，关键是解决好上部结构的运输通道，如采用栈桥运输，栈桥结构形式很重要，是轨道运输还是无轨运输，要经过充分论证后确定（如鱼洞长江大桥、泰和赣江大桥）。运输通道是制约上部结构施工进度的关键因素之一，必须引起高度重视。

大跨度预应力混凝土连续梁和连续刚构桥，上部结构多采用悬臂灌注法施工，也有采用悬臂拼装法施工。

悬臂施工的主要特点：悬臂灌注施工简便，结构整体性好，但施工中要不断调梁段的位置；施工过程中不影响桥下通航或桥下交通；连续梁施工时采取墩梁临时固结措施，因而在施工过程中有结构体系的转换问题。

悬臂灌注法施工开始于 60 年代，用于 T 型刚构桥，1980 年建成的重庆长江大桥（主跨 174m）是当时超 100m 的代表；连续梁桥开始于七十年代，1979 年建成的兰州黄河大桥（主跨 70m）是当时最大跨径的连续梁。悬灌法施工技术早已成熟，只要大家多找一些这方面的参考书看一看，并结合实际工点，很快就能掌握悬灌法施工技术。

①0# 梁段施工

无论连续梁或连续刚构都是从 0# 梁段开始施工的，先按单个 T 构悬臂灌注，然后各 T 构合拢，体系转换后形成连续梁或连续刚构。

0# 梁段是连续梁按 T 构悬臂施工的中心块件，同时又是体系转换时的控制块件，0# 梁段的长度关系到能否安装两套挂篮，如果长度不足，最好把 1# 梁段合并施工，否则对挂篮安装造成困难。

0# 梁段的施工方法一般有两种，一是支架法，二是托架法。这要根据墩高和承台顶面的尺寸来决定。

对于连续梁，在 0# 梁段施工前就要把永久支座安装好，同时在永久支座两侧（前后）设置临时支座，在悬臂施工过程中，不让永久支座受力。

0# 梁段也是全桥施工最复杂的一个梁段，构造钢筋密集，预应力管道纵横，梁的断面高大，灌注的混凝土量最多，必须确保 0# 梁段的施工质量。

②悬灌梁段施工

挂篮是悬灌梁段施工的主要设备，它既是梁段的承重结构，又是梁段的施工现场，它是一个能沿着轨道行走的活动脚手架，锚固在已经张拉的梁段上，模板的安装、钢筋的绑扎、预应力管道的安装、混凝土浇筑、预应力筋的张拉、压浆等工作均在挂篮上进行。当一个梁段的施工程序完成后，解除后锚，移向下一个梁段施工。

挂篮的结构形式很多，有梁式挂篮、斜拉式挂篮、三角形挂篮、菱形挂篮、弓弦式挂篮等。近年来菱形及三角形挂篮采用的较多，自从京九铁路泰和赣江特大桥菱形挂篮问世以后，中铁建系统大多使用这种类型的挂篮。

选择挂篮形式主要考虑结构简单、受力明确、变形小、行走安全、作业面开阔、装拆方便等方面的因素。

悬灌梁段施工应注意控制好立模标高、梁段中线、灌注混凝土时防止波纹管错位和堵塞等。

③边跨直线段施工

边跨直线段多采用膺架法施工，如果梁段较短，边墩又高，也可采用托架法施工。

④合拢段施工

合拢段施工是全桥最后施工的梁段，应按照设计文件规定的合拢顺序进行施工，有先边跨后中跨合拢的，也有先中跨后边跨合拢的，施工单位不能随意改变。

合拢段施工方法，中跨多采用挂篮进行合拢施工，即两个相邻 T 构之间，先解除一侧的挂篮，利用另一侧的挂篮施工；边跨合拢段可利用直线段膺架和最后一悬灌梁段搭设工作平台施工。

合拢段施工应注意：混凝土灌注应在一天中气温最低的时间进行；使用微膨胀混凝土，膨胀剂掺量通过试验确定；合拢段两端应采取临时锁定措施（撑、拉），以防气温变化合拢段（未达到强度前）被拉裂和压坏；采用水箱加压法，保持 T 构两侧平衡；在混凝土灌注前将钢绞线全部穿入。

⑤施工控制

大跨度预应力混凝土连续梁和连续刚构桥在悬臂灌注施工过程中，由于受多种因素的影响，都会使梁的线型发生较大的变化。此外，不同时期的混凝土收缩徐变及温度变化等也会引起线型变化。因此，在施工过程中，必须做好施工监控，逐段跟踪监测和调整，确保成桥后的线型符合设计的要求。

第三节　钢筋混凝土拱桥施工

一、普通型钢筋混凝土拱桥

普通型钢筋混凝土拱桥指除桁架拱桥、钢架拱桥、系杆拱桥以外的所有拱桥。

普通型拱桥的共同特点是以主拱圈为主要承重结构，并有外部水平推力。

普通型拱桥中，不论是板拱、箱形拱还是箱肋拱，也不论是上承式、中承式还是下承式，在有条件的地方以及采用其他施工方法受限的地方，都可以采用在拱架上浇筑、拼装的方法施工主拱圈。

1. 拱架施工

（1）有支架施工可以采用满堂式、撑架势、斜拉式、拱式等，也可划分为分为外置式拱架和埋置式拱架。

（2）无支架缆索吊装施工法。

2. 拱上结构施工

（1）拱上结构包括上承式拱桥的拱上建筑，中、下承式拱桥的悬吊结构（桥梁道）。

（2）前者采用支架现浇，预制拼（吊）装（多采用）；后者支架现浇、拼装、吊装。

二、钢筋混凝土刚架拱桥施工

1. 钢筋混凝土钢架拱桥概述

所谓的钢筋混凝土钢架拱桥主要指的是在工程施工建设中依靠钢桁架拱片与横梁、钢筋混凝土微弯板构成的桥梁上部结构体系，从而承担起桥梁荷载传递的一种施工模式。这种桥梁结构在应用中存在着自重轻、材料使用少、工程成本低、施工经济性好的工程优势，同时更是有着桥梁结构外形美观、装配化程度高的特点。在20世纪的八九十年代起，这一技术便被广泛地应用在国内各地桥梁工程施工建设中，但是伴随着社会经济的发展和交通事业的日益繁荣，行车流量、荷载不断增加，对于桥梁结构的整体性、耐久性也提出了新要求。在桥梁工程项目中，一个高质、安全、可靠的桥梁工程已成为保证城市经济发展的基石，也是促进社会经济进步的关键所在。

就某工程为例，在桥梁工程施工中原桥梁结构为4m～30m的双曲拱桥，桥梁结构的宽度仅仅为8m。但是进入21世纪以来，这一桥梁结构受到交通运输需求而逐渐无法满足当今社会发展需要，为此对桥梁进行了改建和加固，改建之后的桥梁结构宽度为14m，桥梁长度为152m，桥梁结构的拱肋是以卧式三片叠放进行浇筑的，其中，每一段钢筋混凝土的浇筑都是进行严格控制的。在工程施工中，选择了两台25吨的汽车吊车进行施工，同时进行翻身、支架安装和浇筑。实腹段、拱腿以及玄感等结构在施工中都是以焊接为主进行的，从而使得工程施工效率、施工周期得到了有效的保证。其余构件在施工的过程中都是采用现浇混凝土接头的方式进行的，在施工的过程中对于混凝土结构的误差有着良好的控制力度，同时保证了工程材料功能的发挥，避免了施工浪费。

2. 钢筋混凝土钢架拱桥施工技术要点

（1）构件预制

在本工程项目中，所涉及的预件构件共有以下几种：其中拱片结构有12个，每一片共计有84个构件，而横梁系结构共有梁板112个，微弯板104个，整个桥梁工程项目中共有预件构件352个。在工程施工建设中，为了保证工程施工质量、施工尺度的精确以及施工结构的工程要点，在施工的过程中都是以预制混凝土结构为主进行施工的，且在施工的过程中采用了减少模板放样的工作量，在保证工程衡量结构的基础上，以减少模板使用量、节省工程施工材料、降低工程力度的优势进行了施工，从而保证了施工质量和施工效率。

（2）构件的起吊

在工程项目中，为了保证构件接头施工质量和施工效益，在施工的过程中必须要对接头的位置、尺寸进行严格控制，保证尺寸的合理和位置的准确。在施工中，起模之前必须要对构件的编号、尺寸以及规则进行检验，等到各项标准都达到预计工作标准的要求之后方可进行施工，且在施工的过程中必须要严格重视施工工艺和施工控制力度。其起吊翻身应须仔细小心，以免误伤构件。因此，工程所有预制构件起吊的重点是实腹段。

（3）构件的运输

所有构件运输，根据构件重量采用 10t ~ 20t 挂车，部队退役炮车最为理想。

①构件翻身完成起吊到一定高度，将准备好的拖车开入，使构件轻轻下放，构件两端吊环处放枕木，使构件两端不接触车厢为宜，然后用倒链将构件捆牢。

②吊装前修好预制场到桥位的便道，运输过程有专人指挥行驶，确保行车及构件的安全。

（4）构件的安装

所有预制构件的安装应严格按设计说明及规范要求进行，安装前必须先搭好临时支架，准备好一切吊装设备、材料等。

①临时支架的搭设

支架为临时支撑构件自重及分段接头施工方便，其位置均放在构件吊环处，同时考虑安装操作人员脚手架。构造：实腹段采用 100×100（cm），其余采用 100×200（cm）。

②构件的安装

A 安装拱腿。拱腿起吊后，两端分别支撑于支座和支架上，支座内必须做浆，拱腿周围用硬木楔塞紧，尺寸就位检测准确。待微弯板安装完毕，拆除木楔后，再进行灌注侧壁砂浆，达到由铰接到固结目的。

B 安装实腹段。用 2 台汽车吊同时起吊实腹段，在支架上与拱腿对接好后，电焊钢板接头，形成裸肋。

（5）构件拼接接头施工

构件安装的相应环节，要及时处理好构件的接头。为能较大调节接头误差范围，减小接头拼接难度，采用干接头、湿接头及环氧水泥砂浆工艺，取得良好效果。

①干接头施工程序

为保证安装时快速成拱，实腹段与拱腿、弦杆与拱腿接头以及裸肋与横系梁接头采用钢板焊接接头（简称干接头），全桥共 272 个干接头。其处理程序如下。

A 块件定位测量。构件起吊就位及时检测定位线、中线、高程，测量拱顶、拱脚、1/4 处高程，各项指标及时调整直至满足设计。同时满足预留拱度（本桥为 2.5cm）。

B 接头钢板检验。先清除污渍、锈蚀。检测两对接钢板有无缝隙、错位，是否牢固，以便采取相应措施。

C 钢板接头焊接。要有熟练的专业技师，持证操作，所用焊条满足现行规范要求。焊接方法采用跳焊法，分段、对称交错焊接。既防止混凝土被烧坏，也可避免钢板局部过热变形。焊后，有专业技术员检验。

②湿接头施工程序

为能较大调节接头误差范围，减少拼装难度，弦杆与实腹段、弦杆与斜撑接头采用现浇混凝土接头（湿接头），全桥共 48 个湿接头。其处理程序为块件定位、测量、接头钢筋焊接以及安装湿接头模板。

（6）施工注意事项

①墩台帽、拱坐台冒检测必须达到设计强度。桥位中线，跨径，墩台高程，弦杆支座位置、高程要满足设计要求，校核无误后方可吊装。

②拱腿及斜撑伸入墩台帽 30cm，在浇筑墩台帽时预留凹槽，并在凹槽内留深 6cm，宽 8cm 的灌浆槽，确保各部位尺寸，位置准确。

三、钢筋混凝土拱桥悬臂浇注施工

1. 悬臂浇注法

（1）施工方法

在施工过程中，由于拱桥的拱圈在未完工时无法承受悬臂产生的弯矩，因此在浇铸过程中需要借助临时支架进行稳定。通常，在工程中采用桁架悬浇法和临时索塔悬浇法。桁架悬浇法采用立柱、临时拉索、桥面板、已浇注段来形成桁架，使拱肋保持稳定。临时索塔悬浇法采用临时索塔、临时拉索来保持悬臂的稳定。

但是当拱桥跨度很大时，拱肋长度也会变得很大，桁架悬浇法会出现连接困难的问题，并且会大幅增加成本和施工难度。所以采用临时索塔悬浇法更加适宜。

（2）对挂篮的要求

钢筋混凝土拱桥的悬臂浇注法有一个难点就是拱圈在施工的时候使用的挂篮技术。其挂篮在施工的时候结构和受力情况都和普通的梁式桥梁大不相同。一般情况下，由于拱圈是圆弧形，挂篮在施工进程中在拱圈的各个位置上受力情况是不一样的，这就要求挂篮能在各种不同的角度上都能承受较大的应力变化。一般而言，大跨度的拱圈要求采用轻型的设计，由于截面积小，承受剪力和弯矩的能力要比普通梁式桥梁要小，这就要求在拱圈上移动的悬臂要有较小的自重，以免对拱圈造成破坏。并且轻型的拱圈设计容易产生变形，这就要求挂篮有较大的刚度，减小拱圈的变形，方便控制。

2. 挂篮设计

首先，挂篮的设计要根据拱桥设计的情况来设计。按照拱桥的主拱圈的弧度和主拱圈的横截面形状来设计挂篮的结构，以便使挂篮能够在住拱圈上"行走"。

挂篮的设计要实现两个基本的目标：首先，挂篮最主要的用途就是载重，挂篮作为悬臂浇注法中最主要的设备要在施工过程中承受当前浇注的拱肋块的重量。其次，挂篮要实现在拱肋上行走的功能。随着工程的不断进行，挂篮要不断地在拱肋上从两边向中间"行走"，以实现拱肋的对接。挂篮在脚处时，拱圈与水平面夹角约为45°，此时挂篮的桁架倾斜角度最大。当拱圈在拱顶合龙处，拱圈与水平面保持平行，挂篮桁架的倾斜角度最小。在设计挂篮结构的时候，要考虑这两种极限情况。

一般工程中，挂篮设计有三角形和菱形两种结构。但考虑到三角形结构简单稳定、能承受更大的应力，刚度大等特点。这里考虑采用下承式三角形结构的挂篮。其主要由以下几部分系统构成。

（1）承重结构，承担构件块和挂篮自身的重量。

（2）锚固系统，用来固定挂篮，在施工的时候要求挂篮不能移动。

（3）行走系统。

（4）模板系统。

（5）止推系统，能推动挂篮在拱圈上行走和停止。

3. 挂篮的安装和测试

挂篮的各个结构和系统组装完成后，应该进行全面的质量和安全检查。并且要对挂篮做负载实验，用来测定挂篮各部分的形变量，尝试消除挂篮的永久形变量。在拱圈的拱脚部位完成第一部分浇注并得到设计的强度后就应该开展挂篮的安装工作，安装的时候要时刻注意挂篮及拱脚的安全，在周围应设防护网，确保施工顺利完成。

在安装完成后应对挂篮进行试压，这是为了检验挂篮在实际工作中的性能和安全性，消除挂篮结构中的非弹性形变。试压一般采用试验台加压法。试验台加压法即将新安装好的挂篮利用试验台测试桁架的承压性能。试验台可以是桥台或者承台。在测试过程中，要记录千斤顶逐步加压的变化情况，测出挂篮的弹性力学参数，作为控制悬臂浇注的依据。

4. 钢筋混凝土拱桥悬臂浇注施工工序

（1）一般施工工序

在拱脚的墩顶浇注最初的0号段，并设置临时固定设施，在0号段上安装挂篮，从拱圈的两侧依次对称地分段浇注拱圈主梁至合龙前段。在合龙段可以使用简支的挂篮托架浇注。直至将整个拱圈浇注完成。其他施工工序按设计要求进行。

（2）浇注方法

挂篮的设计在保证挂篮强度的同时要能方便地进行施工工作。向前移动过程，在之前浇注的混凝土达到设计强度后，就可以开始进行挂篮的移动工作。将中横梁预应力吊杆和其与后横梁上扣在箱梁孔道内的止推装置解除，释放约束装置；依靠设置在箱梁轨道上的千斤顶推动挂篮滚轮在轨道上向前行进。在千斤顶回油时，使用轨道之间的斜撑止推，如此不断交替工作，可以顺利保证挂篮缓慢向前移动。当挂篮到达预定位置后，将抗剪装置固定在预留的孔道内，固定中横梁以及后横梁，使斜撑顶住顶横梁，做好锚固定位，使挂

191

篮到达预定的工作位置，当一切都准备完毕后，就可以开始下一段悬臂的浇注了。

（3）合龙段的施工

在合龙段处施工时和之前的施工有所不同，此时已经不再需要挂篮来协助施工。具体施工工艺如下。在合龙段，首先拆除其中的一个挂篮。将剩下的一个挂篮行走跨过合龙段到达另一边悬臂的横梁上。这样就形成了一个挂篮跨越两个悬臂的情况，形成合龙段的主要施工支架。为了保证合拢段施工的质量。合拢段的长度应该尽量缩短，一般在1.4m～2m。合龙在地温时进行，在合拢段混凝土中加入减水剂、早强剂使混凝土尽早倒到设计强度。合拢段需要采取临时加固措施，使用劲性钢在合拢段上下部做支撑，待合拢段混凝土达到设计强度后方可拆除。

第四节　悬索桥施工

一、悬索桥概述

悬索桥，又名吊桥指的是以通过索塔悬挂并锚固于两岸（或桥两端）的缆索（或钢链）作为上部结构主要承重构件的桥梁。其缆索几何形状由力的平衡条件决定，一般接近抛物线。从缆索垂下许多吊杆，把桥面吊住，在桥面和吊杆之间常设置加劲梁，同缆索形成组合体系，以减小荷载所引起的挠度变形。

1. 原理

悬索桥中最大的力是悬索中的张力和塔架中的压力。由于塔架基本上不受侧向的力，它的结构可以做得相当纤细，此外悬索对塔架还有一定的稳定作用。假如在计算时忽视悬索的重量的话，那么悬索形成一个抛物线。这样计算悬索桥的过程就变得非常简单了。老的悬索桥的悬索一般是铁链或连在一起的铁棍。现代的悬索一般是多股的高强钢丝。

2. 结构

悬索桥的构造方式是19世纪初被发明的，许多桥梁使用这种结构方式。现代悬索桥，是由索桥演变而来。适用范围以大跨度及特大跨度公路桥为主，当今大跨度桥梁全采用此结构。是大跨径桥梁的主要形式。

悬索桥是以承受拉力的缆索或链索作为主要承重构件的桥梁，由悬索、索塔、锚碇、吊杆、桥面系等部分组成。悬索桥的主要承重构件是悬索，它主要承受拉力，一般用抗拉强度高的钢材（钢丝、钢缆等）制作。由于悬索桥可以充分利用材料的强度，并具有用料省、自重轻的特点，因此悬索桥在各种体系桥梁中的跨越能力最大，跨径可以达到1000m以上。1998年建成的日本明石海峡桥的跨径为1991m，是目前世界上跨径最大的桥梁。悬索桥的主要缺点是刚度小，在荷载作用下容易产生较大的挠度和振动，需注意采取相应的措施。

3．性能

按照桥面系的刚度大小，悬索桥可分为柔性悬索桥和刚性悬索桥。柔性悬索桥的桥面系一般不设加劲梁，因而刚度较小，在车辆荷载作用下，桥面将随悬索形状的改变而产生S形的变形，对行车不利，但它的构造简单，一般用作临时性桥梁。刚性悬索桥的桥面用加劲梁加强，刚度较大。加劲梁能同桥梁整体结构承受竖向荷载。除以上形式外，为增强悬索桥刚度，还可采用双链式悬索桥和斜吊杆式悬索桥等形式，但构造较复杂。

桥面支承在悬索（通常称大揽）上的桥称为悬索桥。英文为 Suspension Bridge，是"悬挂的桥梁"之意，故也有译作"吊桥"的。"吊桥"的悬挂系统大部分情况下用"索"做成，故译作"悬索桥"，但个别情况下，"索"也有用刚性杆或键杆做成的，故译作"悬索桥"不能涵盖这一类用桥。和拱肋相反，悬索的截面只承受拉力。简陋的只供人、畜行走用的悬索桥常把桥面直接铺在悬索上。通行现代交通工具的悬索桥则不行，为了保持桥面具有一定的平直度，是将桥面用吊索挂在悬索上。与拱桥用刚性的拱肋作为承重结构不同，其采用的是柔性的悬索作为承重结构。为了避免在车辆驶过时，桥面随着悬索一起变形，现代悬索桥一般均设有刚性梁（又称加劲梁）。桥面铺在刚性梁上，刚性梁吊在悬索上。现代悬索桥的悬索一般均支承在两个塔柱上。塔顶设有支撑悬索的鞍形支座。承受很大拉力的悬索的端部通过锚碇固定在地基中，也有个别固定在刚性梁的端部者，称为自锚式悬索桥。

4．特点

相对于其他桥梁结构悬索桥可以使用比较少的物质来跨越比较长的距离。悬索桥可以造得比较高，容许船在下面通过，在造桥时没有必要在桥中心建立暂时的桥墩，因此悬索桥可以在比较深的或比较急的水流上建造。

悬索桥比较灵活，因此它适合大风和地震区的需要，比较稳定的桥在这些地区必须更加坚固和沉重。

悬索桥的坚固性不强，在大风情况下交通必须暂时被中断。

悬索桥不宜作为重型铁路桥梁。

悬索桥的塔架对地面施加非常大的力，因此假如地面本身比较软的话，塔架的地基必须非常大和相当昂贵。

悬索桥的悬索锈蚀后不容易更换。

5．建造方法

假如塔架要建在水上的话，在塔架要站立的地方首先要使用沉箱来排挤软的地层，来建立一个固定的地基。假如下面的岩石层非常深无法用沉箱达到的话那么要使用深钻的方式达到岩石层或建立非常大的人造的混凝土地基。这个地基一直要延伸出水面。假如塔架要建在陆地上，它的地基必须非常深，在地基上用混凝土、巨石和钢结构建立桥墩。有些桥的桥墩是桥面的一部分，在这种情况下桥墩的高度至少要达到桥面的高度。

在塔架的顶部有一个被称为鞍的光滑的结构。桥完成后这个鞍可能要被固定住。锚锭被固定在岩石中，沿着未来悬索的路径纤起一根或一组暂时的绳或线。另一股绳被悬挂在第一股绳的上方，在这股绳上一个滑车可以运行。这个滑车可以从一端的锚碇运行到另一端的锚碇。每股悬索需要一个这样的滑车，一股一般直径小于1cm的高强度钢丝的一段被固定在一个锚碇中，另一端被固定在滑车上并被这样牵引到另一端的锚碇，然后被固定在这个锚碇上，然后滑车回到它开始的锚碇上去牵引下一股高强度钢丝或从它正所在的方向开始牵引下一股高强度钢丝。

钢丝被牵引后要进行防锈处理，这样多股高强度钢丝被牵引，连接两端的锚碇。一般这些钢丝的横截面是六角形的，它们被暂时地绑在一起，所有钢丝被牵引后它们被一个高压液压机构和其他钢丝挤压到一起，这样形成的悬索的横截面是圆形的。

在悬索上在等距离的位置上要加上索夹，事先计算好长度的悬挂索被架在索夹上。这些悬挂索的另一端将来要固定桥面，使用专门的起重机，桥面被一块接着一块地挂在悬挂索上。这个起重机可以自己挂在悬索上或挂在特别的临时的索上。桥面可以从桥下的船上吊起或从桥的两端运到它们应该放到的地方。当所有桥面被挂上后，通过调节悬索可以使桥面达到计划的曲线。一般水面上的桥的桥面呈拱形，以便桥下船只通行。陆上的悬索桥的桥面一般是平的。桥面完成后可以进行其他细节工作，比如排水防水系统、伸缩缝、装灯、栏杆、涂漆、铺路等等。

二、悬索桥施工技术

1. 锚碇施工

锚碇主要由锚块、锚杆、鞍座等组成。锚块的主要功能是容纳锚碇的锚固系统、传递大缆拉力到岩体，形式可分为重力式和隧道式；若锚碇处有坚实岩层靠近地表，修建隧道锚有可能比较经济；但隧道锚有传力机理不明确的缺点。适合建造隧道锚的锚址地质条件应具有以下特点。

（1）锚址区的地质条件应是区域稳定的。锚址区不应有滑坡、崩塌、倾倒体及层间滑动等区域性地质灾害存在，不应有深大断裂带通过。

（2）锚址区的岩体应具有较强的整体性。锚址区的岩体不应存在较多的裂隙、层理等地质构造，这些构造降低了岩体的整体性，对控制隧道锚的变位极为不利。

（3）锚址区的岩体应具有较高的强度。由于隧道锚的承载能力与岩体的强度密切相关，故要求锚址区的岩体应具有较高的强度以达到隧道锚的承载要求。

如果锚块采用重力式锚，情况一若锚址区有坚实基岩层靠近地表，应让锚块嵌入基岩，使位于锚块前的基岩凭借承压来抵抗主缆索的拉力，例如广东汕头海湾大桥，就是利用两岸山体岩层来抵抗主缆拉力；若锚址区坚实基岩位于桥面之下深度不过30～50m，可修建直接坐落在基岩上的锚块；若坚实基岩层埋识更深，而设计意图是使荷载完全传至该持力层，则必须设置沉井、沉箱、大直径桩（含斜桩）等探基础，这样的锚碇造价是比较昂贵的。锚杆的主要作用是作为开挖的初期支护、加强锚体、岩体间的连接、提高锚洞周围开挖扰动带的强度，同时利用锚杆孔完成对锚体围岩的灌浆。其设置应根据锚洞围岩整体结构连续性状况及锚洞围岩普遍存在的松弛圈厚度范围，并结合力学分析的结果综合确定。鞍座直接承受由主缆索作用于散鞍的压力，并传递到基岩层上。

2. 索塔施工

索塔塔身一般采用翻模法分段浇筑，在主塔联结板的部位要注意预留钢筋及模板支撑预埋件。索塔塔身的施工控制主要是垂直度监控，每段混凝土施工完毕后，在第二天早晨8：00至9：00间温度相对稳定时，利用全站仪对塔身垂直度进行监控，以便调整塔身混凝土施工，应避免在温度变化剧烈时段进行测试，同时随时观测混凝土质量，及时对混凝土配比进行调整。索塔塔身浇筑完成后检查顶面标高，符合设计要求后清理表面准备安装索鞍；索鞍既可以整体吊装，也可以分块吊运后再组装；索鞍安装应严格控制索鞍横向轴线偏差、标高偏差。并要求鞍体底面与底座密贴，四周缝隙用黄油填实。

3. 主缆索施工

主缆索是悬索桥的主要受力构件，一般由多股钢索挤压而成，为确保主缆索受力均匀，主缆索每股钢索必须与基准索保持平行，并且主缆索在架设过程中必须妥善保护，不得损坏主缆索钢丝。主缆索施工时需要架设循环索作为主缆索索股牵引的动力，架设猫道作为主缆施工的操作平台，一般主要施工工序为：建立牵引系统、架设猫道→主缆索股牵引→单端冷铸锚头的制作→整形→线形调整→主缆定型→安装索夹、吊索。主缆索架设方法分为空中送丝法（As 法）及预制索股法（Pws 法）。无论采用哪种架设方法，均需要设置一根基准丝（或基准股），用于调整其他丝股的垂直度。为主缆索的整形、线性调整及定型做好基础；国内广东汕头海湾大桥、虎门大桥、西陵大桥、江阴长江大桥都是采用预制索股法进行架设的。主缆索初步整形应选在气温稳定的夜间进行。整形时首先在主跨1/2、3/4，边跨 1/2 处确定钢丝束排列有无差异、钢丝是否平行。若有则及时调整。然后用钢带打包捆扎，捆扎间距开始较大，然后用二分法加密直到 2.5m ~ 5m 一道。主缆索初步整形后需要利用紧缆机挤紧，挤紧首先从两主塔向中跨跨中挤紧，然后再从主塔分别向两边跨挤紧，挤紧间距为 1m。挤紧后在挤紧压块前后备用钢带捆扎一道，间距约 0.5m。主缆索挤紧后主缆断面，空隙率均应满足设计要求。主缆索在完成大部分恒载作用之后进行主缆缠丝及主缆防腐工作。

4. 加劲梁施工

悬索桥加劲梁多用钢桁架，其架设方式也像钢桁架桥那样。在每一梁段拼好以后，立即将其与对应的吊索相连，使其自重由吊索传给主缆。悬索桥加劲梁架设时一般采用缆载起重机、缆索起重机、大型浮吊进行架设。缆载起重机由主梁、端梁及各种运行、提升机构组成。起重机在主缆上运行及工作，故主梁的跨度即为两主缆的中心距，并且起重机运行机构必须能跨越索夹障碍的功能。在索塔附近架梁时，由于主缆索存在较大倾斜，起重机应设置与索夹相对固定抱紧的机构，以承受起吊时产生的下滑力；缆索起重机主要由起重小车、承重索、牵引索等组成；起重机架梁前需要在两侧索塔上架设起重机所需的承重索及牵引索。承重索承受起重小车及加劲梁的重力，由牵引索承受吊梁时的下滑力并牵引起重机走行。三种架设方法相比，大型浮吊由于受环境因素、通航条件等条件限制架设时使用比较少。缆索起重机架设前需要架设大量承重索及牵引索，使得架设成本大幅提升。缆载起重机由于直接支撑在主缆索上，既节约成本，架梁也方便，因此广泛用于悬索桥加劲梁的架设，但架梁是应注意主缆索的保护。加劲梁的架设时可采用由索塔向跨中架设，也可以采用由跨中向索塔方向架设；从索塔侧开始吊装的优点是施工比较方便，缺点是桥塔两侧的索夹首先夹紧，此时主缆形状与最终几何线形差别最大，因而主缆中的次应力较大；而从跨中向索塔方向架设优点是：在架设索塔附近的加劲梁段时，主缆线形已非常接近其最终几何形状，此时将桥塔附近的索夹夹紧，主缆的永久性角变位最小，缺点是如果边跨较长，为避免塔顶产生过大的纵向位移，应从两岸向桥塔方向同时吊装边跨梁段。例如广东汕头海湾大桥就是采用由索塔向跨中架设的方案，而虎门大桥吊装顺序就是先吊跨中段，再从跨中对称向两桥塔前进，直至合拢。当加劲梁的重力作用到主缆索上时，主缆索的形状将改变，所以在吊装过程中上缘一般都顶紧而下缘张开，直至全部吊装完毕下缘才闭合。一般的做法是：在架设的开始阶段，使各梁段在上缘铰接，而使下缘张开，待加劲梁架设使得主缆索线形比较接近最终线形时，再将这一部分梁段下缘强制闭合。

第五节　斜拉桁架体系桥梁施工技术

一、斜拉桁架体系桥梁概述

1.斜拉桁架体系桥梁的发展

斜拉桥在国内外已得到很大的发展，其原因是结构受力合理，特别是特大跨径，但其在百米以下的中等跨度却并不经济，而且施工工艺也较复杂。连续刚构桥施工工艺较成熟，但该桥型跨径越大，自重越大，当桥跨达 200 ~ 250m 以上时，恒载应力可能耗用材料承载能力的90%以上桁架桥梁体轻，污工小，但跨度有限，适用较窄的桥，目前使用较少。那么能否吸收斜拉桥和连续刚构桥的受力特点，以及桁架的较小自重的长处，使其既适用于大跨度，又适用于中小跨度既适用于窄桥，又适用于高等级的公路桥。这就是说采用综合桥型，而不是单一桥型，桁架式斜拉桥这种桥型汇集了低塔斜拉桥、桁架桥和连续刚构桥结构上的优点，而且更有提高和发展。

（1）就低塔桁架斜拉桥来说，桁架的墩上立柱相当于斜拉桥的低索塔，上弦杆相当于斜拉桥的外拉索，所有倾向塔顶的腹杆，相当于斜拉桥的中间拉索，但不锚于塔身而锚于上弦节点上，缩短了拉索长度，增大了拉索的水平倾斜度，提高了拉索承担桥面垂直荷载的效率。

（2）就桁架桥来说，下承式悬臂桁架上弦受拉，能充分发挥预应力筋的作用，而上承式悬臂桁架下弦受压，受长细比折减影响，不能充分发挥压杆混凝土的作用。

（3）就连续刚构桥来说，可以采用悬臂浇筑或拼装的施工方法，不影响桥下通航，且悬臂施工正好可以使上弦杆的主要内力恒载内力的为拉力，确保和发挥其斜拉杆的作用。

2．斜拉桁架体系桥梁的特点

（1）斜拉桁架体系桥梁的优点

斜拉桁架体系桥梁是一种新颖的桥梁结构形式，其上部结构为由上弦杆、下弦杆及腹杆组成的斜拉式桁架片，与普通桁架不同的是，其节点之间为刚性连接。此种桥型同时具有斜拉桥和桁架桥的优点。

具体来说，有如下优点：

①解决了柔性索斜拉桥所遇到的防腐问题，由于用析杆取代斜拉索，使得预应力索外有混凝土包裹，整个析杆与一般预应力混凝土梁基本一致，因而其预应力筋得到了很好的保护，从根本上消除了斜拉索的防腐问题。

②提高了整体结构刚度，对于活载大而挠度限制严格的铁路桥梁，使用析杆将大大减小活载挠度，梁高与跨度比值进一步降低。

③解决了斜拉索的疲劳问题，由于析杆内混凝土与钢丝共同受力，尽管活载很大，但析杆内钢丝应力变化幅度很小。据有关的分析计算表明，当钢丝的应力达 1000mpa 时，最大应力与最小应力之差小于 50mpa。钢丝最小、最大应力比达到 0.95，钢丝锚下控制应力完全可用到 0.75R。而柔性索斜拉桥运营阶段的钢丝应力一般都小于 0.4R。

④外观美观大方，适宜在风景区修建，能与周围环境很好的协调。

⑤造价低，用料省，相同跨径时，用料比混凝土斜拉桥还要低。

⑥结构整体受力更合理，更能发挥材料特性。

⑦斜拉桁架的上弦杆本质上就是一对刚性拉索，它能约束主梁下弦杆的线位移和转动，腹杆则进一步起到了约束作用，并且梁体用腹杆吊住，使梁体内弯矩减少，具有加劲功能，同时也降低了主梁的建筑高度。

（2）斜拉桁架体系桥梁应注意的问题

整个结构由刚度较小的局部杆件析杆组装成整体刚度较大的一种结构体系，其受力以轴力为主，构造简单，能有效地抗扭，又便于悬臂施工。

斜拉桁架桥虽有众多优点，但在其设计施工中还应注意以下几点：

①斜拉桁架桥应有一个合适的塔高。加大塔高不仅能提高全桥刚度，也能使上弦杆的应力降低，使受力更趋合理。但塔太高会增加主塔设计和施工的难度，太低又会影响上弦杆的效率，也影响美观。

②带铰桁架 T 构，加上锚跨设置的拉压支座，是一种安全可靠的桥型。采用带铰或带挂梁的斜拉桁架悬臂梁，拉压支座的设计应更慎重些。

③带铰的斜桁架桥，铰的工艺复杂，维修不易，而带挂梁的斜拉桁架桥，挠度曲线有

转折点，二者均有对行车不利的弊端。笔者倾向于采用斜拉桁架连续梁。

④斜拉桁架桥具有建筑高度小、自重轻、经济合理，但跨度目前还受到限制，不能与斜拉桥、连续刚构桥相比较。只要在塔高和节间长度方面作优化设计，研究它的造型，对结构形式进行筛选，提高机械化施工水平，相信这种桥型会有更大的发展前途。

3. 斜拉桁架体系桥梁的应用前景

由于斜拉桁架体系桥梁具有以上优点，因此该桥型特别适合在我国沿海地区修建。这些地区，水系纵横交错，水陆交通频繁，要求桥梁有较大的通航净空，建筑高度尽可能小，施工期间不断航另外，这些地区一般地基承载能力比较差。有一部分桥梁要求跨径在60～200m范围，过去修建的拱桥和梁式桥总不能令人满意。尤其是拱式桥梁，如钢筋混凝土的钢架拱、桁架拱，双曲拱桥经常发生船撞事故，造成桥梁撞毁或局部严重损坏。梁式桥的桥墩也常被撞毁。拱式体系一般桥头需要有很高的填土或引桥，占用了土地和增加造价，运营性能也比较差。由于地基差，下部结构处理也比较难，造价增高。因此，既能适于平原软弱地基，建筑高度小，又适合目前施工水平及材料的斜拉桁架体系桥梁将是比较理想的选择。当然，斜拉桁架体系桥梁作为近来20年才发展起来的一种新的桥型，其设计细节如节点处的构造与处理等还有待进一步的完善和规范化。结构受力方面来说，静力荷载作用下结构的受力性能比较容易掌握，但是可变荷载作用下的结构整体受力特性还需要做进一步的深入研究，尤其是在偶然荷载如风、地震等作用下的整体受力性能还有待于进一步探讨。但是，斜拉桁架体系桥梁作为一种新的桥型，具有一定的生命力和特有的优势。可以预计，随着计算模式、受力性能的更深一步的研究与设计细节的完善，在现有推广和应用的基础上，此种桥型将会在以后的工程中得到更多更广泛的应用。

二、斜拉桁架桥梁施工方法

1. 桥梁施工方法

桥梁为跨长结构物，施工过程比起成桥使用期来说虽然时间短暂，但施工过程的结构行为并不比成桥后的简单。桥梁施工技术是桥梁技术的重要组成部分，而且往往成为关键技术。桥梁的施工方法根据不同的划分方法，有不同的种类。这里我们分为自架设方法和非自架设方法。

（1）桥梁施工方法分类

①自架设法

自架设法指在施工阶段将桥梁上部结构分成若干具有独立性能的组成部分，按多个施工阶段现浇或拼装，而这些已经完成的组成部分又作为后续施工阶段包括运输、架设或浇筑的支撑体系，如此逐阶段进展，直至全桥的施工过程完成。

②非自架设方法

非自架设方法则是借助临时的施工设施进行桥梁的架设，通常所涉及的此类方法主要有支架法、吊装法和转体法。支架法是以支架为依托进行现浇或拼装，该方法只能适用于小跨径、不通航或通航要求不高、水位较浅等地貌条件，而且此法费工费时费材料，在大跨度桥梁建设中已基本不使用。吊装法是指利用吊装设备将预制好的桥梁上部结构吊装成孔的方法，该方法受吊装能力的限制除深水河道或近海中采用大型浮吊进行较大跨径桥梁的吊装外，一般也只能应用于小跨径的桥梁。

③转体施工法

转体施工法则是将桥跨的建造从难以搭设支架的河道中，或所要跨越的线路中转移到岸上进行，然后竖转或平转到桥轴线处合拢，此法适应的跨径较大，目前最大的转体重量已经接近 2 万吨。随着桥跨的增大，施工设备和临时设施的费用将急剧上升，从而造成非自架设法的成本难以控制，使其优势受到限制。因此，无论从施工的可能性还是经济合理性来说，大跨径桥梁的施工都应当采用自架设法。

（2）自架设法施工的关键有三点：

①先期架设的结构部分应当质量轻、强度高，能够为后续施工的结构部分提供强有力的支撑。

②架设过程的受力状况与成桥后的受力状况越靠近，就越能减少对施工中临时辅助设备和其他材料的需求。

③自架设体系桥梁先架设部分先受力，后架设部分后受力，因此，结构应当具有自动调整受力状态的能力，或者可以借助外来力量进行内力调整。

（3）自架设方法按照结构形成的步骤，可以分为三类

第一类是构件增加法，如悬臂施工方法，通过悬臂单元不断增加形成整体结构。第二类是截面增大法，如劲性骨架施工法，截面是不断形成的。第三类为混合法，即成桥过程中既有构件的增加，由伴随截面的增大。

2．斜拉桁架体系桥梁施工方法

对于斜拉桁架体系桥梁来说，其施工方法既有自架设方法，也有非自架设方法。其工艺源于连续梁桥的悬浇和悬拼工艺，但却不必用大型的挂篮或大型的浮运设备，也不拘泥于单一的悬浇或悬拼，可采用二者兼有的混合方法当然也可以是单一的，如上弦杆和腹杆重量轻可以预制拼装，下弦杆则可以现浇。因而其特点是施工快速，吊装方便，工艺简单，较为经济。以下对几种施工方法做简单介绍：

（1）悬拼与浇筑相结合

斜拉桁架桥主桁架采用的是悬臂拼装、有支架拼装和有支架浇筑相结合的施工方案。大浮吊工作半径内的主孔和边孔构件用悬臂拼装法，岸上边孔构件部分为有支架浇筑或拼装，部分用汽车吊悬拼。

（2）悬拼法

根据设备条件、起重能力，主桁架除主塔外，悬臂拼装可分成单根、单元、桁架片三种构件组拼法。

①单根杆悬拼

单根杆悬拼包括吊装带上节点的受压腹杆；吊装上弦杆，穿束张拉；吊装带下节点的下弦杆；吊装受拉腹杆，穿束张拉，接着安装横梁，最后安装桥面桥。重复以上步骤。

②单元构件悬拼

单元构件悬拼包括吊装带上节点、上弦杆和受压腹杆的单元构件，穿束张拉上弦杆；吊装带下节点、下弦杆和受拉腹杆的单元构件，穿束张拉受拉腹杆，接着安装横梁和桥面桥。重复以上步骤。

③桁架片悬拼

穿束 - 腹杆张拉一起模装船运至桥位—吊装—张拉上弦杆通长束—装靠近主塔的一根受压腹杆，接着安装横梁和桥面板，工序十分简单。

以同一种斜拉桁架桥，用这三种构件主孔悬拼工艺流程对比，结果表明：单根杆件悬拼，对设备起重能力的要求低，但工艺复杂、施工周期长，线形不易控制，拼装接头多；桁架片悬拼恰与单根杆件悬拼的优缺点相反；单元构件悬拼的优缺点介于上述两者之间。

第六节　桥面系及附属工程施工

桥面系指的是桥梁附属设施中，直接承受车辆、人群等荷载并将其传递至主要承重构件的桥面构造系统，包括桥面铺装、桥面板、纵梁、横梁、遮板、人行道等。桥面板，加筋肋，纵梁，横梁等构件组成的直接承受车辆荷载作用的桥面构造系统。桥面系包括纵梁、横梁和纵梁间的连接系。

一、桥面系施工

1. 梁端横梁、跨中横隔板

（1）按照设计图纸连接梁端横梁、跨中横隔板钢筋，注意连接钢筋前，先对梁端横梁、跨中横隔板处进行凿毛，钢筋采用单面焊连接，焊接长度要求满足规范要求不小于 10d。

（2）梁端横梁、跨中横隔板的模板采用竹胶板，侧模加固用对拉螺杆套 PVC 硬塑料管拉紧，底模以方木横担在桥面翼缘板上用两排螺杆兜底吊住底模，拧紧螺杆保持模板与预制梁和跨中横梁密贴不漏浆。

（3）浇筑梁端横梁、跨中横隔板混凝土时要注意，由于梁端横梁、跨中横隔板部分钢筋过密，混凝土振捣困难所以采用振动棒 30 型振动棒，浇筑完后及时凿毛，混凝土达到初凝后要及时养生，以防止气温过高引起混凝土面开裂，影响混凝土质量。梁端横梁、跨中横隔板混凝土的浇注高度箱梁翼缘板底平，严禁浇注过高或过低，影响后续现浇桥面板施工钢筋的绑扎和混凝土浇筑。

2. 湿接缝浇筑

施工工艺流程：凿毛→铺设底模板→绑扎钢筋→侧模安装→浇筑混凝土→养护。

（1）凿毛

在箱梁架设到位以后，组织人员对梁头及翼板外缘进行凿毛，凿除处理层混凝土表面的水泥砂浆和松弱层，并用水冲洗干净。

（2）铺设底模板

桥面湿接缝均使用竹胶板作为底模，10cm 的枕木作为背枋，在箱梁顶与背带之间加垫 5cm 厚的三角木楔，一是为了调整底板的标高，另一方面是为了在落架时将木楔敲掉，在底板上预埋 2 个 Φ30PVC 管，方便拆卸底模。

桥面湿接缝底板采用竹胶板制成，并用 Φ10 拉杆将底板悬吊在顶面槽钢上，槽钢分别担在两侧箱梁上。拆模时松开螺栓，底板自然下落，拆卸均十分方便。

（3）绑扎钢筋

钢筋在现场严格按图纸要求进行绑扎，保证足够的搭接长度。钢筋的所有交叉点均应绑扎，必要时，亦可用点焊焊牢。以避免在浇筑混凝土时移位，不允许在浇筑混凝土后再安设或插入钢筋。为保证保护层厚度，应在钢筋与模板间设置水泥砂浆垫块，垫块应与钢筋扎紧，且互相错开。

（4）侧模安装

墩顶接缝纵向侧模采用竹胶板，模板与梁体搭接，以保证与梁体线型一致。模板表面保持光洁，无变形，接缝严密，各模板之间采用对拉螺栓拉紧，防止浇筑混凝土时胀模。

桥面湿接缝直接使用梁体的翼板作为侧模，另在两端梁头搭设两块封头板作为端模。

（5）浇筑混凝土

浇筑采用 C50 混凝土，混凝土采用商混，罐车运输到现场后由试验员对混凝土性能、坍落度等进行检测，合格后方可浇筑。振捣方式采用插入式振捣棒振捣，下料时要连续均匀铺开，不能集中猛投挤塞在钢筋密集的地方而造成振捣困难，振捣应"采用快进慢出"的施工原则，振捣时间的控制均以混凝土面不再下沉且表面呈现平坦泛浆为原则，严格控制振捣质量，杜绝过振、漏振现象。浇筑完成后，应及时收浆、抹面，并控制好混凝土顶面平整度。

（6）养护

采用洒水养护，保持混凝土表面湿润，养护期不少于 7 天。在阳光强烈时可采用土工布覆盖，以防止日光暴晒后产生干缩裂缝。

3. 桥面铺装施工

混凝土采用商混，混凝土罐车输送至现场，泵车送至桥面浇筑。采用先人工振捣棒插捣均匀，三辊轴摊铺机进行铺装层混凝土摊铺，整平拉毛养护施工工艺。

施工工艺流程：梁面清理→测量放样→桥面钢筋网片安装→安装行走轨道→预埋件的安装→止水带施工→混凝土浇筑→摊铺及整平→人工抹面收浆→养生→防水层。

（1）梁面清理

清除桥面浮浆、凿毛先采用凿毛风镐对梁顶面进行人工凿毛，去除表面松散的混凝土、浮浆及油迹等杂物，对每片梁顶面进行详细检查、补凿，采用空压机及高压水枪对梁面冲洗干净。

（2）测量放样

沿铺装层后浇带、标准带边线纵向每 3m 放样一个标高控制点，所有的标高控制点用墨线弹连成一线，轨道沿墨线纵向布置。在标高控制点处用电钻钻眼，植入 Φ12 锚固钢筋。锚固钢筋植入深度 3cm 以上，外露长度不短于 8cm。利用水准仪在锚固钢筋上测定标高，用红油漆做轨道标高记号，确保轨道标高与桥面设计标高一致。

（3）桥面钢筋网片安装

现浇层内设计有 GWC 冷轧带肋钢筋焊接网，φ10 的钢筋，网格间距 100mm×100mm，按照图纸的要求，钢筋网的位置位于铺装顶面以下 2cm（净保护层）处，在梁面上设置混凝土垫块，垫块强度应不小于调平层混凝土的强度，呈梅花状布置，并与钢筋网绑扎牢固，以保证保护层厚度符合设计要求。钢筋利用成品钢筋网片，网片间纵横向搭接长度、网片伸出行走轨道预留长度。

（4）安装行走轨道

导轨采用 5cm×3cm 槽钢水平放置，与控制好标高的锚固钢筋焊接牢固，为保证轨道的稳定性，纵向按 50cm 加密锚固钢筋。

（5）预埋件的安装

混凝土浇筑施工前应做好桥面泄水孔、伸缩缝、护栏等附属设施的预埋件是否齐全，泄水孔进水口应略低于桥面铺装层，数量应满足设计要求，预埋准确牢固。

（5）止水带施工

止水带是在混凝土浇筑过程中部分或全部浇埋在混凝土中。应注意定位方法和浇捣压力，以免止水带被刺破，影响止水效果。

施工过程中，止水带必须可靠固定，避免在浇注混凝土时发生位移，保证止水带在混凝土中的正确位置。

（6）混凝土浇筑

混凝土运输灌车运输到位，用泵车送至桥面，混凝土浇筑要连续，放料时先放低处后放高处，减少混凝土流动，人工局部布料、摊铺时，应用铁锹反扣，严禁抛掷和搂耙，靠边角处采用插入式振捣器振捣辅助布料，桥面混凝土铺装宜避开高温时段及大风天气，否则造成桥面混凝土表面干缩过快而导致表面开裂。

振捣时先采用插入式振捣器振捣，使得骨料分布均匀，一次插入振捣时间不宜少于 20s。

（7）摊铺及整平

用三轴混凝土摊铺机将桥面铺装混凝土整平，掌握合适的转速和走行速度，使桥面铺装混凝土平整、密实。开动摊铺机以抵挡、慢速振平混凝土，将多余的拌合物向前推移，退后再次以高转速开动摊铺机前移，进行提浆，使混凝土表面有充分的水泥浆便于抹面和拉毛。

（8）人工抹面

三辊轴摊铺机作业完毕，作业面上架立人工操作平台，进行一次抹面，作业工人在操作平台上用铝合金直尺刮平，刮尺紧贴模板，横桥向反复搓动，纵桥向平稳前进，平整度控制在 3mm 以内，第一次抹面应将混凝土表面的水泥浆排出，控制好大面平整度。混凝土初凝前，采用钢抹子进行二次抹面。二次抹面应控制好局部平整度。

（9）养生

混凝土在二次抹面后立即采用竹制扫帚型拉毛工具进行表面拉毛处理，然后采用土工布进行覆盖养身，但开始养生时不宜洒水过多，防止混凝土表面起皮，待混凝土终凝后，再洒水养生，养生期不少于 7 天。养生期间要派专人养护，土工布保持湿润，养生期间杜绝施工车辆在铺装层上行驶或者堆放杂物，以免使铺装层混凝土受到损伤。

（10）防水层

桥面沥青铺装前，先进行防水层施工，表面进行清理，然后铺上共聚反应防水黏结层。防水层施工过程中，禁止行人车辆通过，派专人看守施工现场，并设置拦截设施和临时标志。

梁纵向和梁端头间的缝隙以及有斜度的桥梁在两端头都设置有加强附加钢筋，应按照设计规范要求进行施工。

4．桥面排水

桥面排水在桥梁跨中、墩顶和桥台附近设置桥面雨水口，雨水口采用钢纤维雨水篦，角钢托架围护。落水管采用 Φ150PVC 管，间距接图纸要求设置，泄水孔应在浇筑混凝土前预埋，孔口上放沙袋，防止浇筑混凝土时混凝土流进泄水孔。施工桥面铺装时注意预埋两层进水口加强钢筋网片，并与桥面钢筋绑扎，然后浇筑桥面铺装，桥面铺装施工前安装泄水管。

5．伸缩缝安装

（1）桥梁伸缩缝装置是使车辆平稳通过桥面并满足桥面变形的需要。本标段桥梁采用 SS-SF80 和 SS-SF120 型无螺栓免维修梳形板型伸缩缝，伸缩缝进场后技术人员核对生产厂家、规格型号。

（2）伸缩装置吊装就位前将预留槽内混凝土凿毛并清扫干净，扶正预埋锚固钢筋。安装前按安装时的实际温度调整组装定位值，并由施工安装负责人检查签字后严格按施工图纸施工。

（3）吊装时按照吊点起吊，必要时再作加强措施，确保安全可靠。安装时伸缩装置的中心线与桥梁中心线相重合；伸缩装置顺桥向的宽度对称分布在伸缩缝的间隙上，并使其顶面标高与设计标高吻合，垫平伸缩装置，然后穿放横向连接水平钢筋，将伸缩装置上的锚固钢筋与梁上预埋钢筋在两侧同时焊牢，放松卡具，使其自由伸缩。

（4）完成以上工序后，安装模板，在预留槽口内浇注混凝土。浇注混凝土时振捣密实，防止混凝土渗入位移控制箱内，并不得将混凝土溅、填在密封橡胶带缝中及表面上，如果发现此现象立即清除，然后进行养护。

6．人行道栏杆施工

施工工艺流程：人行道挂板→人行道支墩→路缘石→安装望柱→坐浆→搬运→就位→调整→勾缝→清洗处理→检验。

（1）人行道挂板

人行道挂板采用预制，挂板运至现场安装，安装挂板时，需保证其线形平缓顺直，顶面平整。

预制挂板吊装前需冲洗混凝土面，并在挂板侧面及底座边缘粘贴好海绵泡沫，密封间隙，确保浇筑现浇部分混凝土时不漏浆。

用叉车车配合手动葫芦吊运预制挂板至测量放线位置，吊车起吊时需注意挂板垂直度，避免磕碰导致预制块掉角，影响混凝土外观质量。安放挂板时用木垫块调平；松紧定位稳定钢筋上花兰，以保证立板垂直度及平顺度。

预制挂板吊运需特制支撑支架，保证挂板安放平稳，避免吊运过程中得磕碰影响外观质量。

（2）人行道支墩

桥梁人行道中间设置支墩3排，间距为1.045m（中对中），因间距和结构尺寸较小，所以施工由人工进行完成。

支墩施工前首先按照设计要求对其位置用全站仪进行放线，然后用墨线弹出混凝土边线，钢筋则按照设计图纸和所弹线进行绑扎，绑扎完经验收合格即进行模板安装，模板经验收合格后即进行混凝土浇筑，因结构尺寸和墩位间距较小，所以浇筑采用人工用手推车拉混凝土用铁锹装入模内，插入式进行振捣，浇筑完后采用覆盖土工布晒水养护。

（3）路缘石

路缘石采用Φ12和Φ16钢筋，进行现浇施工。人行道边防撞路缘与车行道路面控制好高差。

路缘石施工前按照设计要求对其位置用全站仪进行放线，然后用墨线弹出混凝土边线，钢筋则按照设计图纸和所弹线进行绑扎，绑扎完经验收合格即进行模板安装，模板经验收合格后即进行混凝土浇筑，因结构尺寸间距较小，所以浇筑采用人工用手推车拉混凝土用铁锹装入模内，插入式进行振捣，浇筑完后采用覆盖土工布晒水养护。

（4）安装望柱

这里采用2.5m一节长的栏杆，安装望柱应按规矩拉通线，按线安装，栏板安装前应在望柱和地栿石弹出构造中心线和两侧边线，校核标高.栏板位置线放完后，按预先画好的栏板图进行安装。

（5）坐浆

栏板安装前，将柱子和地栿石上大的榫槽、榫窝清理干净，刷一层水灰比为 0.5 的素水泥浆，随即安装，以保证栏与望柱之间不留缝隙。

（6）搬运

栏板搬运时，必须是每条绳子同时受力，并仔细校核石料的受力位置后慢慢就位，将挑出部位放于临时支撑上。

（7）就位

栏杆石构件按杆、窝、槽就位。

（8）调整

当栏板安装就位后仔细与控制线进行校核，若有有位移应点撬归位，将构件调整至正确位置。

（9）勾缝

如石料间的缝隙较大，可在接缝处勾抹大理石胶，大理石胶的颜色应根据石材的颜色进行调整，采用白水泥进行颜色可达到最佳效果，如缝子很细，应勾抹油膏或石膏；勾缝、灰缝应与石构件够平，不得勾成凹缝，灰缝应直顺、严实、光洁。

（10）清洗处理

在石雕栏杆安装前，应该先清除其外面的污垢、水锈等杂志，保持石栏杆外表清洁。防护施工前应将去除栏杆表面的浮灰、水泥渣、胶、蜡及其他附着物，如果污物已渗入汉白玉栏杆内部，可使用石栏杆专用清洗剂、防护剂进行清洗处理。

（11）检验

安装完毕后，局部有凸起不平，可进行打或刹斧，将石面洗平。

（12）人行道板

人行道板安装采用汽车运输，吊车吊装，人工配合的施工方法进行。安装时首先在支墩上铺设一层 10mm 厚坐浆，然后再把人行道板铺上。在铺设一层 20mm 厚水泥砂浆找平层，然后在进行人行道面砖施工。

7．桥头搭板

（1）桥头搭板混凝土在浇注的过程中按照图纸要求分块进行施工，桥头搭板混凝土在台后填土稳定后再浇筑。

（2）桥头搭板下的路基及垫层的压实度和强度必须满足设计要求。

（3）施工中横向传力杆的位置定位要准确，钢筋的尺寸要符合设计要求，纵向施工缝要符合要求。

（4）搭板与桥台的连接要准确。搭板与桥台牛腿处垫油毛毡，以及在搭板与背墙的搭接缝处填沥青麻絮。

（5）搭板混凝土浇筑完成后横桥向进行拉毛处理，间距及深度要符合设计规范要求。拉毛的时间要严格地进行控制，要在初凝前进行。

8．浆砌片石

根据基础放样点，放出基础的边线，洒出灰线，立杆挂线进行施工。基础采用10cm厚沙砾垫层，30cm厚M7.5浆砌片石进行砌筑，破面坡度为1:1.5，锥坡基础浇筑C20混凝土。浆砌完毕后，进行洒水养护。

二、施工中应注意的事项

1. 桥面系工程应在主体工程完成后进行，在桥面系工程施工之前，应对主体工程进行阶段质量验评，对其影响桥面系施工的工程缺陷和遗漏的预埋件，要及时修补和补埋。特别是对桥面标高进行认真的测量核实。如桥面标高与设计值的高差在 ±2cm 内，则可局部调整桥面铺装中的找平层厚度，否则须报设计单位研究处理。

2. 为了确保桥面现浇混凝土与主梁混凝土之间，以及桥面系新旧混凝土之间的结合质量，所有的结合面必须按有关要求认真凿毛，并清洗干净。

3. 沥青混凝土面层的施工质量，是影响桥面寿命和行车条件的关键，为此沥青混合料的各种集料、级配及混合料的技术要求除应符合相关规定。

4. 桥面所有混凝土除内在质量必须符合规范和有关技术标准外，其外观质量尤为重要。特别是护栏墙、栏杆底座等的外露面，必须做到尺寸准确、线条顺适美观、表面光洁、色彩一致，无气泡无须抹面掩饰。为此必须事先做好施工画线放样，并采用具有足够刚度、加工精良的整体性钢模进行施工，确保混凝土振捣密实，防止出现蜂窝麻面等表面质量的缺陷。

5. 主梁在自重作用下变形后，再浇筑栏杆基座混凝土。浇筑栏杆基座混凝土时注意调整栏杆上下缘高程使其线形顺适美观。栏杆混凝土在墩轴线处锯缝，以适应梁体变形。

6. 桥面伸缩缝，生产厂家应提供安装图（包括各种温度下的安装宽度），并派人现场指导安装。伸缩缝两侧的沥青混凝土铺装应切割铲除，然后浇筑环氧混凝土，以保证行车平顺。

7. 桥梁伸缩缝在箱梁与桥台之间应设置弹性橡胶垫块。

8. 桥面防水材料必须按设计提出的材料技术标准和技术要求选用，并在厂家技术人员的指导下精心施工。

9. 施工时石栏杆必须完全干燥，含水应不大于国家有关标准。有掉角、崩边、裂缝、空洞等应先进行处理修补，并达到施工要求，才能进行施工。要避免石雕栏杆有裂痕，损坏，避免影响工程质量。如果发现有裂痕或者损坏，要及时修补。

结束语

公路桥梁工程施工技术关系到桥梁工程的质量安全、工程进度等问题，面对当前公路桥梁工程日益增多的现状，与人们对更便捷有效的交通出行需求，国家有关部门与桥梁施工方，要整合公路桥梁工程施工技术，加强技术研究与创新，加大专业性人才的培养，加强校企合作的技术培训模式，通过构建桥梁工程施工技术网络平台，加深国内外施工技术交流与合作，从而实现我国公路桥梁工程施工技术的进步。

因此，本书重点论述公路工程及其路基、路面与景观绿化施工技术与各类型桥梁工程上下部结构的具体施工方法与技术，并坚持理论联系实践的科学发展观，进一步提出公路桥梁工程施工技术完善的可行性策略，以期能进一步推动我国公路桥梁工程施工技术的全面进步。